開拓社叢書 28

三層モデルでみえてくる
言語の機能としくみ

廣瀬幸生・島田雅晴・和田尚明・金谷　優・長野明子【編】

開拓社

は　し　が　き

　2016 年 9 月 30 日，茨城県つくば市のつくば国際会議場において，本書編者の 1 人である廣瀬幸生の還暦を機に，廣瀬が提唱する「言語使用の三層モデル」（以下，「三層モデル」）をテーマにしたワークショップ，「三層モデルでみえてくる言語の機能としくみ」（以下，「三層フェスタ」）が開催された．本書は三層フェスタで発表された論文の一部と新たに書き下ろされた三層モデルに関連する論文を収めた英語学・言語学の論文集，「三層ブック」である．

　三層モデルとは，廣瀬の一連の研究で論じられてきた「公的表現」と「私的表現」，ならびに両表現の主体である「公的自己」と「私的自己」という観点を，文法と語用論に関する日英語の違いを説明するための一般的枠組みに発展させた理論である．

　このモデルでは，言語の主な 3 つの機能に対応して，言語使用は「状況把握」・「状況報告」・「対人関係」という 3 つの層からなると仮定される．状況把握層は思考を表現する機能に，状況報告層は情報を伝達する機能に，対人関係層は対人調節の機能に，それぞれ対応する．三層モデルのもっとも独自な点は，言語のもつ自己中心性（無標の直示的中心）が伝達の主体としての公的自己にあるか，思考・意識の主体としての私的自己にあるかによって，三層の組み合わせが異なるとする考え方にある．英語は公的自己中心言語であり，聞き手を想定した伝達のための「公的表現」形式をデフォルトとする．ここでは状況把握層は状況報告層に取り込まれ，そのはたらきが言語形式に反映されることはまれである．一方，日本語は私的自己中心言語であり，聞き手を想定しない思考表出のための「私的表現」形式をデフォルトとする．こちらでは状況把握層が状況報告層・対人関係層から独立しており，独自の言語表現を生成する．

　三層モデルに関するワークショップは，三層フェスタに先立ち，すでに 2013 年 11 月に日本英語学会第 31 回大会でも開催され，その後，同学会の学会誌 *English Linguistics* 第 32 巻第 1 号（2015 年）に「特集テーマ」として関連論文が数本掲載されている．このワークショップは，いわば，三層モデルに関する初のワークショップということで，三層モデルに近い考え方をとる研究者だけによるものであった．それに対して，三層フェスタでは，特に三層モデルの枠にこだわらない研究者も多く参加し，より多角的に議論が行われた．つまり，三層モデルと本来関連が深い意味論，語用論はもとより，統語論，形態

iii

論，会話分析，社会言語学なども含めたより広い観点から三層モデルの重要概念を取り上げ，三層モデルを起点にどのように言語研究の場を広げていけるのかが議論されたのである．本書は三層フェスタの試みを引き継ぎ，発展させる目的で企画された．その目的にかなうよう，3部11章という構成で編纂されている．

　第Ⅰ部「基調論文」では，廣瀬の基調論文で三層モデルの基本的考え方を読者に導入している．第Ⅱ部「三層モデルとその適用」では，三層モデルになじみが深い研究者が実際の言語データに三層モデルを積極的に適用し，その説明を試みている．第Ⅲ部「三層モデルとその周辺」では，三層モデル周辺の言語研究者が三層モデルに関連する概念を広い視野から論じ，三層モデルを言語研究の中で相対化している．第Ⅰ部を真ん中におき，第Ⅱ部と第Ⅲ部を読み比べることで，読者は三層モデルの言語観と分析方法について深く理解し，言語について様々に思いを巡らすことができるはずである．

　各章についても簡単に紹介しておく．

　第1章「自分の言語学 —— 言語使用の三層モデルに向けて —— 」（廣瀬幸生）は，廣瀬が基調論文として，「自分」という表現を皮切りに，三層モデルの基本概念について論じたものである．三層モデルになじみのない読者は，まずはここから読むことをお勧めする．

　第2章「三層モデルによる独り言の分析」（長谷川葉子）は三層モデルの適用を試みる第Ⅱ部のトップを飾る論文である．長谷川は，日本語母語話者はある発話を「独り言」かそうでないか難なく識別するのに対し，英語母語話者にとってはそれが極めて困難であるということを観察している．この日英語間の違いをどう説明するか考えた時，三層モデルの妥当性，有用性が揺るぎないものとして確信できることが論じられている．

　第3章「言語使用の三層モデルと時制・モダリティ・心的態度」（和田尚明）は，時制やモダリティを扱っている．そこに見られる日英語間の相違を和田自身が提唱する包括的時制モデルで説明するのであるが，それに妥当性を与えるのが三層モデルであると主張する．日本語は私的自己中心言語であるが，英語は公的自己中心言語である，という三層モデルで基本となる日英語の区別を取りこむことで，包括的時制モデルから自動的に日英語の時制とモダリティの違いを導いている．三層モデルの説明理論としての信頼性を高めている論文といえる．

　第4章「デフォルト志向性の解除」（今野弘章）のタイトルにあるデフォルト志向性の解除とは，当該言語おいて三層モデルで無標とされる形式をとらず

に表現が生起することをいう．私的自己中心の日本語で公的表現をとる，あるいは，公的自己中心の英語で私的表現をとる，という事例がそれにあたる．三層モデルの観点からみると形式的に有標であるこれらの事例は，語用論的にも有標であるという．三層モデルでは，有標形には有標の機能，という図式をより広く言語現象に当てはめることが可能であると論じている．

第5章「言語使用の三層モデルから見た because X 構文」（金谷優）は，金谷が「because X 構文」と呼ぶ because の新しい用法に着目し，三層モデルを援用しながら説明を試みている．金谷によれば，「X」に相当する部分は私的表現であるが，構文全体としては公的表現であるという．「X」が私的表現だとすると，今野論文が扱っていた例と同様，公的自己中心の英語で私的表現が使われている例となり，金谷論文もデフォルト志向性の解除について問題提起をする論文であるといえる．

第6章「言語使用の三層モデルから見た英語の遂行節 ―I tell you と情報の優位性―」（五十嵐啓太）も，デフォルト志向性の解除をテーマにした論文である．分析対象は遂行表現である．五十嵐は，まず，英語では遂行表現 I tell you は通常顕在化しないが，顕在化する場合もあることに着目する．そして，デフォルト志向性の解除が起こり，I tell you が顕在化した場合には，「情報の優位性」という点で特別な談話上の効果をもたらす，と主張する．一方，日本語にはこれに相当する文末表現の「よ」があるが，これには特別な談話上の効果がないことを三層モデルにより説明している．

第7章「私的表現と発話行為・私的自己と de se」（岩田彩志）は，第 III 部の最初の論文であり，三層モデルの相対化に真正面から取り組んでいる．岩田は，三層モデルを一般理論として根付かせ，発展させていくためには，他の言語理論の中で相対的に位置づけることが必要であることを説いている．そして，その実践例として，三層モデル以外の理論で私的表現，私的自己という概念に対応するものがあるのか，もしあるとすればどういうものか，私的表現と完全に重なっているのか，などの検討を行っている．

一方，第8章「公的表現としての対話の階層性と英語の三人称代名詞の3分類」（西田光一）は，公的表現に焦点をあてた論考で，三層モデルの新展開を模索する意欲作である．西田も先行研究を遡って公的表現という概念を相対化するところから始めている．そして，実際の会話は会話参与者の話し手・聞き手という役割が変わりながら進んでいく点に着目し，公的自己の概念を基盤に「役割交替モデル」を提案している．会話参与者の役割変化に着目するこの試みからは，三層モデルと会話分析の結びつきを予感させる．

第9章「ことばの研究における自己観と社会思想 ―場の理論からの展望―」

（井出里咲子）は，三層モデルで重要な役割を果たす「自己」という概念について，広く社会思想史の面から検討している．状況をそのまま把握する日本語に対してそうではない英語，という考えは，言葉こそ違え，三層モデルと井出論文で共有されているといってよい．しかし，その日英語の相違を共通の「自己」観を基盤にして説明する三層モデルと文化に根差した別々の「自己」観をそれぞれの言語に当てはめることで説明する井出論文の対比はあまりにも鮮やかである．

第10章「「自己表現」の日本語史・素描」（森雄一）は，言語の史的変化の観点から見たとき，三層モデルでどのような議論が展開できるのか，また，三層モデルにどのような修正案を提案できるのか，を検討している．日本語の自己表現の変遷を題材にした，異色にして，大いに示唆に富む論考である．特に，私的自己表現の「視点的用法」，「再帰的用法」にみられるスイッチング現象について考察している．また，通時的にも共時的にも多くの自己表現の整理・分類を行い，三層モデルを読者にさらに理解しやすいものにしている．

英語との言語接触に由来する日本語の文法現象を扱った第11章「言語接触と対照言語研究：「マイカー」という「自分」表現について」（長野明子・島田雅晴）も森論文と同様，言語変化に関わる論考である．それと同時に，井出論文とは別の観点から三層モデルとの対比を楽しむこともできる．長野・島田による日英語比較は生成言語学の言語観を基盤としており，三層モデルや井出論文に見られる状況把握の独立性に基づく日英語間の相違をそもそも想定しない．結果として，ここに三層モデルの特徴があらためて際立つのである．

このように，本書所収の論文はどれも言語学分野における新たな研究テーマ発掘の後押しをし，三層モデルを基盤とした言語研究の方向性や他の理論との相互作用の可能性を示す重要なものとなっている．なお，巻末には廣瀬のこれまでの業績一覧をのせておいた．これは，廣瀬が三層モデルを提唱するに至る道のりを示すもので，読者の三層モデル理解の助けになると考えたからである．三層モデルが深い思考の産物であることを読者は感じとるに違いない．

本書の刊行が，三層モデルを出発点として言語の機能としくみについて様々な観点から広く深く考える一助となれば，われわれにとって望外の幸せである．

最後に，本論文集出版の意義を理解し，その労をお取りいただいた開拓社の川田賢氏にお礼申し上げる．

2017年6月

編者一同

目　次

はしがき　　iii

第 I 部　基調論文

第1章　自分の言語学
　　　　── 言語使用の三層モデルに向けて ──
　　　　………………………………………………廣瀬　幸生　　2

第 II 部　三層モデルとその適用

第2章　三層モデルによる独り言の分析
　　　　………………………………………………長谷川　葉子　　26

第3章　言語使用の三層モデルと時制・モダリティ・心的態度
　　　　………………………………………………和田　尚明　　44

第4章　デフォルト志向性の解除
　　　　………………………………………………今野　弘章　　69

第5章　言語使用の三層モデルから見た because X 構文
　　　　………………………………………………金谷　優　　90

viii

第6章 言語使用の三層モデルから見た英語の遂行節
　　　——I tell you と情報の優位性——
　　　　　　　　　　　　　　　　　　　　　　　五十嵐　啓太　112

第 III 部　三層モデルとその周辺

第7章 私的表現と発話行為・私的自己と de se
　　　　　　　　　　　　　　　　　　　　　　　岩田　彩志　134

第8章 公的表現としての対話の階層性と英語の三人称代名詞の3分類
　　　　　　　　　　　　　　　　　　　　　　　西田　光一　153

第9章 ことばの研究における自己観と社会思想
　　　　——場の理論からの展望——
　　　　　　　　　　　　　　　　　　　　　　　井出　里咲子　179

第10章 「自己表現」の日本語史・素描
　　　　　　　　　　　　　　　　　　　　　　　森　雄一　198

第11章 言語接触と対照言語研究
　　　　——「マイカー」という「自分」表現について——
　　　　　　　　　　　　　　　　　　　長野明子・島田雅晴　217

廣瀬幸生業績一覧
——三層モデルへ至る道のり——　　　　　　　　　　　　　261

執筆者紹介　　　　　　　　　　　　　　　　　　　　　　　269

第I部
基調論文

第 1 章

自分の言語学

── 言語使用の三層モデルに向けて ──*

廣瀬　幸生

筑波大学

要旨：本章では，主体のありかを示す「自分」という概念と絡めて，三層モデルの基本的考え方を論じる．とりわけ，次の仮説の重要性を具体的に考察する．英語は公的自己中心の言語で，通常，状況把握と状況報告が一体化し，それに対人関係の層が付加される．それに対し，日本語は私的自己中心の言語で，通常，状況把握が状況報告および対人関係から独立しており，一方，状況報告は対人関係と一体化している．

1.　はじめに

　本章では，表題の「自分の言語学」ということから話を起こして，言語使用の三層モデル（以下，三層モデルと略称）に至るいくつかの道筋について論じる．まず，三層モデルというのは，簡単にいうと，言語使用は「状況把握」，「状況報告」，「対人関係」という 3 つの層からなり，言語のもつ自己中心性（無標の直示的中心）が英語のように「公的自己」（伝達の主体）にあるか，日本語のように「私的自己」（思考・意識の主体）にあるかによって，3 つの層の組み合わせが異なるとする考え方である（Hirose (2013, 2015)，廣瀬 (2016a, 2016b)）．

　日英語における三層関係を図で示すと，図 1 と 2 のようになる．図における略語や記号の意味は図の下に記した通りである．

---

　* 原稿に目を通し，貴重なコメントをくださった長野明子氏に謝意を表する．本研究は，JSPS 科研費 24320088 の助成を受けたものである．

第 1 章 自分の言語学

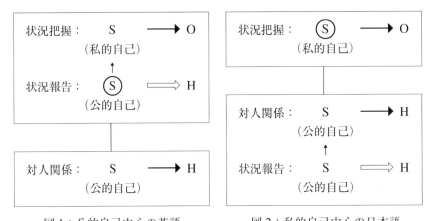

図 1：公的自己中心の英語　　図 2：私的自己中心の日本語

S：話し手（主体）　O：状況（客体）　H：聞き手
⟶：捉える　⟹：伝える　◯：無標の直示的中心

　話し手の自己中心性，つまり，◯で囲んだ S が表す無標の直示的中心が公的自己にあるのが英語で，私的自己にあるのが日本語である．三層のうち，状況把握は，私的自己 S が状況 O を解釈し，一定の思いを形成する層，状況報告は，私的自己による状況把握を公的自己 S が聞き手 H に伝達する層，そして，対人関係は，公的自己 S が聞き手との関係を考慮し，対人調節を行う層である．図 1 の英語では，状況把握と状況報告が一体化し，それに対人関係の層が付加される関係になっている．それに対し，図 2 の日本語では，状況把握が状況報告および対人関係から独立している一方，状況報告は対人関係と一体化する関係になっている．さらに，図 1 において状況報告の S から状況把握の S への縦矢印は，英語では状況を把握する私的自己が状況を報告する公的自己の観点から捉えられることを表す．また，図 2 における状況報告の S から対人関係の S への縦矢印は，日本語では公的自己は状況を報告する際に聞き手との関係において自己を規定することを表す．以上が三層モデルの概略で，これからより具体的に見ていくことになる．

　まず，表題の「自分の言語学」という表現だが，これには 2 つの意味を込めている．1 つは「自分なりの言語学」ということであり，それは，「有名言語理論の内部にあるのではなく，それらから影響を受けながらも，自分独自の観点に立つ言語研究」という意味である．研究者を志してから，そういう研究ができればと思いながら続けてきた結果，現在至りついているのが三層モデルということである．

「自分の言語学」のもう1つの意味は、「自分」つまり self の言語学であり、それは「主体のありか」の言語学ということである。この主体のありかとしての「自分」という概念を中心に、次の3つの観点から、三層モデルについて論じるのが本章の目的である。[1] ①「私」でない「自分」：公的自己と私的自己。②「自分」と「人」の区別：自己志向性の強さ。③人前では「自分」でいられない：情報伝達と対人関係。

2. 「私」でない「自分」：公的自己と私的自己

著名な言語学者である鈴木孝夫氏には、『私の言語学』という本がある（鈴木 (1987)）。この表題を「自分の言語学」と比較すると、どのような違いがあるだろうか。「私の言語学」なら、「皆さん見てください。これが私の言語学です」と世間に対して明言するのにふさわしく、したがって、「外向きで、他者と向き合う」という意味合いが強く出てくる。一方、「自分の言語学」の場合は、「人に顧みられなくても、これが自分の言語学だ」のように、「内向きで、自己と向き合う」という意味合いが強く出る。

このような違いは、同じ話し手が「私」あるいは「僕」から「自分」に移行する時にも感じられ、他者と向き合う伝達の場から個人の内的意識へと導かれる。たとえば、次の例について考えてみよう。

(1) ［評論家福田和也の、雑誌連載を始めるための取材に同行してみて］「ほんとうにこれで大丈夫なのだろうか？原稿が書けるのだろうか？」と訝しく思う気持ちを、私は抑えることができませんでした。

しかし実際に、その第一回目の原稿を読んだとき、我が目を疑わざるをえなかったのです。まったく同じ場所を見た、同じ話を聞いた、同じ資料を自分も持っている。しかし、自分には到底この文章を書くことができない。その彼我の差は何から生じているのか。

（丸山孝「本書を推薦します」）

(2) 「お父さんと僕との関係と、僕とお祖母さんとの関係とは全然別なものに僕は考えているんです。それはお母さんも認めてくださるでしょう？」自分は少し亢奮して云った。　　　　　　（志賀直哉『和解』）

---

[1] 「自分」という語は多義的で、ここで扱うのはその最も基本的な「話者指示的」用法である。それ以外に「視点的」用法や「再帰的」用法もあるが、その詳細な分析は廣瀬 (1997) や Hirose (2002, 2014) を、また関連する議論として、本書森論文、長野・島田論文を参照されたい。

例（1）における「私」は，デス・マス体で読者に語りかける著者を表す．それが第2段落の第2文から「自分」に変わる．そうすると，読者との関係から離れて個人の意識内で内省する自己が描かれることになる．例（2）は志賀直哉の『和解』からの引用で，この小説は父親との不和に悩む主人公順吉が「自分」を自称詞として用いて自らの心の葛藤を描く形式で書かれている．（2）のかぎかっこの部分は，順吉が母親に語りかけているところであり，「僕」は母親と会話する順吉を表す．その「僕」が「自分」に変わることによって，母親との会話の場から離れ，順吉の内的な心の世界に移ることになる．

　このような「私・僕」と「自分」の違いを扱うのが，話し手の2つの側面としての「公的自己・私的自己」という概念である．公的自己とは聞き手と対峙する伝達の主体としての側面であり，私的自己とは聞き手の存在を想定しない思考・意識の主体としての側面である．公的自己・私的自己は，「公的表現・私的表現」という異なるレベルの言語表現の主体と特徴づけられる．公的表現とは言語の伝達的機能に対応する表現で，聞き手に対する話し手の伝達意図が想定されるレベルの表現である．一方，私的表現とは伝達を目的としない，言語の思考表現機能に対応する表現であり，話し手の思いを言語化しただけで，聞き手への伝達意図が想定されないレベルの表現である．

　日本語では，聞き手の存在を前提とする「聞き手志向表現」を用いなければ，私的表現として解釈されるのが普通である．聞き手志向表現には，「よ」や「ね」など一定の終助詞，「急ぎなさい・急いでください」などの命令・依頼表現，「おい」などの呼びかけ表現，「はい・いいえ」などの応答表現，「です・ます」など丁寧体の助動詞，「（だ）そうだ」などの伝聞表現などがある．

　また，公的自己・私的自己に関しては，日英語には次のような違いがある（詳細は Hirose（2000）や廣瀬・長谷川（2010）など）．日本語では私的自己は「自分」という固有のことばによって表されるが，公的自己を表す固有のことばはないため，「ぼく，わたし，お父さん，先生」など誰が誰に話すかという発話の場面的な要因に左右される様々なことばが代用される．一方，英語では公的自己は I という一人称代名詞によって表されるが，私的自己を表す固有のことばはないため，当該私的表現が一人称のものか，二人称のものか，三人称のものかにより，I/you/he/she という人称代名詞が転用される．

　この日英語の違いは，特に間接話法の文法に反映される．Hirose（1995）やWada（2001）などの研究から，日英語ともに，直接話法は公的表現の引用なのに対し，間接話法は私的表現の引用といえる．[2] つまり，直接話法は伝達レ

---

[2] ただし，本書今野論文で英語の tell と say の違いとの関係で指摘されているように，引

ベルの発話を引用するのに対し，間接話法は発話そのものではなく，発話によって伝えられる思いを，思いのレベルで引用するということである．日本語には私的自己固有の「自分」があるので，話し手が誰であっても，その私的自己は「自分」で表すことができる．したがって，(3) のような例では「自分は絶対に正しい」という思いはそれ自体で自己完結的な意識であり，その意識の持ち主が誰か，つまり，「ぼく」か「きみ」か「彼」か，ということとは独立して解釈することができる．一方，英語では (4) のような表現はできず，(5) に示したように，私的自己の意識はその外側に公的自己を想定し，その公的自己から見た人称代名詞と時制形式が用いられる．なお，(5a) は通常の間接話法で，(5b) はいわゆる自由間接話法である．

(3) 自分は絶対に正しい（と {ぼく／きみ／彼} は思った）．

(4) *Self be absolutely right(, {I/you/he} thought).

(5) a. {I/You/He} thought that *I was/you were/he was* absolutely *right.*

    b. *{I was/You were/He was} absolutely right*(, {I/you/he} thought).

この違いから次のことがいえる．日本語で私的自己の意識がその意識内で自己完結的に語ることができるのは，日本語が私的自己中心の言語だからであり，それに対し，英語では私的自己の意識は当該意識の外側に公的自己を想定しないかぎり語ることができないのは，英語が公的自己中心の言語だからである．つまり，日本語では私的自己による状況把握の表現は公的自己から独立しうるが，英語では公的自己による状況報告に依存するということである．このことは，三層モデルでいう状況把握と状況報告が日本語では図2のように独立しているのに対し，英語では図1のように一体化していることを示す証拠となる．

さらなる証拠として，次に示す発話行為条件文の日英語の差がある．

(6) a. If you are interested, she is still single.

    b. If you are interested, I TELL YOU she is still single.

(7) a. 興味があるなら {言う／教える} が，彼女はまだ独身だ．

    b. *興味があるなら，彼女はまだ独身だ．

用動詞が単に「ことばを発する」(utter) という意味を際立たせるときは，私的表現も直接引用の対象となる．したがってこの仮説は，より厳密にいえば，公的表現の引用は必ず直接話法の形式でなされるのに対し，間接話法は私的表現の引用であるということになる．詳しくは本書今野論文 (3.2 節) を参照されたい．

c. 興味があるなら，彼女はまだ独身だよ．

Shizawa (2011) で指摘されているように，英語では，(6a) の if you are interested という条件節は (6b) の I TELL YOU を修飾する．(6a) ではそれが明示されていなくても容認されることから，she is still single という主節発話は I TELL YOU という状況報告の機能を内包した公的表現として解釈されるといえる．一方，日本語では，(7a) のように「言う／教える」という伝達を保証する表現を補えば容認されるが，それがないと (7b) のように容認されない．ということは，日本語では「彼女はまだ独身だ」という発話は状況把握を表現しているだけで，状況報告の機能は言語的に保証されないということになる．これは，(7c) のように終助詞の「よ」を付加すると容認性があがることからも裏付けられる．これらの例も，英語では，通常，状況把握と状況報告が一体化しているのに対し，日本語では独立しているということを示すものである．

3.「自分」と「人」の区別：自己志向性の強さ

本節では，英語の人称体系との比較からみた日本語の人称体系の仕組みについて論じ，その文法的意味合いを三層モデルとの関係で考察する．

まず，公的自己中心の人称体系は，次のような図で示される．

(8)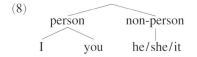

英語では，公的自己の I は聞き手の you を想起し，you は I を想起するというように，話し手と聞き手は言語的に対等で，双方向的関係にある．Benveniste (1971) が (8) のような図で指摘したように，この体系では I と you で，発話行為に関わる person を構成し，それ以外の三人称は non-person とみなされる．

このような人称体系は，I と you で一体化するという特徴がある．それが典型的に見られるのがいわゆる「総称の you」と呼ばれる (9) のような現象であり，この場合，you は人一般を表す one と置き換えることもできる．

(9) You cannot live by bread alone.
(cf. One cannot live by bread alone.)

しかしながら，Bolinger (1979) によれば，総称の you は one とは異なり，話

し手の視点が聞き手と一体化することを強調する．ピーターセン（1990）から例を借用すると，（10a）の総称文は（10b）のような話し手の経験を，you を通して一般論として共有するという主観的な意味合いが出るということである．

(10) a. You don't see many handicapped people on the streets of Tokyo.
b. When I visited Tokyo, I didn't see many handicapped people on the streets.

Benveniste による図（8）との関係でいえば，I と you だけが person なのだから，I が思い浮かべる人は誰でも you をあてることができるという理屈であり，I と you の関係性の強さが窺われる．Kitagawa and Lehrer（1990）によれば，二人称代名詞の総称的用法は，英語だけでなく印欧語の多くにみられ，それらに共通するのは固定した人称代名詞類をもつという特徴であり，これは，図（8）が示す公的自己中心の体系である．なお，日本語では二人称を用いた「{きみ／あなた} は，パンだけでは生きられない」のような文は総称的解釈を許さないが，それは特定の対人関係を前提としてしか使えないからである（第4節参照）．

　英語における話し手・聞き手間の共有関係の強さは，例（11）にみるように，動詞の share が tell という意味で使われることからもわかる．日本語では，情報を伝達した後なら，それを共有するとはいえるが，伝達の過程自体を共有で意味することはできない．

(11) I will share the news with you. （≒ I will tell you the news.）

　さらに，次に示す Langacker（2008）の現談話スペース（Current Discourse Space（CDS））からの抜粋図においても，話し手（S）と聞き手（H）の双方向的関係が当然のごとく描かれており，日本語話者からみるとかなり違和感を覚えるが，（8）の人称体系は，まさに，そのような双方向的関係を前提とするのである．

第 1 章　自分の言語学

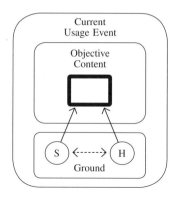

図 3：Langacker (2008: 466) の CDS からの抜粋図

三層モデルの観点からいえば，英語において（他の西欧語も同様だが），状況を記述する文に (8) の人称関係が反映されるのは，英語では状況把握が状況報告と一体化しているので，公的自己の視点が状況把握に入り込むからである．

一方，私的自己中心の日本語では，状況把握が状況報告から独立しているので，そこで問題となる人称区分は自己対他者，つまり「自分」か「人」かの区別である．実際，日本語では (12) に示すように，私的自己の「自分」を基準にして，人一般である「人$_1$」を「自分」とそれ以外の「人$_2$」（＝他人）に分ける．(13) は，「人$_1$」と「人$_2$」の両方が用いられている例である．

(12)　　　　　人$_1$（＝人一般）
　　　　　／　　　＼
　　　自分　　　　人$_2$（＝他人）

(13)　人$_1$ は年をとるにつれ，人$_2$ から学ぶことが多くなる．

(12) からわかるように，「自分」は「人$_1$」の中で優先され，したがって「人$_2$」から区別される．「自分」と「人」の区別は状況報告においても保持され，(14) のように，「人」に対応する「あなた」や「彼」は「正直な人」といえるが，「自分」に対応する「ぼく・わたし」はそうでない．

(14)　a. *｛ぼく／わたし｝は，正直な人だ．
　　　b. ｛あなた／彼｝は，正直な人だ．

このような自分と人の区別は，自己以外の他者の心理は直接的に知ることができないという認知的制約とかみ合い，これが，よく知られた心理述語の人称

制限に反映される．つまり，(15) に示したように，自分については「うれしい」などと直接断定できるが，人についてはできないということである．状況把握が状況報告から独立する日本語では，心理述語の直接形は自己の心理表出を行うものであり，他者については心理表出はできないからである．他者の場合は，(16) のように心理報告の形をとらなければならず，その場合は，下線部のような報告者の存在とその視点を保証する表現が不可欠となる．

(15) a. {ぼく／わたし} は，うれしい．
　　 b. *{あなた／彼} は，うれしい．
(16)　彼は，{うれし<u>がっている</u>／うれし<u>いらしい</u>／うれし<u>いって</u>}．

それに対し英語では，状況把握と状況報告が一体化しているので，自己の心理表出の場合も，他者の心理描写と同様に，公的自己による心理報告の形をとる．つまり，英語では，例 (5) でみたように，文の人称表示と時制形式が公的自己に帰されるため，報告者の存在が保証されることになり，その結果，心理述語文は，人称の如何を問わず，心理報告の解釈を受けることになる．ただし，一人称現在の場合は心理表出も兼ねる．つまり，一人称現在の (17) では，$priv_i$ の私的自己と pub_i の公的自己が同一であり，この場合は，自己の心理表出と心理報告が同時に行われることになる．[3] そうすると，英語の I am happy は，強いていえば，「うれしいよ」とか「うれしいと思う」などの日本語に対応すると考えられる．一方，二人称・三人称がかかわる (18) では，$priv_j$ は他者の私的自己の心理を表し，それを pub_i の公的自己が報告するという解釈になる．この場合，他者の心理報告でありながら，伝達形式をとっていないのは，報告者である公的自己が他者の思いをもっともなものとして受け入れ，その結果，(19) に示した You think / He thinks など，think を含む伝達節が省

---

[3] Hirose (2000) や Hasegawa and Hirose (2005) の表記に従い，priv 付き山括弧は私的表現を，pub 付き角括弧は公的表現を表す．たとえば次の間接話法文では，主節主語の秋男は私的自己で，引用節は秋男に帰される私的表現である．一方，文全体は，伝達者である公的自己としての話し手に結びつく公的表現である．
　(i)　[pub_i 秋男$_j$ は <$priv_j$ 自分は頑固だ> と思っている]．
添字の i や j は，当該の私的表現・公的表現が誰に帰されるかを示す．(i) で pub と priv の添字が異なるのは，それぞれの表現主体が異なるからである（pub_i は話し手，$priv_j$ は秋男）．それに対し，(ii) のような一人称現在文では，pub も priv も同じ主体，つまり，発話時における話し手に帰されるので，同一の添字 i が付される．
　(ii)　[pub_i ぼく$_i$ は <$priv_i$ 自分は頑固だ> と思う]．
同様のことが英語の例 (17) にもあてはまるのだが，(17) には明示的な伝達節がないのである．英語の場合，(17) と (18) における主語・述語の部分が pub 付き角括弧で示されているのは，すでに述べたように，文の人称表示と時制形式が公的自己に帰されるからである．

かれた一種の「自由間接話法」と分析することができる.

(17)　[pub$_i$ <priv$_i$ [pub$_i$ I am] happy>].　(pub$_i$＝priv$_i$)

(18)　[pub$_i$ <priv$_j$ [pub$_i$ You are／He is] happy>].　(pub$_i$≠priv$_j$)

(19)　{You think／He thinks} {you are／he is} happy.

このことは，日本語で他者の願望を報告するときには，(20) のように「と思っている」という伝達節が不可欠であるのに，英語では，(21) のように think を用いずに心理述語の want を主動詞として表現するだけでいいという事実によっても裏付けられる.

(20)　彼は教師になりたい *(と思っている).

(21)　He (thinks he) wants to be a teacher.

(21) においても，think を用いない場合は，当人の願望を話し手が現実的なものとして受け入れているという解釈になり，一方 think を用いると，そうでないという含意が出る. この違いは，(22a) のような文には矛盾しない読みが可能なのに対し，(22b) は矛盾する読みになるという事実によって示される.

(22)　a.　He thinks he wants to be a teacher, but I'm not sure he really wants to.

　　　b.??He wants to be a teacher, but I'm not sure he really wants to.

日本語の (20) では，「と思っている」が必要なのは，他者の心理を報告する報告者の存在を保証するためなので，当人の願望を話し手が現実的なものとみなしていても，そういわざるをえない. 実際，日本語では (23) は矛盾する解釈のほうが優勢である. つまり，(23) が対応するのは (22a) ではなく，(22b) である.

(23)??彼は教師になりたいと思っているが，本当になりたいのかどうか，私には分からない.

以上みてきたように，英語では心理述語の直接形は心理報告のために用いられ，自己と他者の対立は形式的には中和される. それに対し，日本語ではそれはもっぱら自己の心理表出のために用いられ，それで他者の心理を報告することはできない.[4] この日英語の差は，三層モデルの観点から改めていうと，英

---

[4] 次の例におけるように，心理述語文が「の」で名詞節として埋め込まれたり，あるいは，心理述語の名詞形が用いられる場合は，自己と他者の対立は観察されない. (ii) のタイプは長

語では状況把握が状況報告と一体化しているのに対し，日本語では状況把握が状況報告から独立していることによるのである．

　さらに，日本語において，自分と自分以外の区別をするのは心理述語の場合だけでない．これは，より一般的には，「自分が直接得た情報とそうでないのを区別する」という特徴であり，それは状況把握の二分化と関係する．

　状況把握は2つのタイプに分けられる．1つは「直接的状況把握（直接把握）」と呼ぶものである．これは，（話し手の）直接経験，直接知覚，直接知識による状況把握で，それぞれ，「今日はよく寝た」，「雨だ」，「今日は土曜日だ」などが例である．もう1つは「間接的状況把握（間接把握）」であり，これは直接的でない状況把握，つまり，推論，想像，疑い，願望などによる状況把握である．

　そうすると，日本語の無標の表現形態（単純平叙文）は，直接把握を表す私的表現といえる．例えば (24) の私的表現では，(a) の「雨だ」が直接知覚を表す直接把握の例で，(b) は間接把握の例である．これらの状況把握を報告する公的表現が (25) で，(a) が直接把握の報告，(b) が間接把握の報告にあたる．

(24)　状況把握（私的表現）
　　　a.　直接把握：「雨だ」（断定：直接知覚）
　　　b.　間接把握：「雨にちがいない」（確信），「雨だろう」（推量），「雨ならなあ」（願望），「雨だろうか」（疑い）
(25)　状況報告（公的表現）
　　　a.　直接把握の報告：「雨だよ／雨です」
　　　b.　間接把握の報告：「雨にちがいないね」，「雨でしょう」，「雨ならなあと思うよ」，「雨でしょうか」

　このような日本語と比較して，英語では無標の表現形態は公的表現なので，直接形（単純平叙文）の発話はそれが表す情報を聞き手に伝達し，共有することに重きが置かれる．したがって，その情報が直接把握によるものか，間接把握によるものかの区別は「二次的」（つまり随意的）となる．このことが，英語では日本語と異なり，いわゆる「証拠性表現」（発話の情報源のありかを表

野明子氏の指摘によるもので，多少の不自然さはあるものの，容認されると思われる．
　(i)　{ぼく／彼} が教師になりたいのは，教えるのが好きだからです．
　(ii)　{ぼく／彼} の教師になりたさは，みんなが思っている以上です．
これらの名詞節や名詞表現の働きは，当該主体の心理を表出することではなく，その心理を話し手が知ったうえで，それを客観的に記述あるいは報告することである．(i) と (ii) で自己の心理も他者の心理も同列に扱われるのはそのためである．

第1章　自分の言語学　　13

す表現）が存在しても，証拠性自体を言語的に明示することが義務的ではない
という特徴につながる（Shizawa (2015), Ikarashi (2015)). 日本語では，例
えば，「雨が降ってる」という直接形は (26) のように直接知覚でしか使えず，
(27) のように推論で情報を得た場合は「雨が降ってるんだ」，(28) のように
伝聞の場合は「雨が降ってるって」といわなければならない. それに対し，英
語の It's raining. は (29) の直接知覚だけでなく，(30) の推論，(31) の伝聞
の場合にも用いられる（以下の例は Shizawa (2015: 162-164) による）.

(26)　［話し手が窓から外を見て］あっ，雨が降ってる.
(27)　（みんなが傘をさしているから）雨が {降ってるんだ／#降ってる}.
(28)　A:　太郎は何と言ったの.
　　　　B:　雨が {降ってるって／#降ってる}.
(29)　[*The speaker is looking out the window.*] Oh, it's raining.
(30)　It's raining (, because they are walking under their umbrellas).
(31)　A:　What did John say?
　　　　B:　It's raining.

　このような対比から，日本語では命題情報が正しいと信じている場合でも，
それが自分で直接得た情報か否かを区別するのに対し，英語の場合は，命題が
正しい情報を伝えていると話し手が信じてさえいれば，直接得た情報か否かを
区別する必要はないといえる. この違いは，日本語が自分と自分以外の区別に
重きをおく私的自己中心言語なのに対し，英語が話し手・聞き手間の情報共有
に重きをおく公的自己中心言語であることによると考えられる.

4.　人前では「自分」でいられない：情報伝達と対人関係

　次に，情報伝達と対人関係について考えたい. まず，日本語では，思いを言
語化しただけの文は，通常，私的表現と解釈されるので，それを他者に伝える
ためには，その他者との対人関係を考慮した公的表現を用いることによって，
しかるべき伝達性をもたせなければならない. 例えば，今日が金曜日であるこ
とを会話で人に伝えるときに，(32) のように「今日は金曜日だ」とだけいう
ことはほとんどなく，終助詞の「よ」や丁寧体の「です」「でございます」など
を用いて，(33) のようにいうのが普通である.

(32)　今日は金曜日だ.
(33)　今日は金曜日だ {よ／です／でございます}.

これは，私的表現のままだと，いわば裸で人前に出ることになり，聞き手への配慮に欠けるからである．言い換えると，日本語では，対聞き手関係を反映させない限り，情報のしかるべき伝達ができない，つまり，対聞き手関係と情報伝達は不可分ということである（Matsumoto (1988), Ide (1989) など）．これはまさに，三層モデルにおける対人関係と状況報告が一体化していることを示すものである．[5]

　一方，英語では，(34) の文は聞き手が誰であろうとこのままの形で伝達が可能なので，特定の聞き手関係に依存しない情報伝達レベルが想定できる．つまり，状況把握と状況報告が一体化している一方で，状況報告と対人関係は独立していると考えられる．ただし，(35) のように，相手を呼ぶ呼称に対人関係を反映することはできるが，これらは付加的な要素であり，伝達上不可欠なものではない．しかし逆に言えば，状況報告から独立した対人関係を補うために，英語ではこれらの付加的な呼称が豊富に発達していると考えられる．

(34)　Today is Friday.
(35)　Today is Friday, {madam / ma'am / Mrs. Brown / Jane / darling / honey / etc.}.

　状況報告と対人関係が一体化していないことが，英語では，コミュニケーションにおける情報伝達の側面と，対人配慮の側面を分けて考えやすい理由となる．(35) で呼称を用いるか否かは話し手個人の随意的選択によるため，どのような呼称をどのような場合に用いるかにより，戦略的に対人関係を表現することができるというわけである．なお，Biber et al. (1999: 1112) によれば，英語の呼びかけ表現には次の 3 つの機能があるとされるが，(35) に見られるような文末用法はもっぱら (iii) の対人調節のために用いられると指摘されている（さらに詳細には，小田 (2010) 参照）．

(i)　getting someone's attention
(ii)　identifying someone as an addressee
(iii)　maintaining and reinforcing social relationships

日本語では，呼びかけ表現は相手の注意を引くという，(i) の機能が主なもの

---

[5] Hirose (2013) で指摘しているように，三層モデルでいう対人関係には，社会的上下関係や心理的親疎関係だけでなく，話し手・聞き手間の知識状態に関する情報的優位性の関係も含まれ，これが「今日はいい天気だ {よ／ね}」におけるような「よ」と「ね」の選択などに関与するものである（詳細な議論は，Ikarashi (2015: ch. 5), 本書五十嵐論文を参照）．

第 1 章　自分の言語学　　15

だと思われるが，この点に関する実証的研究として神谷（2005）がある．
　状況報告と対人関係の一体化の有無は，公的自己を表すことばの場面依存性
の有無にも対応する．まず，日本語では，話し手・聞き手の特定的な関係から
出発して，どのようなことばを使うかが決められる．これは，日本語では状況
報告と対人関係が一体化しているため，無標の情報伝達レベルが想定できない
からである．一方，英語では，I といえば話し手，you といえば聞き手という
ように，ことばから出発して決められる．これは，状況報告と対人関係が独立
しているため，無標の情報伝達レベルが想定できるからである．
　例えば，父親が子供に対して注意する場合，日本語では，父親という関係を
言語的に反映した（36）は適切だが，「ぼく」や「わたし」を用いて（37a, b）
のようにいうのは父親の発話としては不適切となる．

（36）　お父さんは，夕食の前に手を洗わないのは行儀がわるいと思うよ．
（37）a. #ぼくは，夕食の前に手を洗わないのは行儀がわるいと思うよ．
　　　b. #わたしは，夕食の前に手を洗わないのは行儀がわるいと思います．

英語でも，同様な状況で Daddy を用いて（38）のようにいうことができる．
しかし英語では，一人称の I を用いた（39）のような言い方もでき，私のイン
フォーマントによれば，むしろこのほうが普通とのことである．

（38）　Daddy thinks it would be bad manners not to wash your hands be-
　　　fore dinner.
（39）　I think it would be bad manners not to wash your hands before din-
　　　ner.

つまり，I を用いた（39）は対人関係から独立した無標の情報伝達レベルの発
話なのに対し，Daddy を用いた（38）は対人関係を考慮した有標的な発話と
考えられる．（39）の無標の言い方ができるところをわざわざ（38）のような
言い方をすると，当然それなりの表現効果が期待される．それは，子供に対し
て間接的に注意するという含意がより強く出るということであり，これは一種
のポライトネス効果といえる．要するに，英語では父親が Daddy という自称
詞を用いるのは情報伝達に対する付加的選択なのに対し，日本語では「お父さ
ん」のような父親関係を表す自称詞の使用は情報伝達における必須条件という
ことになる．
　この違いは，井出（2006: 115）のいう二種類のポライトネスに対応する．
日本語の場合は，「わきまえ」のポライトネスで，相手をウチ・ソトで区別す
るなど「世の中はこういうものだからと認識して社会の期待に沿うように言語

を使うこと」である．一方，英語など西洋語の場合は「働きかけ」のポライトネスで，個人の volition（意志）にもとづき，「相手に働きかけて，摩擦のない，スムーズなコミュニケーション」を行うことである．日本語で父親が子供に対して「お父さん」というのは，まさに父親としてのわきまえであるのに対し，英語では I が使える状況で Daddy というのは，個人の意志による選択的働きかけである．三層モデルの観点からいえば，わきまえのポライトネスは状況報告と対人関係の一体化を意味し，働きかけのポライトネスは状況報告と対人関係が独立していることを意味するものといえる．

さらに，日本語における状況報告と対人関係の一体化は，金水（2003）のいう「役割語」の豊かさにもつながる．役割語とは，ステレオタイプ化した特定の人物像と結びつく，特徴あることばづかいのことである．(40) の (a) から (h) の具体例からわかるように，これらは，日常的に用いられる現実の日本語とは異なるが，日本語話者にとって意味のあるヴァーチャル（仮想的）な日本語で，特に人称詞や文末表現に現れる（以下の例は金水（2003: v）による）．

(40) a. そうよ，あたしが知ってるわ ［女の子］
　　 b. そうじゃ，わしが知っておる ［老博士］
　　 c. そや，わてが知っとるでえ ［関西人］
　　 d. そうじゃ，拙者が存じておる ［お武家様］
　　 e. そうですわよ，わたくしが存じておりますわ ［お嬢様］
　　 f. そうあるよ，わたしが知ってるあるよ ［(ニセ) 中国人］
　　 g. そうだよ，ぼくが知ってるのさ ［男の子］
　　 h. んだ，おら知ってるだ ［田舎者］

ここでの観点からいうと，役割語は公的表現レベルの現象で，日本語における公的自己の場面依存性を劇的に誇張した文体と考えられる．つまり，日本語では，状況報告・情報伝達は対人関係に常に依存するので，これを逆手にとると，一定の公的表現を人為的に作り出すことで，その公的表現に一定の社会的役割を意図的に付与することができることになる．

一方，英語では，状況報告は特定の対人関係に依存しない形で可能なので，一定の社会的役割と結びつく公的自己を語彙的に構築することは非常に難しいといえる．なぜなら，Daddy と I の例でもみたように，無標の形に戻ろうとする力が常に働くからである．したがって，(40a) から (h) の日本語はすべて (41) の英語ですますことができる．

(41)　Yes, I know.

応答表現の yes を，有標的な（くだけた）yeah や yep/yup に置き換えること
ぐらいはできるが，I know の部分はこれ以外の言い方で英訳することはまず
できないと思われる．

　これと関連して，山口（2007: 10-11）からの次の例も興味深い．これらは，
ハリー・ポッターの小説に登場するダンブルドア校長という老教授の台詞の日
本語訳とその英語原文である（(42) の下線は廣瀬による）．

(42)　「ここがあの子にとって一番いいの<u>じゃ</u>」
　　　ダンブルドアはきっぱりと言った．
　　　「伯父さんと伯母さんが，あの子が大きくなったらすべてを話してく
　　　れる<u>じゃろう</u>．<u>わし</u>が手紙を書いておいたから」
　　　　　　　（J. K. ローリング『ハリー・ポッターと賢者の石』松岡佑子（訳））

(43)　'It's the best place for him,' said Dumbledore firmly. 'His aunt and
　　　uncle will be able to explain everything to him when he's older.
　　　I've written them a letter.'

　　　　　　　　　　　　　（J. K. Rowling, *Harry Potter and the Philosopher's Stone*）

山口も指摘するように，(42) の日本語訳では，下線を引いた役割語があるた
めに，この台詞が「老博士」タイプの人物によるものであることが明白である．
それに対し，英語原文における台詞では，それがダンブルドアによるものであ
ることを合図する言語的手がかりはない．だからこそ英語では，said Dum-
bledore firmly という伝達節が極めて重要な働きをすることになる．[6]

　役割語に関してさらに注意すべきは，役割語にはそれにふさわしい声色が想
定されるという点である（cf. 勅使河原（2007））．声色は公的自己を特徴づけ
る公的表現といえる．なぜなら，同じ話し手でも，生徒に対しては「先生」で
あり，友人に対しては「ぼく」であるのと同様に，生徒に話すときの声色と，
友人に話すときの声色は異なるからである．そうすると，英語のように語彙・
文法レベルでの役割語表現が乏しい言語では，声色やイントネーションなどの
パラ言語的区別によって役割語的違いを表現せざるを得ないと考えられる．日
本語の場合，たとえば (42) のダンブルドアの声色が老博士的になるのは，下

---

　[6] だからといって，英語に役割語が何もないわけではなく，山口（2007）では，「方言話者
のことば」やピジン英語を話す「中国系アメリカ人のことば」などいくつかのタイプが指摘さ
れている．さらに山口によれば，日本語の役割語は，豊富な人称詞と文末表現を組み合わせて
「足し算式」にバリエーションを作ることができるのに対し，英語の場合は，ピジン英語に典
型的にみられるように，冠詞や be 動詞や主語の脱落など，標準的語法からの逸脱という「引
き算式」マーキングに主な特徴があり，それゆえに生産性や多様性が望めないとしている．

線を引いた役割語自体が老博士タイプだからであり，声色はその反映といえ
る．それに対し，英語の (43) ではダンブルドアの台詞に老博士的声色をつけ
ることこそが，それを老博士的発話にするうえで決定的な意味をもつといえ
る．つまり，英語ではパラ言語の果たす役割がそれだけ重要ということになる
（イントネーションについては補遺を参照されたい）．

　以上，本節では，日英語における状況報告と対人関係のつながりについて，
次のことを論じた．日本語では，状況報告と対人関係が一体化しているため，
対人調節機能は文法のなかに組み込まれており，対人関係に応じた言葉使いが
求められ，その結果，場に応じた「わきまえ」のポライトネスが重視される．そ
れに対し，英語では，状況報告が対人関係と独立しているため，呼びかけ表現
やパラ言語的表現，特定語句の選択（yes でなく yep や cat でなく kitty 等[7]）
などを積極的に利用して，戦略的に対人調節を行う必要があり，その結果，個
人の意志による「働きかけ」のポライトネスが重視されることになる．

5.　まとめと今後の課題

　本章では，「自分の言語学」ということから話を起こして，言語使用の三層
モデルについてその基本的なところを論じた．三層モデル全体から見た日英語
の特徴をまとめると，次のようになる．

   ① 私的自己中心の日本語では，状況把握が状況報告から独立しているた
　　　めに，状況把握における私的自己の優位性が際立ち，私的自己の内的
　　　意識を直接的に描出することができる．さらに，私的自己の優位性は
　　　自己と他者の区別に重きをおくことになり，これが，自分が直接得た
　　　情報とそうでない情報を区別するという文法的特徴につながる．その
　　　一方で，状況報告が対人関係と一体化しているために，公的自己によ
　　　る情報伝達は常に対人関係を考慮し，場をわきまえて行うことが求め
　　　られる．
   ② 公的自己中心の英語では，状況把握が状況報告と一体化しているため
　　　に，私的自己による状況把握においても，公的自己の視点が不可欠と
　　　なり，私的自己の内的な意識は公的自己による報告という形で表現さ
　　　れる．さらに，話し手と聞き手の双方的関係に基づく情報の共有に重
　　　きが置かれるために，話し手自身が当該情報を信じていれば，その情

---

[7] 俗語・隠語・方言などの使用もここに入る (cf. Brown and Levinson (1987: 110-111))．

報源を明示しなくてもよい．状況報告が対人関係から独立していることで話し手・聞き手間の情報共有に比重が置かれる一方，対人関係の調節は，呼びかけ表現，パラ言語的表現，使用域に応じた語句の選択などの手段を用いて働きかける必要がある．

以上は，日英語のデフォルト的特徴を捉えたものである．つまり，特別な理由がなければ，日英語の言語現象はこのデフォルト状態を志向するといえる．

ところが，Konno (2015) が示したように，有標的な構文によってはデフォルト志向性が解除されるのである．[8] たとえば，Mad Magazine 構文と呼ばれる Him wear a tuxedo?! のような表現は話し手の驚きの反応を表す私的表現となる．また，Shizawa (2015) によれば，Into the room came John. のような場所句倒置構文は話し手の直接知覚を表す私的表現と解釈される．つまり，これらの構文は英語では通常一体化する状況把握と状況報告を分離することで，状況把握における私的自己の感情や知覚を際立たせる機能をもつのである．このような構文の存在は，三層モデルの妥当性を検証するのに重要であるだけでなく，三層モデルにおけるデフォルト志向性との関係で様々な構文の機能を明らかにできることを示唆するものである．

そうすると，今後は，三層モデルを基盤にして，日英語におけるデフォルト志向性と様々な構文の機能の関係について体系的に考察することが課題となる．その際の指針となるのが次の三点である．(i) 日英語のデフォルト志向性は三層モデルによって捉えられ，日本語は私的自己中心言語，英語は公的自己中心言語と特徴づけられる．(ii) 日英語の構文には，各言語のデフォルト志向性を継承するものと，それを解除するものがある．(iii) デフォルト志向性を解除する構文は，三層モデルが規定する日英語の無標の関係を変更させる特徴をもつ．

三層モデルを基盤としてこのような方向で研究を進めていくことにより，構文機能の日英語対照研究に独自の新たな視座を提供するとともに，日英語の言語文化論，ならびに，外国語としての英語教育や日本語教育にも寄与できることを目指したいと望んでいる．

---

[8] これを Konno は，「デフォルト志向性の解除」(default preference override) と呼ぶ．これについては，Konno (2015) や Shizawa (2015) のほか，Ikarashi (2015) や本書今野論文・五十嵐論文も参照されたい．

補遺： 英語におけるイントネーションの対人的機能

英語では状況報告が対人関係と独立しているため，呼びかけ表現やパラ言語的表現などを積極的に利用して対人調節を行う必要があるとのことを第4節で述べた．パラ言語のなかでも，特にイントネーションが対人関係において果たす役割は大きいと考えられる．英語におけるイントネーションの対人的機能の重要性を早くから指摘していた学者に Halliday がいる（Halliday (1970, 1994)，Halliday and Greaves (2008) など）．Halliday の体系では，基本的な音調（tone）として，5つの単純音調と2つの複合音調が設定されるが，ここでは単純音調とそれが語用論的に果たす対人的機能についてごく簡単にみておきたい．

まず，Halliday のいう単純音調は音調1から音調5まで5タイプあり，概略，次のように特徴づけられる（Halliday (1970)）．

(44) 音調1：下降調，音調2：高上昇調，音調3：低上昇調，
　　　音調4：下降上昇調，音調5：上昇下降調

これらの音調は，基本的には，次のような意味をもつとされる．音調1の下降調は平叙文に特徴的で，確定性を表し，音調2の高上昇調は疑問文に特徴的で，不確定性を表す．音調3の低上昇調は確定と不確定のどちらでもなく，暫定性を表す．音調4の下降上昇調は，「確定的に思えるかもしれないが，実はそうでない」ことを意味し，音調5の上昇下降調は，逆に，「不確定に思えるかもしれないが，実は確定的である」ことを意味する（Halliday (1994: 303)）．[9]

これらに関して興味深いのは，同じ平叙文に異なった音調を与えることで，様々な対人的意味合いを含意することができるという点である．Halliday and Greaves (2008: 50) では，I like it. という平叙文を取り上げ，これが画廊である絵をみて，それをどう思うかと問われた質問に対する答えとして発話される場合，音調に応じて，次のように対人的意味合いが変わることを指摘している（以下，記号の // は音調群（tone group）の境界，番号は音調のタイプ，（　）内の英語は語用論的含意を表す）．

(45) a.　質問に普通に答える場合
　　　　//1 I like it//　(neutral)

---

[9] イントネーション研究でよく知られた Bolinger (1986) は，アクセントを基盤にして，A, B, C という3つの音調型（profile）を設定し，それらとその組み合わせで Halliday の5つの音調をカバーできるとしている．

b. 絵を理解していないのではないかと責められて，言い返す場合
//2 I like it// (challenging: 'what makes you think I don't?')
c. はっきり言いたくない場合
//3 I like it// (non-committal: 'I don't object to it')
d. 絵の買い手で，予算が気になる場合
//4 I like it// (reserved: 'I do like it, but …')
e. 批評家で，大いに感銘を受けた場合
//5 I like it// (strong: 'I really like it')

下降調の (45a) が対人関係に中立的な無標の陳述であるのに対し，(45b) から (45e) は有標的な陳述と解釈される．(45b) のように陳述に高上昇調が付加されると，相手に異議を唱える意味合いが出てくるのは興味深い．低上昇調の (45c) は暫定的陳述，下降上昇調の (45d) は留保付き陳述，上昇下降調の (45e) は強い断定的陳述となる．英語では，このように同一の単純平叙文をイントネーションのみの違いによって異なる発話機能をもたせることが容易にできるが，日本語では英語と同じようにはできない．つまり，I like it. にあたる日本語の単純平叙文である「(私は) (それが) 気に入った」に異なる音調を与えたからといって，その発話機能が異なることにはならないということである．

第4節でも述べたように，日本語では状況報告と対人関係が一体化しているため，対人調節機能は文法のなかに組み込まれており，対人関係に応じた言葉使いが求められるのである．したがって，英語の (45) における対人的意味合いの違いは日本語では終助詞などを使って，たとえば (46a) から (46e) のように表現することになる (同趣旨の議論として Kadooka (1999) 参照).

(46) a. 気に入った (<u>よ</u>).
b. 気に入った<u>んだ</u> {<u>ぞ</u>／<u>よ</u>}.
c. 気に<u>は</u>入った<u>かな</u>.
d. 気に<u>は</u>入った<u>けど</u>.
e. (<u>本当に</u>) 気に入った<u>よ</u>.

もちろん日本語でも，(46) の各発話はそれなりに異なる音調で発せられる必要はある．しかしそれは各発話の文法的違いの反映としてなのであって，音調それ自体が独立して対人的意味をもつとはいえない．

とはいえ，下降調と上昇調については，多くの言語で一般的に前者は断定的で，後者は非断定的という意味が伴い (Cruttenden (1981))，上昇調の非断定性は対人関係におけるポライトネスにも通じる．この点と関連して興味深いの

が，本書五十嵐論文であげられている次の例である．

(47)   Come here, {mate / honey / buddy}.

(Brown and Levinson (1987: 108))

Come here. は命令文なので，話し手は聞き手より上位にある関係を表すが，
(47) では，五十嵐が指摘するように，親密さを示す呼びかけ表現が付加され
ていることにより，命令の強さが弱められているのである．その結果，命令と
いうより依頼に近くなる．同様なことは呼びかけ表現を使わなくても，上昇調
のイントネーションで達成することもできる．それを示すのがHalliday (1970:
28) からの次の例である（記号の / は韻脚の境界，下線部は主強勢を表す）．

(48) a.   //1 don't stay / out too / <u>long</u> //   ('I mean it')
      b.   //3 don't stay / out too / <u>long</u> //   ('I know you won't', 'I don't re-
           ally mind', 'I'm not serious')

(48a) は下降調の音調 1 であるため，命令そのものを意味する．それに対し，
(48b) は低上昇調の音調 3 が与えられることで，命令の力が弱められ，依頼
のように解釈される．ここでも英語は音調の違いだけで対人的態度を変更する
ことができている．日本語ではそれができず，(48a, b) は，たとえば次のよ
うに訳し分ける必要があり，音調の差は二次的なものでしかない．[10]

(49) a.   あまり長く外出するな．
      b.   あまり長く外出<u>しないでね</u>．

　以上，簡単にではあるが，英語では日本語に比べて，イントネーション自体
が重要な対人的機能を担っていることを見た．日英語がこの点で異なるのは，
三層モデルでいうように，日本語では情報伝達と対人関係が不可分なのに対
し，英語ではそれらが基本的に独立して捉えられるからであり，その分，パラ
言語としてのイントネーションによって対人関係的意味合いを補塡しようとす
る作用が強く働くからであると考えられる．

---

　[10] だからといって，日本語では音調が常に二次的な働きしかしないというわけではない．
特に，終助詞などの文末表現を用いない場合は，音調によってのみ発話の意図解釈が決定され
ることもある．たとえば「これはなに」という発話は，上昇調でいえば情報を求める質問にな
るが，下降調でいえば相手を責める詰問と解釈される．

参考文献

Benveniste, Emile (1971) *Problems in General Linguistics*, trans. by Mary Elizabeth Meek, University of Miami Press, Coral Gables, Florida.

Biber, Douglas, Stig Johansson, Geoffrey Leech, Susan Conrad, and Edward Finegan (1999) *Longman Grammar of Spoken and Written English*, Longman, London.

Bolinger, Dwight (1979) "To Catch a Metaphor: *You* as Norm," *American Speech* 54, 194–209.

Bolinger, Dwight (1986) *Intonation and Its Parts: Melody in Spoken English*, Stanford University Press, Standford.

Brown, Penelope and Stephen C. Levinson (1987) *Politeness: Some Universals in Language Usage*, Cambridge University Press, Cambridge.

Cruttenden, Alan (1981) "Falls and Rises: Meanings and Universals," *Journal of Linguistics* 17, 77–91.

Halliday, M. A. K. (1970) *A Course in Spoken English: Intonation*, Oxford University Press, London.

Halliday, M. A. K. (1994) *An Introduction to Functional Grammar*, 2nd ed., Edward Arnold, London.

Halliday, M. A. K. and William S. Greaves (2008) *Intonation in the Grammar of English*, Equinox, London.

Hasegawa, Yoko and Yukio Hirose (2005) "What the Japanese Language Tells Us about the Alleged Japanese Relational Self," *Australian Journal of Linguistics* 25, 219–251.

Hirose, Yukio (1995) "Direct and Indirect Speech as Quotations of Public and Private Expression," *Lingua* 95, 223–238.

廣瀬幸生 (1997)「人を表すことばと照応」『指示と照応と否定』, 中右実(編), 1–89, 研究社, 東京.

Hirose, Yukio (2000) "Public and Private Self as Two Aspects of the Speaker: A Contrastive Study of Japanese and English," *Journal of Pragmatics* 32, 1623–1656.

Hirose, Yukio (2002) "Viewpoint and the Nature of the Japanese Reflexive *Zibun*," *Cognitive Linguistics* 13, 357–401.

Hirose, Yukio (2013) "Deconstruction of the Speaker and the Three-Tier Model of Language Use," *Tsukuba English Studies* 32, 1–28.

Hirose, Yukio (2014) "The Conceptual Basis for Reflexive Constructions in Japanese," *Journal of Pragmatics* 68, 99–116.

Hirose, Yukio (2015) "An Overview of the Three-Tier Model of Language Use," *English Linguistics* 32, 120–138.

廣瀬幸生 (2016a)「日英語における時間のメタファーと主観性──言語使用の三層モデルからの視点」『言語の主観性──認知とポライトネスの接点』, 小野正樹・李奇楠

（編），19-34，くろしお出版，東京.

廣瀬幸生（2016b）「主観性と言語使用の三層モデル」『ラネカーの（間）主観性とその展開』，中村芳久・上原聡（編），333-355，開拓社，東京.

廣瀬幸生・長谷川葉子（2010）『日本語から見た日本人──主体性の言語学』開拓社，東京.

Ide, Sachiko (1989) "Formal Forms and Discernment: Two Neglected Aspects of Universals of Linguistic Politeness," *Multilingua* 8, 223-248.

井出祥子（2006）『わきまえの語用論』大修館書店，東京.

Ikarashi, Keita (2015) *A Functional Approach to English Constructions Related to Evidentiality*, Doctoral dissertation, University of Tsukuba.

Kadooka, Ken-Ichi (1999) "English Intonation System as Interpersonal Embodiment: Contrast with Japanese and Chinese Particles," *Ryukoku Studies in English Language and Literature* 18, 10-36.

神谷健一（2005）「会話における名前の付加──日英対照研究」『大阪工業大学紀要　人文社会篇』50(1), 43-53.

金水敏（2003）『ヴァーチャル日本語　役割語の謎』岩波書店，東京.

Kitagawa, Chisato and Adrienne Lehrer (1990) "Impersonal Uses of Personal Pronouns," *Journal of Pragmatics* 14, 739-759.

Konno, Hiroaki (2015) "The Grammatical Significance of Private Expression and Its Implications for the Three-Tier Model of Language Use," *English Linguistics* 32, 139-155.

Langacker, Ronald W. (2008) *Cognitive Grammar: A Basic Introduction*, Oxford University Press, Oxford.

Matsumoto, Yoshiko (1988) "Reexamination of the Universality of Face: Politeness Phenomena in Japanese," *Journal of Pragmatics* 12, 403-426.

小田希望（2010）『英語の呼びかけ語』大阪教育図書，東京.

ピーターセン，マーク（1990）『続日本人の英語』岩波書店，東京.

Shizawa, Takashi (2011) *Form, Meaning, and Discourse: The Semantics and Pragmatics of Conditional Constructions in English and Japanese*, Doctoral dissertation, University of Tsukuba.

Shizawa, Takashi (2015) "The Rhetorical Effect of Locative Inversion Constructions from the Perspective of the Three-Tier Model of Language Use," *English Linguistics* 32, 156-176.

鈴木孝夫（1987）『私の言語学』大修館書店，東京.

勅使河原三保子（2007）「声質から見た声のステレオタイプ──役割語の音声的側面に関する一考察」『役割語研究の地平』，金水敏（編），49-69，くろしお出版，東京.

Wada, Naoaki (2001) *Interpreting English Tenses: A Compositional Approach*, Kaitakusha, Tokyo.

山口治彦（2007）「役割語の個別性と普遍性──日英の対照を通して」『役割語研究の地平』，金水敏（編），9-25，くろしお出版，東京.

第II部
三層モデルと
その適用

第 2 章

三層モデルによる独り言の分析

長谷川　葉子

カリフォルニア大学バークレー校

要旨： 言語現象は，規範的に，話し手・聞き手が共存する場面を想定して論議されるが，言語使用の本質は，このような単純な定型では解釈し難い．独り言という定型を離れた現象を精査することは，他者との交流を目的とした場合とそうでない場合に，ことばの構造や使用形態がどのように違うかという根本的な問題の理解に重要である．本章では，三層モデルの枠組みが独り言の分析にどのような洞察を喚起してくれるのかを中心に考察してみる．

1.　はじめに

　日本語母語話者による言語学の論文には，その研究主題の如何を問わず，「独り言」という言葉がよく登場する（上野 (1972)，陳 (1987)，森山 (1989)，仁田 (1991)，Maynard (1993)，宇佐美 (1995)，小野・中川 (1997)，鈴木 (1997)，森山 (1998)，Okamoto (1999)，伊豆原 (2003)，Shinzato (2004)，その他多数）．たとえば，「日本語母語話者は，『あ，そうなんだぁ』，『ふぅん，なるほどね』，『いい部屋だなぁ』のような発話を聞くと，独り言だとして理解する」といった主張であるが，それらを独り言とみなすのは自明の理として扱われ，そう判断する根拠は吟味されないのが常である．（この点，黒田 (1992) は，以下に述べる通り，非常に稀な例外だと言える．）たしかに，日本語母語話者にとっては，それらの発話は明らかに独り言的であり，説明の必要性は全く感じないのだが，これはきわめて示唆的な現象なのである．つまり，日本語母語話者は，直感的に，言語の思考表現機能と伝達機能（三層モデルにおける「状況把握」と「状況報告」）という二元性を感得していることになる．一方，英語学の論文で，monologue, self-talk, soliloquy といった，「独り言」に相応する言葉が言語現象の説明に援用されることは皆無だと言ってよい．なぜ，このように極端な違いが生ずるのだろうか．

筆者は，20年ほど前に，日本語における思いの表出と伝達表現との相違に興味を持ち，実験的に収集したデータに基づいた独り言の研究を始めた．その結果を逐次，英語論文として発表したのだが（その集成がHasegawa (2010)である），非日本語母語話者の査読者からは，必ずと言っていいほど，例として挙げてある発話文がどうして独り言だと断定できるのかという質問が寄せられた．各文には英訳が付けてあるのだが，それを見ただけでは，独り言かどうか判断できないからである．

　一方，日本語母語話者の査読者の中にも，英語母語話者のように，独り言という範疇がしっかりとは確立していないと思われる人たちもいたが，ほとんどは，筆者の独り言か否かの判断に異論はないようであった．ある査読者のコメントが特に興味深かったので引用しておこう．この査読者は，「あ，そうなんだぁ」は，独り言的でもあるし，同時に，対話的でもあるとした上で，以下の程度差の判断を提示した．

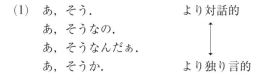

(1)　あ，そう．　　　　　　より対話的
　　　あ，そうなの．
　　　あ，そうなんだぁ．
　　　あ，そうか．　　　　　より独り言的

　そして，この査読者は，このような違いは，文の命題的意味にではなく，文末の対人的モダリティに由来するものなので，筆者の「日本語では，聞き手の存在を想定しない表現（独り言）と人に語りかける表現の間には形態的なずれがある」という主張には妥当性があるとした．

　この妥当性を裏付けるもうひとつの例を挙げると，日本語では，発話を文字起こししたものを読めば，それが独り言なのか，あるいは電話での対話の片方のみの記録であるのかは容易に判断できるが，英語では，この判定はきわめて難しいのである．そもそも，英語母語話者には，独り言と対話とを直感的に識別する慣習はない．独り言という概念が常に念頭にある筆者にとって，これは驚愕の発見であった．

　区別意識のない英語母語話者に「独り言らしさ」を説明するのは至難である．独り言と対話の形態的違いは何なのか，さらに，言語学のどの副領域で検討したらいいのか，当時，全く目処が立たなかった．この点，廣瀬 (2016) の「三層モデル」は，独り言を論じる際，日本語母語話者特有の洞察に頼らない，普遍的有用性の高い理論的枠組みである．

　一般に，理論的枠組みの重要な機能は，研究に方向性を与えてくれることである．グライスの「含意理論」，フィルモアの「格文法」や「フレーム意味論」，

ブラウン・レビンソンの「ポライトネス理論」などに見られる通り，長く研究されてきた事象も，新しい理論的枠組みによって，それまでには考えられなかった方向から光が当てられ，より深い理解が可能になるということは周知の通りである．本章では，廣瀬の提唱する「三層モデル」が独り言の分析にどのような洞察を喚起してくれるのかということを中心に考察してみたい．

2. 「独り言」とは

　言語現象の多くは（特に日本語においては），話し手・聞き手が共存する伝達場面を想定して論議される．たとえば，(a) 終助詞「ね」は話し手と聞き手の情報・判断の一致を，「よ」はそれらの食い違いを前提とするという主張（大曽（1986：93）），(b) 指示詞の文脈指示用法では，「ア」系は話し手・聞き手ともに指示対象をよく知っている場合，「ソ」系は，どちらか，または，両者ともに指示対象をよく知らない場合に使われるという分析（久野（1992：69）），(c)「です・ます」体から普通体へのスピーチスタイル・シフトは，話し手が聞き手に共感し，心的距離を縮めたいときに起こるという論理（Ikuta (1983)），(d)「はい」の基本機能は会話の促進であるが（例：「はい／*ええ／*うん，それでは今日は 3 ページから始めます」），「うん」の基本機能は相槌であるとする見解（Angles, Nagatomi and Nakayama (2000)）などに代表される．

　しかし，黒田（1992：93）を引用して言えば，「言語使用の本質は，伝達論的言語使用理論から期待されるような単純な話し手・聞き手との間に交される言語行為（中略）といった定型では十全には補足し難いものと考えられ」，「我々の個々の言語理解行為の対象となる文は，必ずしもすべて話し手が聞き手を想定して具体化したと単純に解釈できない」のである．したがって，独り言という，一見些末とも見える言語現象を精査することは，他者との交流を目的とした場合とそうでない場合に，ことばの構造や使用形態がどのように違うかを明確にできるばかりでなく，どうしてそのような違いが起こるのかという根本的な問題にも手がかりを与えてくれるはずである．

　「独り言」には，三通りの定義が考えられる．第一に，発話状況を吟味すると，「発話の届く範囲内に他人（聞き手）がいない場合」と定義できる．しかし，この定義では，面接のために自室にこもって，想定できる質問に対しての答えを稽古している事例も含まれることになる．

　第二に，「独り言」を発話者の意図に基づいて定義することも可能である．つまり，話者がその発話は誰にも向けていないと意識すれば独り言となる．この定義では，発話場面に他人がいようがいまいが関係ない．雑踏の中で独り言

第2章　三層モデルによる独り言の分析　　29

をつぶやくことも可能であるし，孤立した場所で思い描く人と（擬似）対話をすることも可能である．また，この定義では，独り言か否かは，発話者のみが分別できることになる．

　第三の定義は，発話の形状に依存するものである．冒頭に挙げた，「独り言」という用語を言語現象の説明に使用する研究者のほとんどは，おのずから概念化された独り言の形状的特色に基づいて，当該発話が独り言か否かを判断していると思われる．たとえば，詠嘆の終助詞「な・や」，懐疑の助動詞「だろう（か）」や感嘆詞「あれ・へえ」などが含まれていれば，独り言であると言えるだろう．「疲れたなぁ」，「めんどくさいや」，「あれ，変なやつが覗いてる．誰だろ」などは，普通，独り言として捉えられるのではないだろうか．

　反対に，聞き手の存在を前提とする表現も多々ある．たとえば，呼びかけ表現「おい・ねぇ」，応答表現「はい・いいえ」，丁寧体の助動詞「です・ます」，終助詞「よ・ぜ」，伝聞表現「(だ) そうだ」，命令表現「帰れ・帰りなさい」などである．[1] したがって，もし，これらの表現が含まれていれば，その発話は独り言とは解されない．しかし，反対に，これらの表現が含まれていないからといって，即，独り言とは断定できないのも事実である．

　筆者は，かつて，日本語母語話者を対象に，数々の独り言発話から抜粋した文を文脈から切り離して提示し，独り言として聞こえるかどうかというアンケート調査を行ったのだが，結果はまちまちであった．結論を言えば，独り言か否かの判断は状況依存性が非常に高く，文脈のない発話は，この事象に敏感な日本語母語話者と言えども，独り言かどうかは判断しにくいということになる．この点，独り言の特質を吟味する際には，三層モデルは最も洗練された理論的枠組みだと言えるだろう．

3.　三層モデル

　三層モデルでは，言語行動は，「状況把握」（認識・感情など，思いの言語化），「状況報告」（言語による状況把握の伝達），「対人関係」（呼称，ポライトネスなどの聞き手への言語的配慮）という三層から構築される．そして，日本語では，無標の表現形態として，状況把握が状況報告および対人関係から独立しているとされる．三層モデルを簡略化して図式にすると，以下のようになる．

---

[1] 命令表現であるにもかかわらず，「待てよ」は独り言にも現れる．面白いことに，一般の動詞命令形は，会話では，下降調（例，「来いよ↓」）でも，上昇調（「来いよ↑」）でも使われるが，「待てよ↑」は独り言的であり，会話では「待てよ↓」となる．

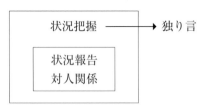

図1　日本語の三層構造

「状況把握」とは，話者が状況を把握し，その解釈やそれに関する思いを言語化する層である．「AがBにXをあげた」とするか，「BがAからXをもらった」とするかは，この層で決められる．また，「CがYを作った」や「Yができた」といった表現の違いもこの層での現象である．「状況報告」とは，それらの情報を他者に伝達する際に必要となる言語要素を考慮する層となる．プラーグ学派のFunctional Sentence Perspectiveやダイクシスの調整などは，この層で行われる．「対人関係」層では，ブラウン・レビンソンのポジティブ／ネガティブポライトネス，オフレコードなどの方策や，丁寧体の使用・不使用などが考慮される．状況報告から区別された対人関係層自体は，英語ではあまり大きくは取り扱われないが，日本語では，以下に述べる通り，非常に重要なレベルである．

この三層モデルの枠組みでは，状況把握のみの段階で発話されれば，独り言となるわけである．また，状況報告と対人関係は，通常，一体化されているので，伝達を目的とした場合，対人関係に左右されない発話は不可能となる．たとえば，*I'll do it*を日本語で言う場合，「わたくしがいたします」，「わたしがやりましょう」，「ぼくがするよ」，「おれ，やるってば」など，いずれの表現を取っても，話し手が認識する，聞き手との社会的・心理的関係や発話状況における社会的・言語的制約が内含されてしまうのである．

一方，英語の三層構造は，無標の表現としては，状況把握と状況報告が一体化し，それに対人関係の層が付加される．

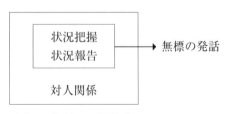

図2　英語の三層構造

第2章 三層モデルによる独り言の分析　31

　無標の発話である *I'll do it* は，聞き手が誰であっても使うことができる．
また，反対に，この発話を聞いただけでは，話し手と聞き手がどういう社会
的・心理的関係にあるのか，どういう状況の下に発話されたのかは推測できな
い．つまり，英語では，日本語の独り言モードに対応する状況把握のみの発話
（廣瀬のいう「私的表現」）と一般会話に使われる発話（廣瀬のいう「公的表現」）
を形態的に区別するのは，非常に難しいのである．（この発話構造の差に起因
する日本語表現と英語表現のそのほかの違いは，本書に収録された廣瀬論文を
参照のこと．）

　このように体系化されると，なぜ，英語母語話者が独り言という概念を日本
語母語話者ほどはっきりとは持っていないのか，また，なぜ，当該発話が独り
言か否かということに，英語母語話者は，日本語母語話者ほど敏感ではないの
かということが容易に理解できる．この簡潔な三層モデルは，日英語の深層に
潜む，構造的・語用論的に重要な相違の議論を可能にしてくれたという点で，
高く評価されるべきである．

4.　日本語における独り言

　Hasegawa（2010）にまとめた通り，独り言の研究は示唆に富んでいる．た
とえば，「ね」の独り言での頻度は対話での頻度に匹敵して非常に高い（例：
「でも，やっぱ，雑誌って，日本の雑誌の方がいいねぇ」，「源氏物語，やだね，
源氏物語は」）．それに比べて，「よ」の頻度は極めて低い．筆者の実験データ
では，4例しか見つからなかった（例：(携帯電話を切った後に)「間違い電話
かよ．キムって誰だよ」）．「ね」と「よ」は常に同じ土俵の上で語られてきてい
るが，「よ」は，規範的には，聞き手の存在を想定し，「ね」の機能は聞き手の
存在・世界観・知識などに依存しないという仮説を教唆する（第2章）．

　また，独り言においては，「コ」と「ア」はつねに眼前指示（deictic）である
が（例：「これ，いつの雑誌だろう」，「まだ，中，生きてんのかな，あのたま
ご」），[2]「ソ」はつねに文脈指示（anaphoric）である（例：「ずっと，そればっ
かり聴いてたら，ほんとに仕事んなんないし」）．「コ・ソ・ア」の眼前指示用

---

[2]「ア」は，「お母さん，レクサス気に入ってるようだったけど，でも，あれは大きい車だし
ねぇ」のように，一見，文脈指示に見える例も多々あるが，「明日も晴れへんかな．明日晴れ
たら，あのサンダルはこ（この発話の前に「サンダル」については語られていないし，発話場
面にサンダルはない）」や「あれ，何てったかな，あれ．あれ，納涼バスだ，納涼バス」の例で
はっきりするように，話し手の意識に浮かんだ，擬似視覚体験によるイメージを眼前指示して
いると解釈するのが妥当である．

法は，普通，勢力圏説（「コ」は話し手のテリトリー内の事象に，「ソ」は聞き手のテリトリー内の事象を示すのに使われる）と距離区分説（「コ」は近称，「ソ」は中称，「ア」は遠称）との2つの枠組みで説明される．「ソ」の不在は，独り言には聞き手はいないので，勢力圏説では簡単に説明がつく．しかし，なぜ，独り言には距離区分説は適応しないのだろうか．今後の研究が待たれるところである（第3章）．

この本の第4章の主題は，性別を反映した言語形態（gendered language）だが，女性話者は，独り言では，一人称代名詞を除いては，いわゆる女性語は一切使わず，一般に「やわらかい男性語」と呼ばれる表現（「知らなかったな」，「このレストラン，もうないのか」，「頑張るぞ」など）を使う．つまり，女性語は状況把握には無関係で，状況報告・対人関係の段階で導入・選択されるものだと言える．面白いことに，男性話者の独り言には，女性語は一切現れない．Ochs（1993）は，言語の指標性を二段階に分け，日本語の「ぜ」や「わ」の第一次指標機能は「荒っぽさ」や「優しさ」といった意味であり，二次的に男性らしさ，女性らしさという，性別などの伝達場面の要素を指標するとしている．けれども，女性が荒々しさを表現したいときに男性語を使うことはあっても，普通，男性が優しさを表現したいときに，あえて女性語を使うことはないし，男性話者の独り言で女性語は決して使われないという事実は，Ochsの理論の欠陥を指摘するものだと言える．

Hasegawa（2010）の第5章は，会話に挿入される独り言を扱っている（このテーマは廣瀬・長谷川（2010）の第5章でも取り上げられている）．たとえば，次のようなやり取りである．

(2) 教師： ほんとに英語では苦労します．
　　学生： えー，ほんとですかぁ？
　　教師： ほんと，ほんと．
　→ 学生： へぇー，先生でもそうなんだぁ．　（Hasegawa（2010: 158））

日本語の語用論体系では，聞き手は，話し手との関係で，以下の四種に区分される．

聞き手	心的距離＝近	心的距離＝遠
敬意あり	(A)	丁寧体
敬意なし	普通体	(B)

心理的に距離があり，敬意を表したい聞き手には丁寧体が使われ，親しくて敬意表現は必要のない聞き手（つまり，Brown and Levinson（1978/1987）

の提唱するポジティブポライトネスの対象）には普通体が使われる．（B）の場合は，「知らないよ」のように普通体が使われ，親しくない関係なので，無作法に響くことも多々ある．

　問題なのは，（A）の場合，つまり，聞き手に対し，親しさと敬意の両方を同時に表現したいときである．この2つの感情は，共起するのはごく自然であるにもかかわらず，語用論体系では相容れないものとして扱われている．つまり，（A）の場合，丁寧体を使えば，必然的に距離感が生まれ，使わなければ，不当に馴れ馴れしく聞こえてしまうのである．[3]

　日本語母語話者は，聞き手に対し，親しさと敬意の両方を同時に表現したいときに，（2）のように，会話の中に独り言と聞こえる発話を混ぜる傾向にある．独り言には丁寧体は使われないので，この場合，一見，「です・ます」体から普通体へのスピーチスタイル・シフトのように見えるが，これは会話モードから独り言モードへのメタ語用論的シフト（metapragmatic shift）だと考えるのが妥当である．

　この違いは，典型的なスピーチスタイル・シフトの例と比較すると，明らかだろう．（3）は，小学三年生の教室談話からの抜粋で，丁寧体は教師という公的立場からの発話に，普通体は私的立場からの発話に使われている（岡本（1997：42））．

(3)　はい，では，鉛筆置いてくださぁい．それで，まだ，書けてなくても，途中で気がついたらね，発表すればいいんですからね．いいですか．はい，じゃあ，先ずね，線を引っ張ったところから発表してもらいまぁす．はい，じゃあ，線引っ張った人，手を挙げてくださぁい．[汗をハンカチでふいた後，手で自分に風を送る動作をしながら]
　→　暑さに負けずに頑張ろうね．
　　はい，じゃあ，ミヤユタカさん，お願いしまぁす．

　ここでは，「暑さに負けずに頑張ろうね」を除いては，全て丁寧体だが，普通体は，教師の個人的な親しみを込めた励ましであり，教師としての教示的発言とは違うということの指標となっている．一方，（2）の矢印で示した発話（「へぇー，先生でもそうなんだぁ」）は，話し手の立場の違いを示すものではないことは明らかだろう．

---

　[3] これは，一般的にポライトネスは親しさに対立する概念として捉えられていることに起因するので，日本語だけではなく，文法化された敬意表現を持つ言語の普遍的な問題だとも考えられる．

ポライトネスに関わるメタ語用論的シフトとしての独り言には，数々の規制が伴う．当然，聞き手の情報のなわ張り（神尾（1990））は尊守されなければならない．したがって，この場合の独り言で言及できるのは，話し手の領域にあるものだけに限られ，その結果，ほとんどの場合，驚き・感嘆・喜びなど，話し手の心的状況に関わる発話となる．自分の感情や考えを率直に表すというのは相手に対する親しみ・信頼感なしにはありえないので，親近感の指標となり得るのである．

ここで問題になるのは，メタ語用論的シフトとしての独り言は，普通の会話における発話のように，明らかに，聞き手への何らかの意味伝達を目的としていることである．三層モデルでこの現象をどう分析したらいいのか，という問題を検討する前に，独り言研究の先駆者と言える，アービング・ゴフマンの理論に触れておく．

5. 英語における独り言

発達心理学者は，長い間，幼児の独り言を研究してきたが（Piaget（1923/2002），Vygotsky（1934/1986），Diaz and Berk（1992），など），それ以外の学術分野で独り言に興味を持つ研究者はきわめて稀である．そういう稀な研究者にアービング・ゴフマンがいる．ゴフマン（Goffman（1978/1981））は，独り言はまるでカタツムリが殻なしで歩いているようで，非常に奇妙であり，人と接しているときに独り言をつぶやくのは，社会的脅威であり，[4] 儀礼上許されない行為だとする．（ゴフマンによると，これは，社会がお互いの協力から成り立っているという暗黙の了解を真っ向から覆すからである．）したがって，公共の場で会話するのはかまわないし，ペットに話すことも許されるが，独り言をつぶやくことは許されない．[5]

しかし，これは規範法則であって，現実には数々の例外がある．たとえば，男が道を歩いていて，よろめいたと想定しよう．周囲の者にはその原因が分からないので，男の歩行能力が疑われる．男は，自分が正常であることを示し，尊厳を守ろうとする．立ち止まって舗装のでこぼこを調べるのもひとつの方法だが，*What in the world!* のような驚きの声をあげて，よろめいたのは自分の

---

[4] 電車やバスで隣に座った乗客が独り言をつぶやき続けたら，殆どの人は，ある種の脅威を感じ，席を立つだろう．

[5] なぜ，公共の場での携帯電話の使用が毛嫌いされるのかを，独り言との関係において考察してみるのも面白いだろう．

第2章 三層モデルによる独り言の分析　　　35

身体的欠陥に由来するのではないとほのめかすのも有効な手段だ．自己の心理状態を外部に明示することによって，周囲の者に状況の説明をしていることになる．また，親しい者の死を聞かされた場合に友人や親族が言う，「まさか，信じられない」，「なぜ彼女が……」などの独り言も社会的に許容される．そして，周囲の者は，その発話は独り言だと解するので，言語で応対する義務は感じない．

　同じように，講演者が講演中に原稿のページが抜けているのを発見し，「あれ，どうしたんだろう」と言ったり，客を乗せているバスの運転手が，ぎりぎりですり抜けていったオートバイに「あいつら，死にたいのか」と言う場面も独り言としてごく自然である．ゴフマンの例の中で，もっとも身近で説得力があるのは，他人の車を自分のものだと勘違いして，鍵を開けようとしてしまった例だろう．万が一，周囲に人がいれば，車泥棒だと誤解されないように，「あれ，これ，わたしの車じゃない」などと言いたくならないだろうか．これらの場合も話者は聞き手にその場で何が起こったかに関する情報を与えているのである．

　一方，同じような目的で *Oops!*, *Hell!*, *Shit!* といった，間投詞や呪い・悪態の表現も使われる．勿論，「これらの表現は意図して発せられるのではなく，自動的に出てしまうのだ」と分析することも可能である．[6] しかし，それらの表現は，周囲に人がいない場合には頻度がはっきりと落ち，また，聞き手がどのぐらい離れているかによって，きちんと届くように，声の音量の調節が行われ，さらに，悪態の場合，近くに女性や子供がいる場合にも頻度が下がるといった報告から，これらの表現も，何らかの伝達を意図するものだと考えるのが自然である．これらの，普通の伝達発話とは言えない表現をゴフマンは response cry（反射的叫び）と名付けた．[7]

　Response cry は，「自己のコントロールの効かない状態における心理状態の発露」という，自己完結型の行為だと考えられているが，これは，慣習化・儀式化された，極めて厳格な規則に基づく，社会的な行為である．自分の行動に向けられた他人の評価の補修作業には，まず，自分の行為を目撃した人間がいるのかどうかを判断するのが先決だ．誰も見ていなければ，補修作業は必要ではない．また，response cry には，周囲の者は応答する義務はない．一般概念

---

　[6] この場合は，「話者」と言うより「音源」と捉える方が適切だろう．
　[7] ゴフマンは，重いものを持ち上げる際のうなり声や，痛みに反射して出るうめき声も response cry に含めている．また，彼は，self-talk（独り言）を response cry に含める時もあるが，両者を区別する時もある．

での聞き手は存在せず，行為者とその目撃者（earwitness）がいるのみである．
　これらの考察から，ゴフマンは，公共の場における独り言は，私たちが周囲に対するコントロールを失うことによって，何か不都合なことをしでかし，それを取り繕う（自身の尊厳を取り戻す）必要性を感じたときに発せられると提唱する．対話という規範的な言語活動から逸脱した，このような言葉の使用が可能であることに気づけば，人々がこれを特殊な伝達手段として利用し始めるのは当然のことだろう．

6. 三層モデルによる日本語の独り言の分析

　日本語でも英語における response cry に相当する発話は見られるが，聞き手に対しての親しさと敬意の両方を同時に表現する為の独り言（つまり，会話モードから独り言モードへのメタ語用論的シフト）は，英語の場合とは比べ物にならない程，高度な伝達技術だといえる．この場合の独り言は，勿論，聞かれることを想定した発話だが，相手に語りかけてはいない．「告げるのではなく，示す」のである．私達は成長のかなり早い時期にこの高度なテクニックを身につけるようで，Vygotsky（1934/1986）は，幼児の独り言は外国語を母語とする子供や聾唖の子供たちに囲まれると頻度が激減するので，独り言ではあっても，聞かれることを前提とした社会的行為だと報告している．
　共に相手に聞かせることを目的としたものではあるが，「告げる発話」と「示す発話」には深長な相違がある．この2つを識別するため，前者を「報告モード（発話）」，後者を「提示モード（発話）」と呼ぶことにしよう．これを三層モデルの枠組みで表現すると，以下のようになる．

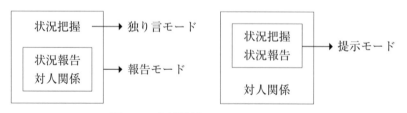

図3　日本語発話のバリエーション

　図1で示した通り，日本語の無標表現形態は，状況把握が状況報告および対人関係から独立しているが，メタ語用論的シフトとしての独り言を考慮すると，日本語では三種類の発話形態が可能だということになる．状況把握の段階で発話されれば，普通の独り言であり，そこに状況報告と対人関係が考慮され

れば，聞き手に向けられた一般的な報告モードの発話となる．そして，三番目に，状況把握と状況報告を融合させ，対人関係を切り離した場合は，敬語の使用・不使用に伴う，表現上の問題を回避するために使われる，提示モードという特殊な発話形態となる．

このような，複雑な発話技法の分化は，先に述べた通り，聞き手に対する親しさと敬意の両方の感情が共起するのは不自然ではないにもかかわらず，日本語の語用体系では，この2つは相容れないという事実に由来する．丁寧体を使えば，必然的に心理的距離感が生まれ，使わなければ，敬意を表することはできないのである．したがって，聞き手に対して親しさと敬意の両方を同時に表現したいときに，提示モードという，日本語としては特殊な発話形態が選ばれることになる．

別の視点から考えると，多くの研究者が指摘するように，日本語には，対人関係を反映しない，ニュートラルな表現は難しいと言える．けれども，対人関係を切り離した，中立的な発話が求められる場合も当然あり，そのときに報告モードから提示モードへのメタ語用論的シフトが起こるのである．

7. 小説における報告モードと提示モード

これまでに述べた通り，日本語母語話者は，独り言モードと会話モードの使い分けに習熟しており，聞き手の存在を意識している場合でも，報告モードと提示モードを適宜，使い分けている．このような，微妙な発話・伝達体系を会得した言語使用者は，その技能を書き言葉にも応用するのではないだろうか．

(4) は幸田文の『流れる』の冒頭であり，長年，筆者を悩ませてきた文である．

(4) このうちに相違ないが，どこからはいっていいか，勝手口がなかった．

ドメニコ・ラガナ（1975：47-49）は，最初，この文がこうも難解なものだとは想像しなかったと述べている．それぞれの語の意味をすべて理解しても，この文が何を言っているのか，全く理解できなかったそうである．彼の解釈では，「ある場所に家が一軒（あるいは数軒）在る．その家は現在では何か別のもの，おそらく別の家と相違していない（あるいは，昔と変わっていない）．だれかがだれかに向かってこう質問する．だれかが（あるいは，だれが），あるいは何かが（あるいは，何が），どこから入ったらよいか，と．（飛躍）．この家には勝手口がなかった．」

このように各構成部分の解釈を細かに明示されると，これは，たしかに難文

である．ラガナにとって，最も理解し難かったのは，「どこからはいっていい
か」と「勝手口がなかった」がどう関係し得るのかだった．

　この小説の主人公（梨花）は，芸者置屋に派遣された女中で，冒頭は，彼女
が最初に雇い主の家を訪れる場面である．当時（1900年代前半）は，雇い人
は，玄関からではなく，勝手口から入るのが定めであった．したがって，日本
語母語話者には直感的に理解できる通り，「どこからはいっていいか」は，語
り手が，なぜ，「勝手口がない」という描写をしたいのかの理由付けである．

　Tansman（1993：13）は，この文を以下のように英訳している．

(5)　This was certainly the house, but there was no kitchen door.　Where
　　　was the entrance?

　この英訳は自由間接話法を使っている．『流れる』は一人称小説（語り手＝
主人公）であるが，この2つの役割は，英訳では，時に，はっきりと分別され
る．指示代名詞 *this* は，主人公の視点から選択されている（その家は主人公
の目の前にある）が，*was* は，主人公ではなく，語り手にとっての（英語の物
語というジャンルにおける約束事としての）過去形になっている．「どこから
はいっていいか」に対応する，*Where was the entrance?* の質問自体は主人公
のものだが，そのテンスは，主人公のものではなく，語り手にとっての過去形
である．

　ふと，これは，会話に挿入された独り言に似ていると気づいた．「このうち
に相違ない」は主人公の声であるが，「勝手口がなかった」は，普通の，一人
称小説の地の文で，作者は，語り手として，読み手に状況を説明しているわけ
である．これを三人称小説的に変換してみると，

(6)　梨花は，「このうちに相違ない」と思ったが，勝手口がなかった

のように，「このうちに相違ない」は主人公（梨花）の思考として表現し，「勝
手口がなかった」は状況を説明する語り手の声だとするのが自然だろう．勝手
口がないのは，梨花にとっては，現況で，過去になかったわけではないからで
ある．

　それでは，ここで挿入されている「どこからはいっていいか」は誰の声なの
だろうか．

(7)　梨花は，「このうちに相違ない」と思ったが，勝手口がなかったので
　　　「どこからはいったらいいのだろうか」と戸惑った

のように，主人公の声だとすることも可能ではあるが，「勝手口がなかった」

と描写する語り手の声だと考える方が自然だと思える．もし，これを語り手の声だとすると，「どこからはいっていいか」と「勝手口がなかった」は違うレベルの発話である．

　ここに三層モデルを導入し，前者を提示モード節，後者を報告モード節とすると，すっきりと説明がつく．つまり，「勝手口がなかった」は，語り手が読み手に語りかけている部分であるが，「どこからはいっていいか」は，読み手を無視した，語り手の独り言であると分析するのである．したがって，読み手を想定している部分には，「勝手口がありませんでした」のように，丁寧体を使うことも可能だが，独り言である「どこからはいっていいか」に丁寧体を使うことはできない．[8]

(8)　#どこからはいっていいでしょうか，勝手口がありませんでした．

丁寧体を使う場合は，

(9)　「（まあ）どこからはいったらいいでしょう」，勝手口がありませんでした

のように，直接話法にしなければならない．

　この，提示モードと報告モードを混合する技法は，主人公と語り手が同一である，一人称小説にはよく馴染むが，三人称小説では，(10) のように，いかにも座りが悪くなる．

(10)　梨花は，「このうちに相違ない」と思ったが，どこからはいっていいか，勝手口がなかった

これは，三人称小説の地の文に語り手の独り言を挟むと，語り手の存在が強く前面に出てきて，一人称小説のようになってしまうからである．

　次に，(11) と (12) を比べてみよう．

(11)　茂が台所できゅうりを切っていると，オヤ，裏庭で変な物音がする．
(12)　茂が台所できゅうりを切っていると，オヤオヤ，今度は警官がやってきた．

(11) の下線部分は，茂の意識を表し，（英語レトリックの用語を使えば）自由間接話法である．一方，(12) は，全て語り手の声であり，「オヤオヤ」を茂の声とは解釈できない．ここでも，報告モード（「茂が台所で……今度は警官が

---

[8] この，丁寧体の使用・不使用の考察は，廣瀬（個人談話）による．

やってきた」）に提示モード（「オヤオヤ」）が挿入されているので，三人称の語りとすれば，不自然さを感じる人が多いことだろう．しかし，もし，これが(13) のように，一人称の語りであれば，ごく自然である．

　(13)　茂が台所できゅうりを切っていると，オヤオヤ，今度は警官がやってきた．我輩は，そそくさと退散することにした．

『流れる』の冒頭は，以下のように続く．(14) では，文ごとに，主人公の声，語り手の声の判断を角括弧内に示しておく．

　(14)　往来が狭いし，たえず人通りがあってそのたびに見とがめられているような急いた気がするし，しようがない，切餅のみかげ石二枚分うちへひっこんでいる玄関へ立った［語り手］．すぐそこが部屋らしい［主人公］．云いあいでもないらしいが，ざわざわきんきん，調子を張ったいろんな声が筒抜けてくる［主人公］．待ってもとめどがなかった［語り手］．いきなり中を見ない用心のために身を斜によけておいて，一尺ばかり格子を引いた［語り手］．と，うちじゅうがぴたっとみごとに鎮まった［語り手］．どぶのみじんこ，と聯想が来た［語り手］．もっとも自分もいっしょにみじんこにされてすくんでいると，「どちら？」と，案外奥のほうからあどけなく舌ったるく云いかけられた［語り手］．目見えの女中だと紹介者の名を云って答え，ちらちら窺うと，ま，きたないのなんの，これが芸者家の玄関か！［語り手］．

　幸田文の文体は，しばしば，端正，流麗であり，感覚的だと言われる．『流れる』の冒頭に見られる，「どこからはいっていいか」，「しようがない」，「ま，きたないのなんの，これが芸者家の玄関か！」のような，報告モード文に提示モード文を挿入するという技法を巧みに使用していることが，そういう印象を与える一因となっていると言えないだろうか．

8.　まとめ

　本章では，廣瀬の提唱する三層モデルが，筆者が長年関わってきている独り言の研究にどのような洞察を与えてくれたかということを考察してみた．図1-3 のように，三層モデルを単純化すると，これは，とても簡潔な枠組みであるが，この章で論じた通り，独り言の研究における難問に新しい分析の可能性を提示してくれる，非常に有効な理論である．

　日本語の話し言葉では避けることのできない，敬語の使用・不使用の選択で

あるが，敬語という体系は，欠陥を多々含んでいる．中でも，日常的に問題となるのは，敬語は，聞き手に対する敬意と心的距離感を一括りにして表現してしまうということである．したがって，敬意は表現したいが，距離感は排除したい（つまり，親しみも共に表したい）場合には，敬語を回避するのが望ましいのだが，そうすると，タメ口になってしまい，敬意が失われる．その場合，この敬語体系の根本的欠陥を補うため，巧妙な日本語話者は，会話を一時的に中断して，独り言と理解される発話モードに移行するという，メタ語用論的シフトを行う．三層モデルは，この複雑な機構を，報告モードと提示モードに区別して図式化できることを示唆してくれた．前者は，日本語の無標発話モードであり，「状況報告」と「対人関係」が融合している（したがって，敬語の使用・不使用が問題となる）が，後者は「状況把握」と「状況報告」のみを合体させたもので，「対人関係」に左右されない発話方法である．

　そして，本章の最後には，三層モデルを適応することにより，言語使用の研究の展望が広がる可能性の一例として，報告と提示という2つのモードを巧みに組み合わせることは，書き言葉にも応用されていることを論じてみた．自由間接話法と絡めると，面白い文体研究ができそうである．

参考文献

Angles, Jeffrey, Ayumi Nagatomi and Mineharu Nakayama (2000) "Japanese Responses Hai, Ee, Un: Yes, No, and Beyond," *Language and Communication* 20, 55-86.

Brown, Penelope and Stephen Levinson (1978/1987) *Politeness: Some Universals in Language Usage*, Cambridge University Press, Cambridge.

陳常好 (1987)「終助詞——話し手と聞き手の認識のギャップをうめるための文接辞」『日本語学』第6巻10号，93-109.

Diaz, Rafael and Laura Berk, eds. (1992) *Private Speech: From Social Interaction to Self-Regulation*, Lawrence Erlbaum, Hillsdale, NJ.

Goffman, Erving (1978) "Response Cries," *Language* 54, 787-815. [Reprinted in *Forms of Talk*, by Erving Goffman, 1981, 78-123, University of Pennsylvania Press, Philadelphia.]

Hasegawa, Yoko (2010) *Soliloquy in Japanese and English*, John Benjamins, Amsterdam.

廣瀬幸生 (2016)「主観性と言語使用の三層モデル」『ラネカーの（間）主観性とその展開』，中村芳久・上原聡（編），333-355，開拓社，東京.

廣瀬幸生・長谷川葉子 (2010)『日本語から見た日本人——主体性の言語学』開拓社，東

京.

Ikuta, Shoko (1983) "Speech Level Shift and Conversational Strategy in Japanese Discourse," *Language Sciences* 5, 37-53.

伊豆原英子 (2003)「終助詞『よ』『よね』『ね』再考」『愛知学院大学教養部紀要』第 51 巻 2 号, 1-15.

神尾昭雄 (1990)『情報のなわ張り理論——言語の機能的分析』大修館書店, 東京.

久野暲 (1992)「コ・ソ・ア」『指示詞』, 金水敏・田窪行則(編), 69-73, ひつじ書房, 東京.

黒田成幸 (1992)「(コ)・ソ・アについて」『指示詞』金水敏・田窪行則(編), 91-104, ひつじ書房, 東京.

ドメニコ・ラガナ (1975)『日本語とわたし』文芸春秋, 東京.

Maynard, Senko (1993) *Discourse Modality: Subjectivity, Emotion and Voice in the Japanese Language*, John Benjamins, Amsterdam.

森山新 (1998)「終助詞『な』と『ね』の意味・用法の違いについて」*The Korean Journal of Japanology* 41, 171-187.

森山卓郎 (1989)「コミュニケーションにおける聞き手情報——聞き手情報配慮非配慮の理論——」『日本語のモダリティ』, 仁田義雄・益岡隆志(編), 95-120, くろしお出版, 東京.

仁田義雄 (1991)「意志の表現と聞き手存在」『国語学』第 165 集, 1-13.

Ochs, Elinor (1993) "Indexing Gender," *Sex and Gender Hierarchies*, ed. by Barbara Miller, 146-169, Cambridge University Press, Cambridge.

小野晋・中川裕志 (1997)「階層的記憶モデルによる終助詞『よ』『ね』『な』『ぞ』『ぜ』の意味論」『認知科学』第 4 巻 2 号, 39-57.

岡本能里子 (1997)「教室談話のおける文体シフトの指標的機能——丁寧体と普通体の使い分け」『日本語学』第 16 巻 3 号, 39-51.

Okamoto, Shigeko (1999) "Situated Politeness: Coordinating Honorific and Non-honorific Expressions in Japanese Conversations," *Pragmatics* 9, 51-74.

大曽美恵子 (1986)「誤用分析 1『今日はいい天気ですね.』——『はい, そうです.』」『日本語学』第 5 巻 9 号, 91-94.

Piaget, Jean (1923/2002) *Language and Thought of the Child*, trans. by Marjorie Gabain, Routledge, London.

Shinzato, Rumiko (2004) "Some Observations Concerning Mental Verbs and Speech Act Verbs," *Journal of Pragmatics* 36, 861-882.

鈴木睦 (1997)「日本語教育における丁寧体世界と普通体世界」『視点と言語行動』, 田窪行則(編), 45-76, くろしお出版, 東京.

Tansman, Alan (1993) *The Writings of Koda Aya: A Japanese Literary Daughter*, Yale University Press, New Haven.

上野田鶴子 (1972)「終助詞とその周辺」『日本語教育』第 17 号, 62-77.

宇佐美まゆみ (1995)「談話レベルから見た敬語使用——スピーチレベルシフト生起の条

件と機能」『学苑』第 662 号，27-42，昭和女子大学近代文化研究所.

Vygotsky, Lev（1934/1986）*Thought and Language*, trans. by Eugenia Hanfmann and Gertrude Vakar, MIT Press, Cambridge, MA.

第 3 章

言語使用の三層モデルと時制・モダリティ・心的態度*

和田　尚明

筑波大学

要旨：本章では，言語使用の三層モデルを筆者の時制・モダリティに関するモデルに導入することで，「英語の公的自己中心性・日本語の私的自己中心性」というデフォルト的特徴に動機づけを与えたうえで，以下の 3 点を主張する．(i) 筆者のモデルにおける日英語の定形の時制構造の相違が説明できる．(ii) 語りの文脈における日英語の時制現象の相違が説明できる．(iii) 心的態度としてのモダリティを表す法助動詞を含む文が，間接発話行為の生じやすさに関して，日英語で異なる振る舞いをするのはなぜかを説明できる．

1.　はじめに

　本章の目的は，文法と語用論の関係に関する一般的言語理論である「言語使用の三層モデル」(Hirose (2013, 2015)，廣瀬 (2016a, 2016b)) を筆者の（モダリティ・心的態度，アスペクト，助動詞などの時制関連領域を取り込んだ）包括的時制モデル (Wada (2001, 2013)，和田 (2009)) に導入することで，日英語の時制・モダリティ・心的態度に関する言語現象の相違を，一般的言語理論によって動機づけられた形で説明することにある．具体的には，(i) 筆者がこれまでに主張してきた日英語の（特に，定形述語の）時制構造の相違を言語使用の三層モデル（以下，三層モデル）がどう動機づけ，語りの文脈における日英語の時制現象をどう説明するのか，(ii) 日英語の法助動詞（に相当する

---

　* 本章は，2016 年 9 月 30 日につくば国際会議場で開催されたワークショップ『三層モデルでみえてくる言語の機能としくみ』において，「言語使用の三層モデルと時制・モダリティ・心的態度」のタイトルで口頭発表した内容に加筆修正を加えたものである．査読にあたって，廣瀬幸生先生には貴重なコメントをいただいた．記して謝意を表したい．なお，本研究は JSPS 科研費 24320088「文法と語用論の関係に関する日英語対照研究」ならびに JSPS 科研費 24520530「日英語ならびに西欧諸語における時制・モダリティ・アスペクトの包括的研究」の助成を受けたものである．

第 3 章　言語使用の三層モデルと時制・モダリティ・心的態度　　45

表現）を含む文が表す対事心的態度・対人心的態度・間接発話行為の関係の仕方とそれに関する振る舞いの相違を，三層モデルを導入することでどのように説明できるのか，を見ていく．

　まず，三層モデルの前身である「公的自己・私的自己ならびに公的表現・私的表現」に関する理論（Hirose (1995, 2000, 2002），廣瀬（1997），廣瀬・長谷川 (2010)）の概観から始める．この理論は，「話者（話し手）」と「言語表現レベル」という鍵概念によって特徴づけられる．話者という概念は，「思考・意識の主体としての側面」である「私的自己」と「伝達・報告の主体としての側面」である「公的自己」に分解され，それぞれ異なる言語表現レベルの主体と定義される．私的自己は，聞き手と対峙しない（潜在的）話者のことで，思考・意識または心的表示に関わる言語表現行為（私的表現行為）の主体である．公的自己は，常に聞き手と対峙し，私的自己による思考・意識または心的表示の内容を伝達・報告する言語表現行為（公的表現行為）の主体である．そして，言語体系がどちらの話者側面を中心に据えた（志向した）デフォルト的特徴をもつのかという観点から，「英語は公的自己中心言語，日本語は私的自己中心言語」と特徴づけられる．

　この日英語のデフォルト的特徴に動機づけを与えるのが，三層モデルである．三層モデルの名前の由来でもある 3 つの層とは「状況把握層」・「状況報告層」・「対人関係層」のことで，言語コミュニケーションの定義である「当該状況を把握し，その把握した状況を伝達（報告）する際，聞き手への配慮（対人関係）が関わる言語活動」に関わる側面群である．[1] 状況把握層では，認識主体である私的自己としての話者（状況把握者・思考者）が客体である状況を把握し，それに対する思いを形成する．状況報告層では，伝達主体である公的自己としての話者（伝達者）が，私的自己が把握した状況（私的自己による思い）を聞き手に伝える．対人関係層では，公的自己としての話者が聞き手との対人関係（社会的・心理的関係）を考慮し，聞き手への配慮を行う．

　この 3 つの層のデフォルト的な組み合わせ方の相違が，当該言語の言語体系に関するデフォルト的特徴へとつながるのである．英語のデフォルト的な組み合わせ方では，状況把握層と状況報告層が一体化し，対人関係層のみが独立している．これにより，英語の公的自己中心性が生じる．一方，日本語のデフォルト的な組み合わせ方では，状況把握層が独立して存在し，状況報告層と対人関係層は一体化している．これが，日本語の私的自己中心性へとつながる．以

---

[1]「状況」という語は，行為・出来事・状態など，動詞（述語）ならびにそれを含む節によって表される内容（場面）のカバータームとして用いる．

上から，英語では，たとえ状況把握であったとしても，状況報告の主体である公的自己の存在が影響を与えるのに対して，日本語では，状況把握はあくまでも状況把握の主体である私的自己の立場から行えることになる．また，英語では，基本的に文発話は自動的に聞き手への報告・伝達を意図した発話（状況報告）として解釈されるのに対し，日本語では，聞き手への報告・伝達を明示的に示す言語的要素がない場合，聞き手に向けた発話ではなく，思考・意識の表出（状況把握の延長）として解釈されることになる．これらの点に関する具体例による検証ならびに詳細な記述については，本書廣瀬論文を参照されたい．

　本章では，上でみたように，三層モデルによって動機づけられた「英語の公的自己中心性・日本語の私的自己中心性」という言語体系に関するデフォルト的特徴が，両言語の時制とモダリティ・心的態度に関する諸現象の相違を引き起こす基盤となっていることをみていく．2節では時制現象に関する相違が，3節ではモダリティ・心的態度に関する相違が，三層モデルとそれを導入した筆者の包括的時制モデルによってどのように動機づけられ，説明されるのかを示す．4節は結論である．[2]

2. 三層モデルと時制

2.1. 日英語の時制構造の相違

　はじめに，日英語の時制現象の相違に関する1つ目の現象として，これまで筆者が主張してきた両言語の定形述語の時制構造の相違を取り上げる．筆者の時制モデルでは，時制構造は文法的時間情報を構造化したもので，英語の場合，A-形態素と動詞語幹が表す時制情報から成り立つのに対して，日本語の場合，R-形態素と述語語幹が表す時制情報から成り立つ．A-形態素とは，人称・数・法など，文法体系に組み込まれた直示要素と一体化した時制形態素（時制屈折辞）のことで，R-形態素はそういった直示要素と一体化していない時制形態素を指す．例えば，英語の定形動詞 play の場合，動詞語幹 play- とA-形態素である3単現の -s や過去形マーカー -ed などに因数分解される（現在形では，3単現以外の場合，ゼロ形態素としての A-形態素が想定される）．日本語の定形動詞「奏でる」の場合，動詞語幹 kanade- と R-形態素である非

---

[2] 2節と3節で提示するモデルの図式は，拙論（Wada (2013: 51)）で提示した「時制・モダリティの統一モデルと三層モデル」の融合モデルを図式化したものを，各節の話を単純化するために，それぞれ，時制と三層の関係，モダリティ・心的態度と三層の関係にわけて提示してある．

第3章 言語使用の三層モデルと時制・モダリティ・心的態度　47

過去形マーカー -ru や過去形マーカー -ta に因数分解される．

　これら3つの要素が表す時制情報であるが，まず，動詞（述語）語幹は「出来事時（E）」を表す．例えば，play の場合，当該動詞が表す行為が成立する時間帯の中で，当該時制形式の解釈に関連する（あるいは，必要な）部分に当たる時点・時間幅が，その出来事時となる．

　A- 形態素は，文法的時間を測るための中心点（直示的中心）である「話者の時制視点（V_{SPK}）」と文法的時間帯である「時間区域」との時間的位置関係を表す．A- 形態素が文法的時間の直示的中心との時間関係を表すのは，A- 形態素がほかの文法的直示要素と一体化した時制形態素であるために直示的中心への志向性を強く表すと仮定でき，それゆえ，直示的中心への志向性をその時制情報内に含んでいると仮定できるからである．他方，R- 形態素はほかの文法的直示要素と一体化していない時制形態素であるため，直示的中心への志向性をその時制情報内に含んでおらず，その結果，文法的時間における相対的な時間関係を表すことになる．具体的には，当該時制形式の出来事時とそれを測るための基準時（O）との文法的時間関係を表す．[3]

　英語の定形動詞である現在形と過去形の時制構造を図式化したものを図1に，日本語の定形述語が表す3種類の時制構造を図式化したものを図2に示す．

図1 (i)：英語の過去形（定形）　　　(ii)：英語の現在形（定形）

　　E ——— O（先行性）；E ， O（同時性）；O ——— E（後続性）

図2：日本語の定形述語

長方形は時間区域を表し，「X‒Y」は「X が Y に時間的に先行する」ことを，「X, Y」は「X と Y が時間的に同時である（包含関係を含む）」ことを表す．過去形の時制構造は「話者の時制視点よりも時間区域が時間的に先行する」ことを，現在形の時制構造は「話者の時制視点を時間区域が含む」ことを表す．

---

[3] 定形・非定形の時制現象を統一的に扱うモデルである筆者の時制理論においては，英語では A- 形態素が時制屈折辞，R- 形態素が非定形マーカーに対応するが（cf. 中右（1994）），日本語では，時制屈折辞・非定形マーカーともに R- 形態素となる．これが，単に，時制屈折辞や非定形マーカーというだけでは不十分な理由の1つである．

過去形が表す時間区域は過去時区域，現在形が表す時間区域は現在時区域と名付けられ，出来事時はいずれかの時間区域内に置かれる．また，日本語の「タ」形（いわゆる過去形）の時制構造は「出来事時の基準時に対する先行性」を，「ル」形（いわゆる非過去形の総称）の時制構造は「出来事時の基準時に対する非先行性」，すなわち，「同時性」か「後続性」を表す．

　以上の観察からわかるように，筆者の時制モデルでは，日英語の定形の時制構造の根本的な違いは，文法的時間の中心点である「話者の時制視点」が内包されているか否かに還元される．認知主体が言語現象の解釈・把握の中心にあるとする認知言語学的立場に立てば，時制解釈の段階で当該時制形式の文法的時間情報を現実的（認知的）時間に投射しようと話者が時制形式の選択を行う際，文法的時間の中心点である話者の時制視点が，認知主体としての話者が存在する時点である「発話時」に置かれる場合がデフォルトである，と仮定できる．したがって，英語の定形動詞の時制構造には話者の時制視点が内包されているため，基本的には当該時制形式が生じる言語環境に関係なく，このデフォルトの対応関係が成立することになる．一方，日本語の定形述語の時制構造には話者の時制視点が内包されていないので，このデフォルトの対応関係は成立しない．しかしながら，日本語でも時制形式を選択する際，現実的時間において時間関係を測る出発点となる時点（基準時）を決める必要がある．したがって，日本語の場合，どのような言語環境や文脈に生じるかによって，当該状況を測るための視点，すなわち，「話者の状況視点」が置かれる位置が決まり，その視点が置かれる時点が基準時となる．[4]

　上述の主張は，実際の言語データによって正当化される．英語の場合，(1)の下線部が示すように，当該状況が発話時からみた過去に成立する場合は過去形が，現在に成立する場合は現在形が用いられる．[5]

(1) a.　John {was / is} sick.

　　b.　Mary said that John {was / is} sick.[6]

　　c.　The boy who {was / is} sick wants to go skiing.

　　d.　On the morning of August 8, 1965, Robert Kincaid locked the

---

　[4] 「話者の状況視点」の詳細については，和田（2009）を参照されたい．

　[5] 本章では，「成立する」という用語は，状態的状況が「当てはまる」場合と非状態的状況が「生起する」場合をカバーする．

　[6] 過去形伝達節を取る間接話法補文節に生じる現在形は，いわゆる二重読みを受けるが，発話時からみた現在にも言及するので，本章の主張と齟齬はない．筆者の時制モデルによるこの現象の分析に関しては，Wada (2001: Ch. 8) を参照されたい．

第 3 章　言語使用の三層モデルと時制・モダリティ・心的態度　　49

door to his small two-room apartment on the third floor of a
rambling house in Bellingham, Washington. He carried a knap-
sack full of photography equipment and a suitcase down wooden
stairs and through a hallway to the back, where his old Chevrolet
pickup truck was parked in a space reserved for residents of the
building.

(R. J. Waller, The Bridges of Madison County, pp. 1-2)

過去形の場合を例にとって確認してみよう．(1a) の独立節でも，(1b) の間接
話法補文節でも，(1c) の関係節でも，(1d) の物語の地の文でも，当該状況が
発話時（ナレーション時）からみた過去（と認識される時間帯）に成立するこ
とを表すのに，過去形が用いられている．これは，過去形の時制構造に内包さ
れている話者の時制視点が発話時に置かれることで，過去時区域が過去時に対
応するため，当該状況の出来事時が過去時に置かれるからである（図 1 (i) を
参照）．
　一方，日本語の場合，(2) の下線部によって示された定形述語に関する時制
形式選択は，必ずしも発話時基準で行われるわけではなく，時制形式選択の基
準時の値は，当該形式が生じる言語環境的特徴の影響や文脈によって決まる．

(2) a.　徹は病気 {だった／だ}．

　　b.　陽子は徹は病気 {だった／だ} と言った．

　　c.　次に訪ねる時は，病気 {だった／の} 少年たちに会いたい．

　　d.　一九六五年八月八日の朝，ロバート・キンケイドは，自分の小さ
　　　　な二部屋のアパートのドアに鍵をかけた．ワシントン州ベリング
　　　　ハム，増築を重ねた建物の三階である．写真の機材を詰め込んだ
　　　　ナップザックとスーツケースを抱えて，木の階段を降り，廊下か
　　　　ら建物の裏手に出た．建物の住人専用の駐車スペースに，古いシ
　　　　ヴォレーのピックアップ・トラックが停めてある．

（『マディソン郡の橋』p. 19）

(2a) の独立節では，「タ」形は発話時からみた過去を，「ル」形は発話時から
みた現在を表すが，(2b) の間接話法補文節では，「タ」形は主節時からみた過
去を，「ル」形は主節時からみた現在を表す．(2c) の関係節では，「タ」形・
「ル」形どちらを選ぶかで優先される基準時に違いがあったとしても，どちら
の場合も主節時基準による選択は可能である．(2d) の過去形小説の物語の地
の文では，当該状況をあたかも過去に生じたことであるかのように語るため，

過去形（「タ」形）を用いるのが無標の場合と思われるが，非過去形（「ル」形）も散見される．「ル」形が用いられるのは，物語の現在（ナレーション時からみた過去）において，別の述語が表す出来事時を基準時とした同時性を表す場合（Hopper（1979）のいう「背景」を表す場合）である．

　この時制形式選択に関する特徴は，英語の公的自己中心性・日本語の私的自己中心性と相関性がある．まず，公的自己中心言語である英語では，デフォルトの場合，言語現象は時制現象も含め，公的自己（聞き手と対峙する，伝達主体としての話者の側面）を志向する傾向にあるといえる．英語の定形の時制形式選択は，デフォルトの場合，発話時基準で行われるのであるが，発話時は話者と聞き手が構成する発話状況の一部なので，聞き手からすれば，（言語環境や文脈などを考慮せずとも）自動的にアクセスできる唯一の時点である．したがって，英語の定形がデフォルトの場合に発話時基準の時制形式選択になるということは，（ほかに妨げる要因がなければ）時制解釈する際の絶対的出発点である発話時へ聞き手を自動的に導く時制構造をもつということを意味する．その意味で，英語の定形の時制構造には「時制形式選択の際に聞き手の観点が意識される」といった特徴が反映されているといえる．これは，まさしく，聞き手と対峙する話者側面である公的自己を志向した特徴である．1節でみたように，この特徴は，三層モデルでは，状況把握層と状況報告層が一体化していることからの帰結であった．したがって，英語の定形の時制構造に反映する公的自己中心性も三層モデルによって動機づけられる．

　他方，私的自己中心言語である日本語では，デフォルトの場合，言語現象は私的自己（聞き手と対峙しない，思考・意識主体としての話者の側面）を志向する傾向にあるといえる．日本語の定形の時制形式選択の場合，当該形式が生じる言語環境の特徴や文脈情報によってその基準時が決まってくるのであって，必ずしも発話時基準で行われるわけではない．これは，日本語の定形の時制構造に話者の時制視点が内包されていないためである．したがって，（形式単独では）時制解釈する際の絶対的出発点である発話時へ聞き手を自動的に導く時制構造にはなっていないという意味で，日本語の定形の時制構造には「時制形式選択の際に聞き手の観点が意識される」といった特徴は反映していないといえる．聞き手の観点を意識しなくてよいということは，まさしく，聞き手と対峙しない話者側面である私的自己を志向した特徴ということになる．この特徴は，1節でみたように，三層モデルでは，状況把握層が状況報告層から独立して存在することからの帰結であった．したがって，日本語の定形の時制構造に反映する私的自己中心性も三層モデルによって動機づけられる．

　以上，筆者の時制モデルにおける日英語の定形の時制構造の特徴も，最終的

第3章　言語使用の三層モデルと時制・モダリティ・心的態度　　51

には三層モデルによって動機づけられることをみた．まとめとして，日英語の定形の時制構造と三層モデルとのデフォルトの場合の関係を図式化すると，図3と図4のように表される．ただし，時制構造との関わりが薄い対人関係層への言及は，ここでは省略してある．

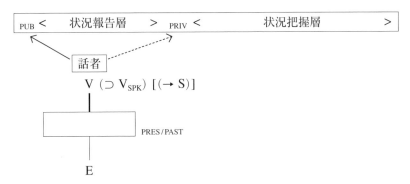

図3：英語の時制構造（定形動詞）と三層モデルの関係

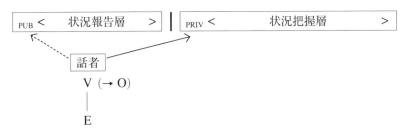

図4：日本語の時制構造（定形述語）と三層モデルの関係

PUB は公的自己を，PRIV は私的自己を表す．話者 は当該状況を把握し，把握した状況を聞き手に伝達する主体で，V はその視点を表す．V と長方形を結ぶ太線は，両者が関連することを示す．実線矢印はデフォルト（無標）の場合の志向性を，破線矢印は有標の場合の志向性を示す．図3では，話者の時制視点 V_{SPK} を含めて，デフォルトの場合，話者の視点は（発話時 S に存在する）公的自己を志向する（デフォルトの場合に発話時に置かれることは，角括弧で示される）．状況報告層と状況把握層が同じ長方形で囲われているのは，両者が一体化していることを示す．図4では，話者の（状況）視点は私的自己を志向し，それが置かれる時点が出来事時 E を測るための基準時 O になる．その際，言語環境の特徴や文脈の影響を受ける．状況報告層と状況把握層が別々の長方形で囲われ，縦線で区切られているのは，両者が互いに独立していること

を示す．

2.2. 語りの文脈における時制現象

日英語の時制現象の相違に関する2つ目の現象として，（物語の地の文を含む）語りの文脈における振る舞いを取り上げることにする．これに関して，まず，Cutrer (1994) のメンタルスペース理論に基づいた井元 (2010: Ch. 4) の分析を取り上げる．井元は，談話構成原理の1つとして，英語については (3) を踏襲し，日本語については新たに (4) を提案している．[7]

(3) 当該状況（EVENT）を測る最初の視点（V-POINT）は発話状況
（BASE）である．　　　　　　　　　　　（cf. 井元 (2010: 98)）

(4) 当該状況（EVENT）を測る最後の視点（V-POINT）は発話状況
（BASE）である．　　　　　　　　　　　（cf. 井元 (2010: 100)）

ここでいう発話状況は，語りの文脈では，ナレーション時を指す．

まず，尾上 (2001) が別の目的で挙げた (5a) に対する井元の説明からみてみよう．

(5) a.　財布を落とす．会社に遅れる．今朝はサンザンだった．

（尾上 (2001: 370)）

b.??今朝はサンザンだった．財布を落とす．会社に遅れる．

過去文脈である (5a) において，一連の状況の連続の最後にナレーション時からみた過去に言及できる「タ」形が用いられているのは，原理 (4) に従っているからである．原理 (4) が示唆しているのは，最後にナレーション時に立ち戻ればよいということだけである．したがって，エピソードの途中で「ル」形を用いたとしても，最後に「タ」形を用いさえすれば構わないと説明される．井元は，(5a) の最後の文をなくすと座りが悪くなると述べているが (cf. (5b))，これは最後の視点がナレーション時に置かれないためで，まさに原理 (4) に違反するからである．

井元 (2010: 101) は，また，日本語では，(6) が示すように，連用形（非定形）の連続がしばしば出現することも，原理 (4) によって説明可能と指摘する．

(6) 私は二十歳，高等学校の制帽をかぶり，紺飛白の着物に袴をはき，学

---

[7] EVENT, V-POINT, BASE は，それぞれ，Reichenbach (1947) の Event Time, Reference Time, Speech Time に概ね対応する．

第 3 章　言語使用の三層モデルと時制・モダリティ・心的態度　　　53

生カバンを肩にかけていた.　　　　　　　　（川端康成『伊豆の踊子』p. 8)

　(6) の最初の 3 つの下線を引いた述語が連用形である．これらはエピソードの
途中段階に言及しているので，その基準時の指定が求められるが，最後に「タ」
形を用いることで基準時（視点）がナレーション時であると同定され，過去文
脈であることが保証される．したがって，この現象も原理 (4) を満たすので，
許されるということになる.
　一方，英語の場合，(6) に対応する英語のテキスト部分である (7) が示す
ように，エピソードの最初の段階から過去形が用いられる.

(7)　I was nineteen and traveling alone through the Izu Peninsula.　My
　　　clothes were of the sort students wear, dark kimono, high wooden
　　　sandals, a school cap, a book sack over my shoulder.

　　　　　　　　　　　　　　　　(*The Izu Dancer and Other Stories*, p. 9)

英語において，エピソードの最初の状況に言及する動詞が過去形になるのは，
過去形がナレーション時からみた過去を表すためで，まさに原理 (3) に従っ
ているためといえる.
　しかしながら，原理 (3) (4) だけでは，(6) (7) でみたように，「エピソー
ドの途中段階の状況に言及する際，日本語では連用形（非定形）が用いられて
いるところで，英語では過去形（定形）が用いられる傾向にあるのはなぜか」
を説明できない．この傾向は，筆者が収集した (8)–(11) の例においても当て
はまることから，ある程度正当化される.

(8)　a.　Keating strutted back to the front of the room, put the trash can
　　　　　on the floor and jumped into it.
　　　　　　　　　　　　　　　　(N. H. Kleinbaum, *Dead Poets Society*, p. 40)
　　　b.　キーティングはつかつかと教壇にもどると，屑かごを床に置き，
　　　　　なんとそのうえに飛び乗ってしまった.　　（『いまを生きる』p. 61)
(9)　a.　Clemenza had finally come back from his day's work and was
　　　　　bustling around the kitchen cooking up a huge pot of tomato
　　　　　sauce.　Michael nodded to him and went to the corner office
　　　　　where he found Hagen and Sonny waiting for him impatiently.
　　　　　　　　　　　　　　　　(M. Puzo, *The Godfather*, p. 114)
　　　b.　クレメンツァはやっと一日の仕事からもどり，湯気を上げている
　　　　　トマトソースの大きな鍋のまわりで息を切らしていた．マイケル
　　　　　は彼にうなずいてみせ，隣の事務室に入って行った．そこでは，

ソニーとハーゲンがいらいらしながら彼を待っていた.

（『ゴッドファーザー』p. 122）

(10) a. ナースセンターで顔なじみになった田中と言う主任看護婦が，カ
ルテに何かを<u>書きこんでいた</u>が，顔を<u>あげて</u>，同情のこもった眼
で<u>会釈してくれた</u>.　　　　　（遠藤周作『深い河』p. 14）

b. At the nurses' station Tanaka, the head nurse whose face was fa-
miliar to Isobe, <u>was writing</u> something on a chart.　She <u>glanced</u>
up and <u>nodded</u> towards him, her eyes brimming with compas-
sion.　　　　　　　　　　　　　　　　　（*Deep River*, p. 10）

(11) a. 田部夫人の顔は凹んだ眼をクヮッと<u>見開き</u>，白痴のように開いた
大きな口の中に赤い舌を<u>のぞかせ</u>ながら，こちらを凝視めていた.

（遠藤周作『海と毒薬』p. 61）

b. Mrs Tabé's sunken eyes <u>were</u> rigidly <u>opened</u>, and, with her red
tongue protruding slightly, her mouth <u>was wide open</u> in a fool's
gape.　She <u>seemed to be staring</u> fixedly at all of them.

（*The Sea and Poison*, p. 63）

本章の枠組みでは，原理（3）（4）で説明できる点と説明できない点を含めて
統一的に説明できることを，以下でみていく.

　まず，（5）でみた，日本語では全体として過去に言及する際，定形文が表す
状況の連続の最初ではなく最後に「タ」形を用いるという点から説明する. 日
本語では，デフォルトの場合，状況把握層が状況報告層ならびに対人関係層か
ら独立しているため，当該状況を把握する際，その主体である私的自己の視点
に結びつくことが優先されるのであった. 私的自己は，定義上，伝達時である
発話時に存在する必然性はなく，その視点は言語環境の特徴や文脈に応じて
様々な時点に置かれる. 2.1 節でみたように，日本語の定形述語は，その時制
構造内に話者の時制視点が内包されていないため，当該言語環境の特徴や文脈
の影響によって話者の状況視点が置かれることになる時点が，時制形式選択の
ための基準時となる. したがって，状況報告であることが明示的に示されてい
ない環境である（5）では，話者の状況視点は私的自己のそれということにな
り，発話時に加えて，エピソードが生じた過去時に置くことも可能となる.[8] 後
者の場合，エピソードが生じた過去時（基準時）からみた同時性（非先行性）

---

　[8] 話者（私的自己）の状況視点が一連の状況を通して常に発話時に置かれる場合が（i）であ
るが，ニュアンスの違いがあったとしても，（5a）と同じ場面を表す.
　（i）　財布を落とした. 会社に遅れた. 今朝はサンザンだった.

第3章　言語使用の三層モデルと時制・モダリティ・心的態度　　　55

を表すのは「ル」形である．したがって，エピソードの途中での「ル」形の使用が可能となる．

　この説明の妥当性は，通例，（12）の容認性が下がることからも支持される．

　（12）#財布を落とします．会社に遅れます．今朝はサンザンでした．

（12）では丁寧体が用いられていることから，定義上，公的表現行為，すなわち，状況報告であることが明示的に示されている．この場合，当該状況を測るための話者の状況視点は公的自己のそれということになり，したがって，発話時（伝達時）に置かれるため，エピソードが生じた過去時に話者の状況視点が置かれることを要求する「ル」形は許されない，と説明できる（この点も原理（4）だけでは捉えられないと思われる）．[9]

　では，（5a）が示すように，なぜ一連の状況の最後に「タ」形を用いなければならないかというと，これは，エピソード全体が発話時からみた過去に言及することをマークする必要があるからで，それが可能なのは，思考表出（私的表現）行為であれ，報告・伝達（公的表現）行為であれ，「タ」形だけだからである．

　次に，（5b）の容認性が低い理由へと移る．これは，エピソードの最初の状況を指すのに「タ」形を用いた後で，続く状況を指すのに「ル」形を用いたまま話が終わると，当該エピソードが生じた過去時に置かれる私的自己の状況視点と結びついたままとなってしまうため，当該エピソードを過去のものとして完結できないからと思われる．その証拠に，たとえ最初の状況を指すのに「タ」形を用いても，最後の状況を指すのに「タ」形を用いさえすれば，（13）が示すように，問題なく容認される．

　（13）　今朝はサンザンだった．財布を落とす．会社に遅れる．本当についてなかった．

　次に，（6）（7）でみた，語りの文脈の途中段階の状況に言及するのに，日本語では連用形（非定形）がよく用いられるのに対して，英語では対応する部分に過去形（定形）が用いられる傾向にあるという点を説明する．まず，日本語の連用形（中止法）は，一連のエピソードの途中であること（一旦文を中止していること）を示す形式なので，そのエピソード全体の基準時が指定されなければ，連用形の出来事時は測れない（この点は，英語の非定形動詞と同じであ

---

　[9] 例（12）ならびにそれに関連する議論は，廣瀬幸生先生（個人談話）による．

る).[10] 連用形が表す出来事時どうしの時間関係もしくは出来事時と基準時との時間関係は，状態的状況を表すか非状態的状況を表すかによって異なりうるが，最終的にエピソード全体の基準時が表されるのは，終止形としての定形述語によってである．この基準時の同定により，当該連用形の出来事時の値も決まってくる．例えば，(6) では，連用形（非定形）によって描写された部分は，定形述語「かけていた」の出来事時を基準時とした一連のエピソードを構成すると解釈される．連用形が表すこの相対的時間関係は，定形・非定形の違いはあっても，上でみた，私的自己中心性を反映した時制構造と同じである．したがって，日本語の語りの文脈では連用形がよく用いられるといえる．(8)–(11) の日本語例についても同様の説明が当てはまる．

　また，物語の地の文において（例えば，(9b) や (10a) の日本語例），節目ごとに「タ」形が用いられるという現象については，本章の枠組みでは，以下のように捉えられる．物語の地の文はナレーターが（たとえ不特定の人であっても）聞き手を想定して語っている部分である以上，定義上は公的表現行為を表す部分である．しかしながら，日本語は私的自己中心言語であるため，原則として，新しい場面の出だしや話題変更標識（新たに場面を設定する要素）を含む部分以外の物語の地の文の解釈は，物語の世界の中に置かれた私的自己，すなわち，当該状況を観察・描写している状況把握者としてのナレーターか登場人物の状況視点に基づいて行われる（物語の地の文の「部分わけ」については，拙論（和田 (2015)）を参照されたい）．[11] このように，語りの時点（物語の世界の外）に置かれる語り手としてのナレーター（公的自己）の状況視点が反映していない場面では，定形である「タ」形の使用によって同定される基準時には，私的自己の状況視点が反映している．「タ」形の時制構造は「基準時からみた先行性」を表すため，「タ」形の使用ごとにひとまとまりのエピソードが基準時において完結（実現）することになるが，エピソードを測る私的自己の状況視点がエピソードの完結ごとに時間軸上を推移することで，基準時の更新が引き起こされ，それによって物語の時間が進むと考えられる（cf. Hinrichs (1986)）．

　一方，(7) や (8)–(11) の英語例では，日本語例では連用形が用いられているところで過去形（定形）が用いられているが，これは次のように説明できる．

---

　[10] 本章では，「テ」形は「連用形＋助詞「テ」」に分解されると考え，「テ」形も連用形の仲間とする．ただし，両者の振る舞いには違いもあり，それについては久野 (1973: 122–125) を参照されたい．
　[11] これに関連する現象として，本書長谷川論文も参照されたい．

第3章　言語使用の三層モデルと時制・モダリティ・心的態度　　57

デフォルトの場合，英語は公的自己中心の言語現象を示すため，エピソードの途中段階であっても，公的自己としてのナレーターの視点（ナレーション時に置かれるナレーターの視点）が優先されることになる．それゆえ，ナレーション時（発話時）基準の時制形式選択へと誘導する要素である話者の時制視点（公的自己の視点と結びつく視点）を内包する時制形式（すなわち，定形動詞）が選ばれる傾向にあり，その際には，ナレーション時からみた過去（とされる）時に言及できる過去形が選択されると説明できる．

3.　三層モデルとモダリティ・心的態度

3.1.　文発話の意味的構成（分解）

　次に，筆者の包括的時制モデルのモダリティ・心的態度に関する部門に三層モデルを導入することで，日英語の法助動詞（に相当する表現）を含む文が表す心的態度としてのモダリティ，ならびに，間接発話行為に関する現象が，体系的に説明できることをみる．そのためには，まず，文発話の意味的構成（分解）についてみておく必要がある．

　　（14）　文発話：話者の心的態度（対人心的態度＋対事心的態度）＋命題内容
　　　　　　（描写対象）

一般に，文発話の意味的構成は，主体関連要素である「話者の心的態度」と客体要素である「命題内容」から成ると仮定できる．命題内容とは描写される状況や場面（客体）のことである．話者の心的態度は，描写される状況（の事実性やあり様）に対して話者が判断や評価を行う時の心的態度である「対事心的態度」と，その対事心的態度でもって把握された状況が聞き手に報告・伝達される時に伴う，聞き手に向けた心的態度である「対人心的態度」にわかれる．この観点に立ってモダリティの種類を分類すると，主観的な認識的・義務的モダリティは対事心的態度要素，すなわち，（話者の）心的態度としてのモダリティを表すのに対して，それ以外のモダリティ（動的モダリティや真理的モダリティなど）は命題内容要素となる．[12]

---

　[12]　厳密には，命題内容が判断の対象になるのは認識的モダリティの場合であり，根源（義務）的モダリティの場合，その判断・評価の対象になるのは命題の一部（述語部分）といわれることがある．英語の場合，前者は It is X that ～. で言い換えられるのに対して，後者は It is X for A to ～. で言い換えられることが，このことを裏付けている．しかしながら，本章では，「命題」を広い意味で捉え，当該状況が文全体の状況でも，文の一部が表す状況でも，動詞（述語）ならびにそれを中心とした部分が表す状況を命題内容としている．

3.2. 文発話の意味的構成と三層モデルの融合

この文発話の意味的構成に三層モデルの3つの層を融合させると，英語版は図5，日本語版は図6のように図式化される．

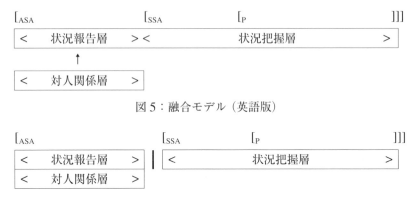

図5：融合モデル（英語版）

図6：融合モデル（日本語版）

ASAは「聞き手志向の話者の心的態度（Addressee-Oriented Speaker's Mental Attitude)」，すなわち，対人心的態度を，SSAは「状況志向の話者の心的態度（Situation-Oriented Speaker's Mental Attitude)」，すなわち，対事心的態度を，Pは「命題内容（Propositional Content)」を表す．状況把握層では私的表現行為が行われ，命題内容（認知主体の対事心的態度を伴わない状況提示）のみで成り立つ部分と命題内容に対事心的態度が加わった状況把握で成り立つ部分がある（ただし，これらの部分に基づいて形成されるひとまとまりの思考や意識全体には，対事心的態度が必ず反映している）．状況報告層では把握された状況が聞き手に報告・伝達されるが，その際，私的表現のみで構成される部分もある（ただし，状況報告・伝達を行っているので，全体としては対人心的態度を伴う）．対人関係層では，話者と聞き手の社会的・心理的関係などに関する情報が関与する．英語のデフォルトの場合の3層の組み合わせ方を表す図5では，状況報告層と状況把握層が1つの長方形で囲われているため，両者が一体化していることを示す．また，それとは別の長方形で囲われた対人関係層から伸びた矢印は，状況報告・伝達の際に対人関係層に関わる情報が影響を与えうることを示す．他方，日本語のデフォルトの場合の3層の組み合わせ方を表す図6では，状況把握層が独立した言語レベルとして有意味に存在し，状況報告層との間の縦線は，両者が必ずしも一体化していないことを表す．また，状況報告層の長方形の下に対人関係層の長方形がリンクしているの

第 3 章　言語使用の三層モデルと時制・モダリティ・心的態度　　59

は，両者が一体化していることを示し，原則として，状況報告・伝達を行う際に対人関係を考慮しない言語使用は認められないことを示唆している．

　対人心的態度には，聞き手に向けられる心的態度としてのモダリティ以外に，間接発話行為やそれを引き起こす発語内効力などが振りわけられる．間接発話行為とは，対人関係の影響によって生じる「言外の意味」の一種で，任意の発話行為を表す文が，それに加えて，別の種類の発話行為を遂行する時に生じる．例えば，"Sir, you are standing on my foot." (Searle (1979: viii)) という文は「私の足を踏んでいる」という事実描写を行い，「断定 (assertion)」の発話行為を表すが，言外の意味としては「足をどけてほしい」といった「要望 (request)」の発話行為を表していると解釈できる．[13]

　以上，筆者のモダリティ・心的態度に関する立場と三層モデルの関係について概観した．この日英語の融合モデルの違いによって，とりわけ，デフォルトの場合の両言語の文発話の基本単位における相違が生じてくるという点が重要である．この点に関しては，(15) のような仮説を提案することになる．[14]

(15)　状況報告層と状況把握層が一体化している英語の文発話の基本単位は，対人心的態度・対事心的態度・命題内容のすべてで構成される「状況報告」モードを表すが，状況把握層が状況報告層から独立している日本語の文発話の基本単位は，対事心的態度と命題内容で構成される「状況把握」モードを表す．

文発話の基本単位とは，当該言語の文発話全体がデフォルト的に結びつく（志向する）言語機能モードに対応するレベルのことで，言語機能モードには，少

---

[13]　対人関係層からの影響や文脈等との相互作用の結果，状況報告は5つの発話行為の基本形，すなわち，「主張型 (assertives)」・「命令型 (directives)」・「約束型 (commissives)」・「表出型 (expressives)」・「宣言型 (declarations/declaratives)」に分類される (Searle (1979: 39))．

[14]　このような言語間の相違を導入していない発話行為理論 (Searle (1969, 1975, 1979)) では，本節でみる，法(助)動詞を含む文の間接発話行為に関する異なる振る舞いを説明できない．例えば，Searle (1975: 76) は，間接発話行為を引き起こす表現は慣習化もしくはイディオム化している必要があると述べているが，このような表現が表す間接発話行為は，Grice 流の「慣習的含意 (conventional implicatures)」に対応すると思われる．しかしながら，これでは，日英語で同じような概念に対応する形式が示唆する間接発話行為の生じやすさに違いが生じるのはなぜかについての理由づけが，恣意的なものになってしまう．また，Panther and Thornburg (1998) は「発話行為シナリオ (speech act scenarios)」を構成する各段階を想定し，1つの段階でもってほかの段階もしくは全体をメトニミー的に表すことができるという主張の下，英語の間接発話行為を分析している．しかしながら，それだけでは，なぜ同様の分析が日本語には当てはまらないのかを説明できない．

なくとも，状況把握・思考レベルに対応する「状況把握」モードと状況報告・伝達レベルに対応する「状況報告」モードがある．文発話の基本単位が，英語では「状況報告」モードを，日本語では「状況把握」モードを表すという主張は，「英語は公的自己（状況報告の主体）を，日本語は私的自己（状況把握の主体）を中心に据える」という特徴とも合致している．

3.3. 分析

仮説（15）は，状況報告の際，日英語の話者の心的態度を表す法助動詞を含む文の解釈の相違，とりわけ，間接発話行為に関わる現象の相違に深く関わる．本節では，そのメカニズムを明らかにしていく．

まず，英語では，デフォルトの場合，文発話が状況報告・伝達を表すと捉えられるのは，英語の文発話の基本単位に状況報告層が含まれるからである．この時，状況把握層を構成する対事心的態度は状況報告モードの中で捉えられることになり，そのままで「自動的に」聞き手に向けられる対人心的態度としても解釈されることになる．それゆえ，聞き手からすれば，任意の場面で実際に状況報告が行われる際，対事心的態度とは異なるタイプの対人心的態度が当該話者によって別途意図される可能性を想定しやすくなる．したがって，英語の場合，間接発話行為が生じやすくなり，特定の文脈において語用論的強化が起これば，慣習化することにもつながると説明される．

一方，日本語では，特に明示的に状況報告であることを示す要素（本来的な公的表現や聞き手を想定したイントネーションなど）が存在しない場合，文発話はデフォルトとして状況把握・思考表出を表すと捉えられる．これは，日本語の文発話の基本単位に状況報告層が含まれていないためである．したがって，状況報告として捉えられるためには，それを明示的に示す要素を付加するなどして，モード変更を行う必要がある．その際，状況報告層は対人関係層と一体化しているため，聞き手との社会的・心理的関係に気を配りながら，「意図的に」対人心的態度を決定し，言語化しなければならない．たとえ対事心的態度と同じ心的態度が対人心的態度として選ばれたとしても，状況把握から状況報告へのモード変更の際，当該話者は対人関係を考慮したうえでそのように決定しているのであり，あくまでも話者自ら判断した結果，同じ心的態度になっているのである．それゆえ，聞き手からすれば，状況報告の際に話者がそれ以上何かほかの心的態度の伝達を意図しているとは考えにくい．そのため，日本語の場合，間接発話行為が生じにくくなると説明できる．

以下，この相違を具体的にみていく．まずは，「強い義務（strong obligation）のモダリティ」を表す法助動詞を含む文の分析からである．（16）は英語の must

第3章　言語使用の三層モデルと時制・モダリティ・心的態度　　61

を含む文の例で，すべて Collins（2009: 35）からの再掲載である．（17）は当
該文をできるだけ文字通りの対訳に近づけた日本語例で，（18）は実際に意図
する伝達内容を明示的に表した日本語例である．以下，当該部分には下線を引
くこととする．

(16) a. You <u>must only do it</u> with your teacher, because you can so easily
　　　　get into the wrong.　[advice]

　　　b. you <u>must let me photograph</u> your baby for my magazine.　[re-
　　　　quest]

　　　c. You <u>must meet</u> Forename6 you haven't met her at all have you.
　　　　[exhortation]

(17) a. （あなたは）先生と一緒のときだけそれを<u>しなければならない</u>．

　　　b. （あなたは）私の雑誌の為に（あなたの）赤ちゃんの<u>写真を取らせ</u>
　　　　<u>てくれなければならない</u>．

　　　c. （あなたは）Forename6 さんに<u>会わなければならない</u>．

(18) a. （あなたは）先生と一緒のときだけそれを<u>するのがいい</u>．

　　　b. 雑誌用に（あなたの）赤ちゃんの<u>写真を撮らせてください</u>．

　　　c. （あなたは）Forename6 さんに<u>ぜひ会ったほうがいいよ</u>．

英語では，義務の must を含む文は文脈に応じて様々な間接発話行為を表すこ
とが可能である．一方，日本語では，義務の must に対応する「なければなら
ない」を含む文は文脈に応じた様々な間接発話行為を表すことができず，通例，
どの発話行為を表すのかを明示的に伝えることができる表現を用いる必要があ
る．例えば，「助言（advice）」を表す英語文（16a）とそれに対応する日本語文
（17a）（18a）を取り上げて，具体的に考察してみよう．英語では特に「助言」
を表すことを明示する表現を用いなくても文脈からそう解釈できるのに対し
て，日本語では，「強い義務」を表す「なければならない」を用いた場合，文脈
から「助言」の解釈を得ることは難しく（cf. (17a)），「するのがいい」のよう
な「助言」を明示的に表す表現を用いるしかない（cf. (18a)）．これは，上で
みた，日英語の文発話の基本単位の相違に基づく，当該文の心的態度の聞き手
への「伝達のされ方」の相違によって説明される．

　この相違をより明確に捉えるために，両言語の融合モデルを用いて確認して
みよう．まずは，（16a）の当該英語文の解釈メカニズムを図式化した図7をご
覧いただきたい．

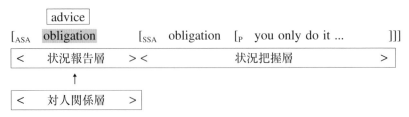

図7：融合モデルによる (16a) の分析の図式化

以下，対人心的態度（ASA）要素が占める場所において，長方形で囲われている部分は前景化された心的態度を，影付き部分は背景化された心的態度を表す．すでにみたように，英語では，(16a) を発話した段階で，対事心的態度（SSA）の「（強い）義務（obligation）」がそのまま対人心的態度として自動的に聞き手に向けられると解釈される．すなわち，当該発話ははじめから状況報告モードで据えられるため，話者は当該心的態度である「義務」を聞き手志向の心的態度として再判断した結果選んでいるわけではない．したがって，話者が「義務」を基にそれ以外の対人心的態度を間接発話行為として伝達している可能性を，聞き手は想定しやすくなる．この場合，対人関係層からの情報や文脈などを考慮した結果，「聞き手にとって良い義務」と解釈されることになるので，「助言」という間接発話行為を示唆していると解釈されるのである．その結果，同じ対人心的態度用の場所を占める「義務」は背景化し，「助言」が前景化することになる．以上から，英語では，話者の心的態度を表す法助動詞を含む文が間接発話行為を表しやすいことを説明できる．

次に，(17a) の当該日本語文の解釈メカニズムを図式化した図8をご覧いただきたい．

図8：融合モデルによる (17a) の分析の図式化

(17a) には明示的に状況報告であることを示す要素がないため，仮説 (15) により，通例，状況把握モードを表すと捉えられる．これを聞き手に向けた報告・伝達として解釈するためには，状況報告であることを示す要素を明示化するなどして，状況報告モードに変更する必要がある．このモード変更の際，状

第3章　言語使用の三層モデルと時制・モダリティ・心的態度　　　63

況報告層と対人関係層が一体化している日本語では，必ず聞き手との社会的・心理的関係を考慮しながら対人心的態度を判断・決定することになり，その判断結果は，基本的には言語形式に反映される．したがって，この場合，聞き手にすれば，話者が再判断の結果「義務」のモダリティをあえて対人心的態度として選択しているということになるため，「義務」こそが聞き手に伝えたい対人心的態度であるという推測が働くことになる．それゆえ，ほかの対人心的態度を伝達しにくくなり，その結果，日本語では，話者の心的態度を表す法助動詞を含む文は間接発話行為を表しにくくなる．したがって，例えば，「助言」という対人心的態度を伝えたかったら，状況報告を行う際，それとはっきりわかるように伝えなければならない．それゆえ，例えば，(18a) のようにいう必要が出てくるのである．

　実際，以下に示す小説からの実例においては，義務の must を伴う英語文は「お詫び」という間接発話行為を表しているが，それに対応する日本語文は「お詫び」を明示的に表す言語形式となっている．[15]

(19) a.　Bonasera began his request obliquely and cleverly.　"You <u>must excuse</u> my daughter, your wife's goddaughter, for not doing your family the respect of coming today. She is in the hospital still."
(M. Puzo, *The Godfather*, p. 29)

b.　ボナッセラは，遠回しに，巧妙に話を切り出した．「まず，私の娘，あなたの奥様の名付け娘が今日ここに来れなかったことを<u>おわびいたします</u>．娘はまだ病院にいるのです」
(『ゴッドファーザー』p. 27)

　まとめると，仮説 (15) が示す日英語の文発話の基本単位を両言語の母語話者がそれぞれ共有知識としてもっていると仮定すれば，両言語の法助動詞（に相当する表現）を含む文の間接発話行為の表れやすさが異なるのはなぜか，を説明できるということになる．当該現象をこのように分析することで，三層モデルによって動機づけられた体系的説明が可能となるのである．

　次に，同じ「義務」のモダリティでも，「弱い義務 (weak obligation)」を表すとされる should を含む英語文と，それに対応する日本語文の解釈メカニズムについて確認する．まずは，英語の例とそれに対応する日本語の例として，(20) をご覧いただきたい．

---

[15] 当該英語文では，「許し」と「お詫び」はメトニミー関係にあり，注 14 でみた Panther and Thornburg (1998) の説明が適用できる．

(20) a. "If we make plans," Michael said, "Freddie should be here."

(M. Puzo, *The Godfather*, p. 97)

b. 「計画を立てるのなら」マイケルが口をはさんだ．「フレディもいたほうがいいんじゃないかな」　　（『ゴッドファーザー』p. 104）

(20a) の中の「弱い義務」を表す should を含む英語文は，ここでは，「提案 (suggestion)」を表していると解釈される．一方，それに対応する (20b) の中の日本語文では，「弱い義務」を表す「べきだ」ではなく，明示的に「提案」を表す「ほうがいい」が用いられている．この違いも，上でみたのと同じメカニズムで説明できる．

まずは，英語からみていく．図 9 は，(20a) の should を含む文の解釈メカニズムを図式化したものである．

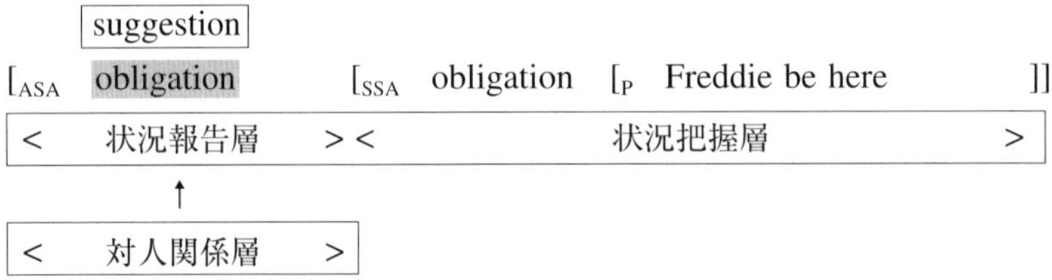

[ASA suggestion / obligation　[SSA　obligation　[P　Freddie be here　]]]
< 状況報告層 > < 状況把握層 >
↑
< 対人関係層 >

図 9：融合モデルによる (20a) の分析の図式化

英語では，デフォルトの場合，文発話の基本単位が状況報告モードを表すため，聞き手へ伝達する際にモード変更する必要がなく，対人心的態度を再判断することもない．それゆえ，状況報告の際にほかの心的態度が付加して伝達される余地が残されており，「ある計画を立てるためにはフレディもいるべきである」というマイケルの発話意図から，聞き手は「提案」という間接発話行為を感じ取ることができるのである．

次に，日本語の例へと移る．(20b) の「提案」を表す「ほうがいい」を含む文の解釈メカニズムは，図 10 のように図式化できる．

図 10：融合モデルによる (20b) の分析の図式化

日本語では，デフォルトの場合，文発話の基本単位が状況把握モードを表すため，聞き手へ伝達する際にはモード変更を行わなければならず，その際に，聞き手に伝えるべき対人心的態度が判断される．そのため，聞き手からしてみれば，話者が伝えたい対人心的態度は明示的に表されているはずだという推測が生じるので，間接発話行為が生じにくい．したがって，ここでは，聞き手に対する「提案」を行っていることをはっきりと伝えるために，「ほうがいいんじゃないかな」という「提案」を明示的に表す表現を選んでいると分析できる．

最後に，「可能性（possibility）のモダリティ」の場合にも同様の説明が当てはまることを簡単にみておく．英語の may を含む文とその日本語対応文の例として，(21) をご覧いただきたい．

(21) a. "Listen, Jen, I may not call you for a few months." She was silent for a moment. A few moments. Finally she asked, "Why?" "Then again, I may call you as soon as I get to my room."
(E. Segal, *Love Story*, pp. 19–20)
b. 「ねえ，ジェン．これから二,三か月ぐらい，必要ないかぎり電話しないからね」…「冗談だよ，部屋に戻ったら，すぐ電話するよ」
(『ラブ・ストーリー』p. 26)

英語の例の解釈メカニズムは図 11 に，日本語の例の解釈メカニズムは図 12 に図式化できる．

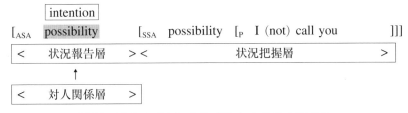

図 11：融合モデルによる (21a) の分析の図式化

図 12：融合モデルによる (21b) の分析の図式化

英語では，文発話の基本単位の特徴から聞き手に伝達する際に状況報告モードに変更する必要がないため，may の表す可能性という対事心的態度がそのまま自動的に聞き手に向けられる．それゆえ，ほかの対人心的態度を併せて伝えやすい．この場合，「自分は電話する（しない）可能性がある」と述べることで，「電話する意志がある（ない）」という意図を間接発話行為として伝えている．一方，日本語では，文発話の基本単位の特徴から聞き手に伝達する際に状況把握モードから状況報告モードに切り替える必要があり，その際，対人心的態度を判断・決定しなければならない．それゆえ，「電話する（しない）」という意図をはっきりと伝えるために，それを明示的に表す表現を選んでいる．

4. おわりに

　本章では，筆者の包括的時制モデルに廣瀬の三層モデルを導入することで，日英語の時制現象ならびにモダリティ・心的態度・間接発話行為に関する現象の相違を体系的に説明できることを示した．

　まず，時制現象については，日英語の定形述語の時制構造の違いが，英語の公的自己中心性・日本語の私的自己中心性という言語体系に関するデフォルト的特徴と関連することがこれまでに明らかになっていたが，三層モデルを導入することでさらに動機づけられることがわかった．デフォルトの場合，英語は状況把握層と状況報告層が一体化しているのに対し，日本語は状況把握層が状況報告層から独立しているため，英語の言語現象は状況報告の主体である公的自己中心（志向）となるのに対し，日本語の言語現象は状況把握の主体である私的自己中心（志向）となる傾向にある．公的自己中心性をもつ英語では，公的自己が聞き手と対峙する話者側面であるため，聞き手への配慮が関与する文法的特徴を引き起こす傾向にある．聞き手が常に同定できる発話時を志向する時制構造をもつ英語の定形動詞は，この特徴に合っている．したがって，基本的には，英語の定形動詞の時制形式は言語環境に関係なく，（物語の地の文を含む）語りの文脈であっても，発話時（ナレーション時）基準で選択される．一方，日本語は私的自己中心性という特徴をもつので，その言語体系に関するデフォルト的特徴から，必ずしも聞き手への配慮が関与する文法的特徴を表すわけではない．それゆえ，定形述語の時制構造ですら必ずしも発話時を志向する必要はなく，当該言語環境の特徴や文脈によって時制形式選択の基準時が決まってくる．したがって，（原則として，公的表現が用いられる）語りの文脈でも，ナレーション時以外の時点を定形述語の時制形式選択の基準時とすることができる．加えて，エピソードの途中段階における相対的時間関係を表す連

用形（非定形）の使用も，英語に比べて多くなる．

　また，日英語で法助動詞（に相当する表現）を含む文の間接発話行為の生じ
やすさに差が生じることも，三層モデルを導入することで体系的かつ統一的に
説明できた．デフォルトの場合，状況把握層が状況報告層と一体化している英
語では，文発話の基本単位は状況報告モードを表すため，当該法助動詞が表す
対事心的態度は，聞き手に伝達される際，自動的に対人心的態度として捉えら
れる．これにより，聞き手からすれば，話者が伝達時にほかの対人心的態度を
意図している可能性を想定しやすくなるため，間接発話行為が生じやすい．一
方，デフォルトの場合，状況把握層が状況報告層から独立している日本語で
は，文発話の基本単位は状況把握モードを表し，法助動詞（に相当する表現）
が表す対事心的態度はあくまでも状況把握用にとどまる．したがって，聞き手
に伝達する際，自動的に対人心的態度と解釈されることはなく，話者が状況報
告へとモード変更する際に，対人心的態度を新たに判断・決定している（結果
として，対事心的態度と同じタイプの心的態度を選ぶことはある）．話者が伝
達時に，伝達すべき対人心的態度を（再）判断し，決定しているのであるから，
聞き手からすれば，話者がその上さらにほかの対人心的態度を意図していると
は考えにくい．以上から，三層モデルによって動機づけられた日英語の文発話
の基本単位の違い（仮説（15））が，両言語の法助動詞（に相当する表現）を含
む文の間接発話行為の生じやすさの違いの根本にあることが明らかとなった．

参考文献

Collins, Peter (2009) *Modals and Quasi-modals in English*, Rodopi, Amsterdam.

Cutrer, Michelle (1994) *Time and Tense in Narration and in Everyday Language*, Doctoral dissertation, University of California at San Diego.

Hinrichs, Erhard (1986) "Temporal Anaphora in Discourses of English," *Linguistics and Philosophy* 9(1), 63-82.

Hirose, Yukio (1995) "Direct and Indirect Speech as Quotations of Public and Private Expression," *Lingua* 95(4), 223-238.

廣瀬幸生（1997）「人を表すことばと照応」『指示と照応と否定』，中右実（編），1-89，研究社，東京．

Hirose, Yukio (2000) "Public and Private Self as Two Aspects of the Speaker: A Contrastive Study of Japanese and English," *Journal of Pragmatics* 32(11), 1623-1656.

Hirose, Yukio (2002) "Viewpoint and the Nature of the Japanese Reflexive *Zibun*," *Cognitive Linguistics* 13(4), 357-401.

Hirose, Yukio (2013) "Deconstruction of the Speaker and the Three-Tier Model of Language Use," *Tsukuba English Studies* 32, 1-28.

Hirose, Yukio (2015) "An Overview of the Three-Tier Model of Language Use," *English Linguistics* 32(1), 120-138.

廣瀬幸生 (2016a)「日英語における時間のメタファーと主観性——言語使用の三層モデルからの視点」『言語の主観性——認知とポライトネスの接点』, 小野正樹・李奇楠 (編), 19-34, くろしお出版, 東京.

廣瀬幸生 (2016b)「主観性と言語使用の三層モデル」『ラネカーの(間)主観性とその展開』, 中村芳久・上原聡(編), 333-355, 開拓社, 東京.

廣瀬幸生・長谷川葉子 (2010)『日本語から見た日本人——主体性の言語学』開拓社, 東京.

Hopper, Paul (1979) "Aspect and Foregrounding in Discourse," *Syntax and Semantics* 12: *Discourse and Syntax*, ed. by Talmy Givón, 213-141, Academic Press, New York.

井元秀剛 (2010)『メンタルスペース理論による日仏英時制研究』ひつじ書房, 東京.

久野暲 (1973)『日本文法研究』大修館書店, 東京.

中右実 (1994)『認知意味論の原理』大修館書店, 東京.

尾上圭介 (2001)『文法と意味 I』くろしお出版, 東京.

Panther, Klaus-Uwe and Linda Thornburg (1998) "A Cognitive Approach to Inferencing in Conversation," *Journal of Pragmatics* 30(6), 755-769.

Reichenbach, Hans (1947) *Elements of Symbolic Logic*, Free Press, New York.

Searle, John (1969) *Speech Acts: An Essay in the Philosophy of Language*, Cambridge University Press, Cambridge.

Searle, John (1975) "Indirect Speech Acts," *Syntax and Semantics* 3: *Speech Acts*, ed. by Peter Cole and Jerry L. Morgan, 59-82, Academic Press, New York.

Searle, John (1979) *Expression and Meaning: Studies in the Theory of Speech Acts*, Cambridge University Press, Cambridge.

Wada, Naoaki (2001) *Interpreting English Tenses: A Compositional Approach*, Kaitakusha, Tokyo.

和田尚明 (2009)「「内」の視点・「外」の視点と時制現象——日英語対照研究——」『「内」と「外」の言語学』, 坪本篤朗・早瀬尚子・和田尚明(編), 249-295, 開拓社, 東京.

Wada, Naoaki (2013) "A Unified Model of Tense and Modality and the Three-Tier Model of Language Use," *Tsukuba English Studies* 32, 29-70.

和田尚明 (2015)「英語の 3 人称小説における過去時制形式の解釈メカニズム」『認知言語学論考 12』, 山梨正明・辻幸夫・西村義樹・坪井栄治郎(編), 291-335, ひつじ書房, 東京.

第 4 章

デフォルト志向性の解除*

今野　弘章

奈良女子大学

要旨：「言語使用の三層モデル」によれば，日本語と英語では「状況把握」「状況報告」
「対人関係」の三層の無標の組み合わせが異なる．その差は，日本語が非伝達的表現を，
英語が伝達的表現を無標の表現レベルとするという両言語間の意味・語用論的志向性に
関する違いをもたらす．本章は，この志向性が解除される破格形式が日英語に存在するこ
とを指摘し，それらが当該の志向性を補完する現象として位置づけられることを論じる．

1.　はじめに

　「言語使用の三層モデル」(Hirose (2013, 2015)，廣瀬 (2016) および本書
廣瀬論文，以下「三層モデル」) は，「状況把握」「状況報告」「対人関係」の 3
要素によって人の言語使用を捉え，さらにその 3 要素が無標の場合にどのよう
に結びついているかに基づき，個別言語が意味・語用論的に示す文法的な振る舞
いの差を説明しようとする言語理論である．本章では，三層モデルが仮定す
る，日本語と英語が無標の場合に示す意味・語用論的傾向（以下「デフォルト
志向性」(default preference)）に注目し，それぞれの言語においてデフォルト
志向性が解除される例外的現象が存在することを示す．そして，それらの例外
的現象が，両言語のデフォルト志向性を補完する役割を果たすという意味で，
当該の志向性の存在を逆説的に裏付けることを論じる．

　次節では三層モデルを概観し，当該モデルが仮定する日英語のデフォルト志
向性を確認する．3 節では 4 つの例外的現象を観察し，それらが日英語のデ
フォルト志向性には従っていないことを論じる．4 節では本章の議論をまとめ，
三層モデルに対する例外的現象の意義および例外的現象に対する三層モデルの

---

　* 執筆の機会を下さった編者の方々，本章草稿を改訂する際に多くの重要なコメントを下
さった廣瀬幸生先生，英語の例の容認度判断に協力してくださった Mark Scott 氏に感謝申し
上げる．本研究は JSPS 科研費 15K02603 の助成を受けたものである．

意義を述べる.

2. 三層モデルと日英語のデフォルト志向性

　三層モデルは，人の言語使用が「状況把握」「状況報告」「対人関係」の3層からなるとする (Hirose (2013, 2015)，廣瀬 (2016) および本書廣瀬論文). 状況把握層は，話し手が所与の状況を認識し思考する認知的側面に対応する. 状況報告層は，話し手が自らの思考を聞き手に伝える伝達的側面に対応する. そして，対人関係層は，話し手が自らと聞き手との人間関係を考慮する社会的側面に対応する.

　言語使用者としての話し手には，思考の主体と伝達の主体という2つの側面がある (廣瀬 (1997)).[1] 思考主体としての話し手は，聞き手の存在からは独立した「私的自己」として，伝達を目的としない「私的表現」の担い手となる.[2] 一方，伝達主体としての話し手は，聞き手の存在を前提とした「公的自己」として，伝達を目的とした「公的表現」の担い手となる. 三層モデルでは，個別言語が私的自己と公的自己のどちらに重心を置くかに応じ，上記3層の無標の結びつき方が異なる. 言語間の意味・語用論的な文法差を3層の構成に還元して説明するのである.

　三層モデルが提案する類型論的に重要な仮説の1つに，日本語と英語は私的自己と公的自己のいずれに重心を置くかが異なり，それにともなってデフォルト志向性も異なるというものがある. 日本語が私的自己中心言語に属し，私的表現を無標の表現レベルとするのに対し，英語は公的自己中心言語に属し，公的表現を無標の表現レベルとするという仮説である (Hirose (2013, 2015)，廣瀬 (2016) および本書廣瀬論文).[3]「私的表現」と「公的表現」は以下のように定義される.

(1) a. 伝達を目的としない，個人的営みとしての思考表現行為を「私的表現行為」と呼び，私的表現行為で用いられる言語表現を「私的表現」と呼ぶ.

---

[1] この2側面は Searle (1983: 165) の "representing intention" と "communication intention" にそれぞれ対応する (Hasegawa and Hirose (2005)，Konno (2015)).

[2]「私的表現」に関連する概念として，Kuroda (1973) の "non-reportive style"，益岡 (1991) の「非対話文」，仁田 (1991) の「聞き手不在発話」，森山 (1997) の「独り言」，池上 (2000, 2007) の「独白／モノローグ」，Hasegawa (2010) の "soliloquy" を参照.

[3] 三層モデルとは独立に当該のデフォルト志向性を指摘した研究として，廣瀬 (1997)，Hasegawa and Hirose (2005)，池上 (2000, 2007)，廣瀬・長谷川 (2010) を参照.

b. 伝達を目的とした，社会的営みとしての思考表現行為を「公的表現行為」と呼び，公的表現行為で用いられる言語表現を「公的表現」と呼ぶ.　　　　　　　　　　　　　　　　　（廣瀬 (1997: 6)）

　日本語では，私的自己に重心が置かれ，言語使用において状況把握層が独立した中心をなす．私的自己が状況を把握し思考する主体だからである．そして，そこに状況報告層と対人関係層が付加的要素として複合的に関連付けられる．（[状況把握] ＋ [状況報告 ＋ 対人関係]，下線は言語使用の中核となる部分を示す）．この構成の帰結として，日本語は，話し手の状況把握のみを言語化した私的表現を無標の表現レベルとするというデフォルト志向性を示す．また，状況報告層と対人関係層が一体化しているため，話し手は，状況を報告する際には聞き手との対人関係を併せて考慮する必要がある．

　この志向性は，例えば，「今日は金曜日だ」という無標の平叙文の用法に反映される（本書廣瀬論文）．「今日は金曜日だ」は，形式上の無標性とは裏腹に，使用場面に関して制限を受ける．すなわち，当該の文は，日記や独り言等，話者の認識を（伝達ではなく）単に表出する私的表現としては自然だが，聞き手に伝達する公的表現としては，話者がわざとぶっきらぼうな態度を取っている等の特殊な場面を想定しない限り不自然である．公的表現として自然にするためには，聞き手との対人関係を考慮した上で，伝達性を合図する「今日は金曜日だよ」や「今日は金曜日ですよ」のような終助詞や丁寧体コピュラといった表現を添える必要がある．これは，三層モデルの観点からすると，「今日は金曜日だ」が中核をなす状況把握層に，「よ」および「です」が付加的要素として一体化している状況報告層と対人関係層に属すことに起因する（[状況把握今日は金曜日だ] ＋ [状況報告 ＋ 対人関係よ／ですよ]）．「今日は金曜日だ」という平叙文は，無標の文脈では，日本語において発話の伝達性を保証する状況報告層および対人関係層を持たないのである．

　一方，公的自己に重心を置く英語では，状況把握層と状況報告層が一体となって中心をなす．公的自己が思考を聞き手に伝達する主体だからである．そして，そこに対人関係層が付加的に関連付けられる（[状況把握 ＋ 状況報告] ＋ [対人関係]）．この層構成にともない，英語は，話し手の状況把握を聞き手へ伝達する公的表現を無標の表現レベルとするというデフォルト志向性を示す．また，話し手は，状況報告からは独立した形で聞き手との対人関係を考慮することになる.[4]

---

[4] ここで述べた以外にも，三層モデルは，(i) 状況把握層が中心をなし，状況報告層と対人

Today is Friday という無標の平叙文は，対応する日本語とは異なり，話者による曜日の認識を表すだけでなく，話し手と聞き手との対人関係を問わずに，当該の認識を聞き手に伝達する公的表現として用いることができる（本書廣瀬論文）．Today is Friday, madam などの呼称（address term）によって対人関係を明示化することも可能だが，それはあくまでも随意的であり，情報伝達上必須ではない．この事実は，Today is Friday が状況把握層と状況報告層が一体化した中核部に，madam が付加的要素である対人関係層に対応することを反映している（[状況把握+状況報告Today is Friday] + [対人関係madam]）．Today is Friday は状況把握層だけでなく状況報告層も内包しており，伝達性がデフォルトで保証されているのである．

次節では，本節で概観した三層モデルおよび当該モデルが仮定する日英語のデフォルト志向性を受け入れた上で，特に後者に注目して議論を進める．

3. デフォルト志向性の解除

三層モデルが仮定する日英語のデフォルト志向性は，デフォルトとしての特性である以上，絶対的なものではない．したがって，当該のデフォルト志向性を示さない例外的現象が両言語に存在することが予測される．私的表現を無標の表現レベルとする日本語において，（話し手／聞き手の対人関係にもとづく自称詞・対称詞や話し手から聞き手への伝達意図を表す終助詞等の補助的手段なしで）公的表現として使用される現象が存在し，公的表現を無標の表現レベルとする英語において，私的表現として使用される現象が存在するという予測である．

そのような現象は，文法的性質の詳細においてはそれぞれ異なったとしても，所属する言語が備えているデフォルト志向性に従わないという点では共通する．以下では，個別言語が無標の場合に示す意味・語用論的志向性が，所与の構文が特化させている，あるいは志向する意味・語用論的機能によって解除される現象を「デフォルト志向性の解除」（"default preference override" Konno (2015)）と呼び，日英語における4つのデフォルト志向性の解除を指摘し，上述の予測を裏付ける．

関係層がそれぞれ独立して関連付けられる私的自己中心言語（[状況把握] + [状況報告] + [対人関係]）や（ii）状況把握層・状況報告層・対人関係層の3つが一体となって中心をなす公的自己中心言語（[状況把握+状況報告+対人関係]）の存在も予測する．

3.1. 日本語のデフォルト志向性解除
3.1.1. 形容詞「やばい」の副詞的用法
　形容詞「やばい」は話者による否定的評価を本来的に表すが，現代日本語の口語表現では，「やばい」が肯定的評価をも表す用法が浸透している（Sano (2005)，矢澤 (2005)，洞澤・岩田 (2009)，佐野 (2012)，阪口 (2013)）.

> (2)　最近の若者の間では「こんなうまいものは初めて食った．やばいね」
> などと一種の感動詞のように使われる傾向がある.
>
> 　　　　　　　　　　　　　　　　　　　　　　　　　（『新明解国語辞典』）

さらに，「やばい」には，連用形「やばく」とは活用せずに，直接他の用言を修飾してその程度を強調する副詞的拡張用法（以下「副詞的『やばい』」）が存在する（Sano (2005)，洞澤・岩田 (2009)，佐野 (2012)，阪口 (2013)）.

> (3)　タマゴボーロ［商品の写真］やばいよ！やばいうまいよ！[5]

　副詞的「やばい」には，私的表現ではなく，公的表現としての用法を基本とするという語用論的特徴がある（今野 (2015a)）. 副詞的「やばい」を容認する話者は，その語用論的使い分けに関して大きく2つのタイプに分かれる.（(4b) の「(??)」は当該の表現を容認する話者としない話者が存在することを示す.）

> (4) a.　　ねぇねぇこれやばいうまいよ.
> b. (??)うわぁこれやばいうまいなぁ.　　　　　　（今野 (2015a: 330f.)）

1つめのタイプの話者は，副詞的「やばい」が「ねぇねぇ X よ」「うわぁ X なぁ」のどちらとも共起可能だと判断する（調査した8名中3名）. もう一方は，副詞的「やばい」が，「ねぇねぇ X よ」とは共起しても「うわぁ X なぁ」とは共起しにくいと判断する（8名中5名）.

　この判断の差は，やはり形容詞由来であり，かつ修飾する用言の程度を強調するという点で共通する副詞的「すごい」には見られない. 副詞的「やばい」では判断が分かれた話者も，次の2例は一様に容認する.

> (5) a.　ねぇねぇこれすごいうまいよ.
> b.　うわぁこれすごいうまいなぁ.　　　　　　　（今野 (2015a: 332)）

　呼びかけ表現の「おい」や「～よ」は，聞き手の存在を前提とし，公的表現

---

[5] http://blog.crooz.jp/shoccih/ShowArticle?no=123

を形成する（廣瀬（1997: 7））．一方，感嘆表現の「わー」や「〜なぁ」は，聞き手の存在を前提とせず，私的表現を形成する（日本語記述文法研究会（編）(2009: 161），Hasegawa（2010: 160））．この一般的特徴から，「ねぇねぇ X よ」と「うわぁ X なぁ」という鋳型は，ある言語表現が公的表現あるいは私的表現として機能できるかどうかを判断する文法的テストとして利用可能だといえる．「ねぇねぇ X よ」「うわぁ X なぁ」両方の X 部に生起可能な表現は，公的表現と私的表現のどちらとしても機能できる．「ねぇねぇ X よ」の X 部には生起できても「うわぁ X なぁ」の X 部には生起できない表現は，公的表現に特化している．そして，「うわぁ X なぁ」の X 部には生起できても「ねぇねぇ X よ」の X 部には生起できない表現は，私的表現に特化している．なお，どちらの鋳型にも生起しない表現は考察の対象外とする．

　ここで（4）に戻ると，当該の事実は以下のことを示しているといえる．副詞的「やばい」に関して，公的表現と私的表現両方の用法を許す話者がいる一方，公的表現としての用法しか許さない話者も存在する．[6] 同時に，副詞的「やばい」を用いる話者は一様に公的表現用法を許容し，私的表現用法のみを許す話者は存在しない．つまり，副詞的「やばい」は，公的表現としての用法を無標とするという特性を内在化している．[7] ついでながら，（5）は，副詞的「すごい」が公的表現への志向性を持たないこと，つまり，私的表現／公的表現の区分に関して中立なことを意味する．

　副詞的「やばい」は，形容詞「やばい」と同様（(2) 参照），くだけた口語表現であるという文体的性質も備えている．例えば，就職活動の面接がどうだったかを教員が学生に尋ね，学生が次のいずれかのように答えたとしよう．

(6) a.　今日はやばい緊張しました [.　][8]

　　b.　今日はすごい緊張しました．

仮に筆者が聞き手の教員であったとすると，副詞的「やばい」を含む（6a）は，

---

　[6] 上記調査対象には含まれていないが，（4b）を容認不可能と判断し，さらに副詞的「やばい」の間接話法補部における使用を認めない話者も存在する（廣瀬幸生氏との私信による）．

　(i) ??太郎は，自分はやばい緊張したと言っている．

　　(cf. 太郎は，自分はすごい緊張したと言っている．)

Hirose（1995）および本書廣瀬論文によれば，間接話法補部は，主節主語による状況把握内容のみを表し，私的表現を要求する．したがって，(i) からも，（4b）を容認しない話者が副詞的「やばい」をもっぱら公的表現として用いていることがわかる．

　[7] 今野（2015a）はこの性質を，形容詞「やばい」の意味変化（(2) 参照）によって生じる形と意味のミスマッチが解消された結果と捉えている．

　[8] http://yaplog.jp/o-mori/archive/130

学生が自分を友人の一人として認識している可能性を考慮したとしても，学生対教員という，比較的あらたまりの度合いが高いと考えられる当該の発話場面にはそぐわない表現という印象を抱かせる．それに対し，副詞的「すごい」を用いた返答からはそのような印象を受けない．このように，副詞的「やばい」は，その使用に際して，話し手と聞き手の人間関係に「近しくて気を遣う必要がない」というような一定の制約を課す．

　以上のことから，副詞的「やばい」を含む発話は，話者が自らの程度認識をくだけた態度で聞き手に伝達する際に用いられるのが無標だといえる．この特性を三層モデルの観点から捉えると，副詞的「やばい」（を含む発話）は，状況把握層のみならず，状況報告層および対人関係層をも内包した公的表現として機能するのが無標だということになる．これは，2節で観察した「状況把握層が独立した中核をなし，私的表現を無標の表現レベルとする」という日本語のデフォルト志向性からは導き出されない性質である．この点において，副詞的「やばい」は日本語におけるデフォルト志向性の解除と位置づけられる．

3.1.2. 「からの」の単独用法

　現代日本語の口語表現では，格助詞「から」と連体助詞「の」の複合形式である「からの」が単独で用いられること（以下「からの」）がある．（以下，例文中の下線は全て筆者による．）

(7)　A1:　私は君をこき使うことはない．だがもう，守ってやることもできない．ここからは自分一人の戦いだ．

　　　B1:　なんで，なんで悪口言わないんですか？言って下さいよ，いつもみたいにひどいこと．

　　　A2:　君には迷惑をかけられっぱなしだったが，おかげで退屈せずに済んだよ．礼を言うよ．

　　　B2:　からの？悪口でしょう？

　　　A3:　ありがとう．

　　　B3:　からの？

　　　A4:　頑張りたまえ．以上だ．[9]

形式的には，拘束形態素が単独の発話を形成し，あたかも自由形態素であるかのように振る舞っている点が興味深い現象である．

　「からの」は，単に格助詞と連体助詞の複合形式であるだけではなく，(8)の

---

[9] 『リーガルハイ』2013年11月13日放送

特徴により，前後の談話の結束性を保証しつつさらに談話を展開する談話標識
として機能する（今野（2015b））.[10]

(8) 「からの」は，話し手が，先行する状況を受け，更にそれに引き続き，
    関連しながらも異なる状況を，親近感を持って聞き手に提示するある
    いは聞き手に提示するよう要請する際に用いられる.

（今野（2015b: 343））

以下では，この機能を裏付ける事実を確認する.

　まず，「からの」が先行する状況を受けるという特徴および話し手が聞き手
に状況を提示するあるいは聞き手に状況の提示を要請するという特徴について
見ていこう．(7) の例からも分かるように，「からの」はその前後に独立した
発話を従える．ここで，「からの」に後続する談話に注目すると，そこでは，
話し手自らが何らかの情報を聞き手に提示する場合（(9)）と話し手が聞き手
に後続談話で何らかの情報を提示するよう要請する場合（(10)）とがあること
が分かる.

(9)　クリスマスにもオススメ！からのー[11]
(10)　A1:　昨日女の子と歩いてたよな？
　　　B1:　あ，あれは … 妹だよ
　　　A2:　からの？
　　　B2:　実は彼女なんだ
　　　A3:　からのー？
　　　B3:　初めてのデートだったんだよ
　　　A4:　かーらーのー？[12]

(9) はブログ記事のタイトルであり，提示タイプの「からの」を含む．記事の
本文では，まず，タイトル前半にあるように，書き手がクリスマスプレゼント
に推薦する商品が紹介され，続いて，そのお薦め商品とは別の新商品の企画が
読み手に提示される．この内容から，(9) の書き手は，「からの」を含むタイ
トルを用いることで，クリスマスプレゼントに適した商品に続いて他の商品も

---

[10] この機能を支える「からの」の統語構造と情報構造として，今野は以下を提案している.
　(i) a. $[_{DP} [_{PP} \emptyset_1 から] [_{D'} [_D の] [_{NP} \emptyset_2]]]$ 　　　　　　（今野（2015b: 337））
　　　b. $_{TOPIC}[\emptyset_1] {}_{FOCUS}[からの \emptyset_2]$ 　　　　　　　　　（今野（2015b: 339））
以下では，本章の目的に特に関連する (8) の機能に焦点を絞る.
[11] http://www.studio-alta.co.jp/creative/staff_blog_detail.jsp?id=20317
[12] http://okwave.jp/qa/q6625373.html

第4章　デフォルト志向性の解除　　　77

読み手に紹介することを予告している.

　(10) は，(7) と同様，提示要請タイプの「からの」を含む.「からの」の話し手である A は，自らの質問 (A1) に対する B の返答 (B1) に満足せず，B に正直に告白するよう (A2) で促す. その要求に応じ，B は (B2) で本当の情報を A に提示するが，A はそれにも満足せず，更に詳しい情報を提示するよう (A3) で B に再び要請する.

　このように，「からの」は，話者が提示／提示要請という発話行為を遂行するという点で，モダリティ，特に，中右 (1994) の「文内モダリティ／談話モダリティ」の2分類における談話モダリティを含む. また，(9) と (10) から，「からの」を用いて話し手が行っている提示と提示要請どちらの行為も，直前に何らかの状況提示があった上でのものであることが分かる.

　次に，「からの」の後続状況が先行状況に関連しながらも異なるものであるという特徴に移る.[13] この点は，以下の2例によって確認することができる.

(11) 　［車の改造を記したブログ記事］
　　　純正のもっさいステアリングからスタイリッシュなディープコーンです. 取り付けは簡単でネジ抜いて外して付ける!! それだけ!! 笑 ［改造前の車のハンドルの写真］からのー!! ［改造後の車のハンドルの写真］[14]

(12) 　［コンパで男子学生に焼きそばを無理矢理食べさせる女子学生の発話］
　　　［焼きそばを男子学生の口に運んで食べさせる］からの？ ［更に焼きそばを食べさせる］からの？ ［更に食べさせる］からの？[15]

(11) は，提示タイプの「からの」を含み，その先行状況と後続状況には，改造前と改造後の車のハンドルの写真がそれぞれ対応する. 両状況は，同一の車のハンドルという共通項を持ちながらも，それぞれ異なる状況を表している. (12) は提示要請タイプの「からの」を含み，その先行状況と後続状況には，最初に男子学生が女子学生に食べ物を食べさせられた状態と更に食べさせられた状態がそれぞれ対応する. ここでも両状況は関連しながらも異なっている. このように，「からの」は，談話の展開を一定の方向に誘導する手続き的意味を持つ.[16]

---

[13] 「からの」の前後の状況は，言語で記述された状況 ((7), (9), (10)) であっても言語で記述されていない状況 ((11), (12)) であっても良い (今野 (2015b: 341)).
[14] https://plaza.rakuten.co.jp/bike819/10004/
[15] http://www.youtube.com/watch?v=bWIyfI-DCbY
[16] 中右 (1994) のモダリティ論では，手続き的意味も談話モダリティ要素とみなされる.

最後に，「からの」の発話が，話し手から聞き手に対する親近感を伴った行為である点を確認する．すでに見たように，話し手は「からの」を用いて提示あるいは提示要請を行う．提示行為，提示要請行為ともに，与え手 − 受け手関係すなわち話し手 − 聞き手関係の存在を前提とし，聞き手の存在が不可欠である．このことから，「からの」は，副詞的「やばい」のように公的表現としての用法を無標とするのではなく，公的表現に特化しているといえる．この点は，「からの」が私的表現を形成する感嘆表現「うわぁ」と共起しないこと（(13a)）によっても示される（3.1.1 節参照）．

(13)　［バイトのシフト表で，自分が夜勤から日勤の連続勤務なのを見て］
　　　a.??うわぁ，からの.
　　　b.　うわぁ，夜勤からの日勤.　　　　　　　　　（今野（2015b: 343））

これは，「うわぁ」と共起することで，「からの」が感嘆の対象を述べたものとして解釈され，提示および提示要請の機能を果たせなくなることによる．(13b) にあるように，単独用法としてではなく，NP を従えた通常の後置詞と連体助詞として用いられた場合には，このような制限は課されない．

「からの」が必須とする話し手 − 聞き手関係は，さらに，話し手が聞き手との心的距離を近いものとして認識していることを要求する．以下の例は提示タイプの「からの」を含む．

(14)　［悪役がヒーローから攻撃を受けた後に変身する場面］
　　　痛ぁ〜いっヒヒャァ. <u>からの〜！</u>巨大化なのだぁ，ハハァ.[17]

(14) は，「からの」の話し手である悪役が，ヒーローから攻撃を受けた後で巨大な姿に変身する際に言う台詞である．この「からの」を用いた発話は，悪役がまるで友人であるかのようにヒーローとじゃれ合っているという滑稽な印象を与える．この滑稽さは，本来であれば対立関係にあって遠いはずの悪役とヒーローの心的距離が，「からの」の使用によって無理矢理縮められていることに起因する．

ここまで見てきた「からの」の機能を三層モデルの観点から捉えてみよう．「からの」は談話標識であり，それ自体は命題を表さない．従って，文レベルで状況把握層を含むとは考えられない．しかしながら，(8) の機能が示すように，話し手は，先行する談話状況を認識した上で，その状況には満足せずに「からの」を発話する．つまり，「からの」は，文レベルではなく，談話レベル

---

[17] 『烈車戦隊トッキュウジャー』2014 年 3 月 9 日放送

で状況把握層を含み，話し手が，先行状況と後続すべき状況との関係を捉え，認識していることを表す．さらに，「からの」は，状況報告層を含み，上述の状況間の認識を聞き手に伝えるとともに，後続すべき状況の話し手自らによる提示を合図するか，あるいは，その提示を聞き手に要請する．そして，「からの」は，対人関係層を含み，話し手による聞き手との心的距離に関する一定の評価を表す．したがって，「からの」は，助詞のみの発話という表面的な簡潔さとは裏腹に，3層全てを必須とする公的表現だということになる．この層構成がもたらす公的表現への機能特化は，私的表現を無標の表現レベルとする日本語のデフォルト志向性には還元できない．このように，公的表現としての使用を無標とする副詞的「やばい」とは指定の強さでは異なるものの，「からの」も日本語におけるデフォルト志向性の解除と特徴付けられる．

　ここでは，話し手によって把握される「状況」を文（命題）レベルから談話レベルに拡張して考えている．仮に，命題内容を持たないという理由で状況把握層を含まないとした場合，「からの」は，状況把握層を欠き，状況報告層と対人関係層のみからなる公的表現ということになる．しかしながら，状況を報告する際には報告内容の把握が前提となるため，状況把握なしでの状況報告は考えにくい（Konno (2015)）．したがって，「からの」のような談話標識自体は，命題内容をもたなくとも，談話レベルでは，話し手が状況間や発話間の関係を把握する働きを持ち，その使用には状況把握層が必ず関与すると考えられる．三層モデルにおいて状況把握層に命題内容以外のどのような成分が含まれるのかは，今後さらに検討すべき課題の1つである（本書和田論文参照）．

3.2. 英語のデフォルト志向性解除
3.2.1. Mad Magazine 構文
　Akmajian (1984: 2) によれば，英語の Mad Magazine 構文（以下「MM 構文」）は，所与の状況に対する驚きや不信といった話者の感情を表し，感嘆機能を持つ．統語的には，動詞が時制辞を伴わずに原形で現れ，代名詞主語が，主格ではなく，英語における無標の格である対格で標示される点が特徴的である．[18]

(15)　A:　I hear that John may wear a tuxedo to the ball …
　　　 B:　<u>Him wear a tuxedo</u>?! He doesn't even own a clean shirt.

(Akmajian (1984: 3))

---

[18] Akmajian (1984) を端緒とし，MM 構文は，Lambrecht (1990), Taylor (2002: 568ff.), Etxepare and Grohmann (2005), Progovac (2006), Wenger (2009), Szcześniak and Pachoł (2015) 等によって，様々な理論的見地から分析されている．

MM 構文は，話し手が，伝達のためにではなく，上述の感情を単に表出するために用いられる私的表現である（今野（2012），Konno（2015））．この機能的特徴の現れとして，MM 構文は say の直接話法補部として用いることはできても，tell の直接話法補部としては用いることができない．

(16) Hearing from Tom that Bronsky went to the party in a tuxedo,
    a. Mary said "Him wear a tuxedo?!"
    b.??Mary told him "Him wear a tuxedo?!"　　　　　（今野（2012: 28））

say は言葉を発することを意味し，その発言は伝達のためであってもなくても構わない．つまり，say は聞き手の存在を必ずしも前提としない．それに対し，tell は話し手から聞き手への情報伝達を意味し，聞き手の存在を前提とする（明石（2001）参照）．このことを示す事実として，that 節補部を伴う際，say は間接目的語としての聞き手相当表現を認可しないのに対し，tell は当該の要素を要求する．

(17) a. She said (*me) that she would be late.
    b. She told *(me) that she would be late.　　　　（Swan（1995: 510））

この語彙的な差を踏まえると，say の直接話法補部には私的表現，公的表現共に生起できるのに対し，tell の直接話法補部には公的表現しか生起できないと考えられる．[19] よって，(16) の対立から，MM 構文は公的表現としては機能せず，私的表現に特化しているといえる．

この機能特化は MM 構文が人称および時制標示を欠いた非定形節であることと深く関わっている．本書廣瀬論文（2 節）によれば，英語の定形節における人称・時制標示は公的自己の視点に基づく．したがって，MM 構文が非定形節であるという事実は，当該構文が公的表現の主体である公的自己を含まないことを意味し，その私的表現性を動機付ける（廣瀬幸生氏との私信による）．

MM 構文が現れる談話においては，話者が，MM 構文で先行発話が記述する状況に対する不信感を表出した後，さらにコメントを続ける場合が多く観察される（Lambrecht（1990），Etxepare and Grohmann（2005））．[20]

---

[19] Hirose（1995）および本書廣瀬論文では，日英語共に直接話法は公的表現の引用とされている．だが，直接話法に現れる表現が一律公的表現であるとは考えにくい．say の場合のように，引用動詞の語彙的性質に応じて直接話法に私的表現が生起することも可能だからである（(22), (28) も参照）．この点については本書廣瀬論文（脚注 2）も参照．

[20] Lambrecht（1990）は，この特徴を MM 構文の性質に含め，当該構文が，非定形節が形

(18)　A:　No, no, Ralph, this means you're failing English.
　　　B:　Me fail English?　That's unpossible![21]

この事実も，MM 構文が私的表現に特化していることと関連する．私的表現
である MM 構文は，(18) の対話を終わらせる要素としては情報伝達上不十
分であり，コメント部はその不完全さを補うものとして添えられる．

　MM 構文が私的表現に特化しているという結論には，可能な反論が少なく
とも 3 つ考えられる．1 つめの可能性は，(16) の対比が生じるのは，MM 構
文が私的表現に特化しているからではなく，当該構文が感嘆表現であるから，
あるいは伝達対象として必要な命題を表さないからというものである．事実，
Swan (1995) は，感嘆表現と命題内容を持たない挨拶表現を tell の直接話法
補部に含む以下の例を容認不可能と判断している．

(19) a. *Mary told us, "What a nice idea!"
　　 b. *He told them, "Good morning."　　　　　　(Swan (1995: 509))

しかし，筆者が調査した英語母語話者は，(16) の対比を認める一方で，感嘆
文と挨拶表現が tell の直接話法補部に用いられた以下の例を許容する．

(20) a.　I told him, "Boy, is linguistics easy!"
　　 b.　As the man boarded, the driver told him "Good morning," but he
　　　　didn't respond.[22]

よって，(16b) が容認されない理由を MM 構文の感嘆機能や命題内容に求め
ることはできない．

　次に考えられるのは，(15) や (18) のように対話の場面で使用されること
(Salmon (2014: 92)) をもとに，MM 構文を，私的表現ではなく，公的表現
と分析する可能性である．(21) では，MM 構文が聞き手 A に対する呼称と
共起しており，この考え方を一見支持するかのように映る．

成するトピック部とそれに後続するコメント部からなると分析している．Etxepare and
Grohmann (2005) は，当該の特徴を統語構造の問題とみなし，音形を伴わない機能範疇主要
部を設定した上で，トピックとしての非定形節をその指定部に，コメント部をその補部に据え
る分析を提案している．

[21] *The Simpsons*, Season 6, Episode 8 (http://www.imdb.com/character/ch0003015/
quotes)

[22] http://www.hpenews.com/life/x143265334/City-bus-driver-thanks-guardian-angel-for-
protecting-her

(21)　A:　I hear that John may wear a tuxedo to the ball …
　　　　B:　Him wear a tuxedo, baby?! He doesn't even own a clean shirt.

ここで注意すべきは，ある構文が対話で使われるということだけでは，その構文を公的表現とみなす理由としては不十分だということである．文法的に私的表現に特化していることと，対話で使用されることは必ずしも矛盾しない．[23] すなわち，伝達ではなく，聞かれることを意識して私的表現を発話することに問題はない（本書長谷川論文参照）．

　形容詞語幹が終止形活用語尾を伴わずに現れる日本語の「イ落ち構文」（今野（2012））は，(22) の対比が示すように，私的表現に特化しており，MM構文と類似している（(16) 参照）．

(22) a.　太郎は，花子の部屋に入るなり，「汚っ.」と言った．
　　　b.　*太郎は，花子の部屋に入るなり，彼女に「汚っ.」と伝えた．

（今野（2012: 20））

構文的に私的表現へ特化していることとは独立に，イ落ち構文を，聞き手が存在し，聞かれることが明らかな場面で発話することには何の問題もない．(22a) が記述する場面において，家主の花子がその場に居合わせており，そのことを太郎が前もって承知している可能性は十分に考えられる．（そしてその場合，花子は多いに傷つくことだろう．）

　次例では，聞き手が明らかに存在する対話の場面でイ落ち構文が使われている．

(23)　A:　［このポテトチップ］あったかくておいしい．
　　　　B:　あつ.　　　　　　　　　　　　（岩崎・大野（2007: 138, fn. 6））

ここでは話し手 B が A に反対しているように映るが，(23) はイ落ち構文が公的表現だということは意味しない．B の発話に A に対する反対意見の表明であることを示す言語表現を加えると容認されなくなるからである．

(24)　A:　あったかくておいしい．
　　　　B:　*いや，熱っ.（cf. いや，熱い（よ).)　　　（今野（2012: 23））

(23B) は，言語表現としてはあくまでも私的表現であり，発話時の B の感覚

---

[23] 私的表現の対話における使用については，本書長谷川論文をはじめ，野田（2006, 2014），Hasegawa（2006, 2010），廣瀬・長谷川（2010: 30-33, Chapter 5）を参照．

第 4 章　デフォルト志向性の解除　　　　　　　　　　83

を表出したものに過ぎない．(23) において，B の発話が A に対する反対意見
を述べているように映るのは，A も含めた周囲の人間が，B の発話を聞き，
その感覚が A のものとは異なると認識するためである．

　この「聞こえれば伝わる」ということを聞き手が存在する場面で意図的に利
用すると，私的表現であるイ落ち構文が結果として話し手の感覚や認識を聞き
手に伝えることになる．ただし，そうした場合においても，(22) や (24) が
示すように，当該表現が公的表現に強制（coerce）されることはなく，私的表
現であるという構文的特質自体は変わらない．

　以上の議論を (15)，(18)，(21) に敷衍すると，それらの例は，MM 構文が，
構文の機能上は私的表現でありながらも，特定の相手に聞かれることを前提と
して使用可能だということを示すと考えられる（3.2.2 節も参照）．(21B) の呼
称は，MM 構文が公的表現だということではなく，当該発話場面に存在する
特定の相手に対する呼びかけを表す．このように，ある構文が私的表現か否か
は，(16) や (22) のような文法的テストによって判断すべきであり，対話で
の使用（のみ）を基に，単純にその構文を公的表現とみなすのは妥当ではない．

　最後に，上の議論との関連で，(16) が，MM 構文が私的表現に特化してい
ることではなく，私的表現としての使用を無標とすることを示すと考える可能
性を検討したい．これは，MM 構文の私的表現としての性質を「一般化され
た会話の含意」（"generalized conversational implicature" Levinson (2000)）
と捉えることに等しい．一般化された会話の含意の例に，"some" の使用が
"not all" を含意するという現象がある．この尺度含意は無標の場合に生じる
ものであり，含意が成立しないことを示す文脈を加えることで打ち消し可能で
ある．

　(25)　Some Saudi Princes, and in fact all of them, are pretty wealthy.
　　　　　　　　　　　　　　　　　　　　　　　　　　(Levinson (2000: 50))

ここで検討している可能な反論は，MM 構文の私的表現としての性質も同様
に打ち消し可能なことを予測するが，(16b) が示すとおり事実は逆である．

　まとめると，MM 構文は私的表現に特化していると結論づけられる．この
帰結を三層モデルに関連付けると，MM 構文は状況把握層のみからなるとい
える．換言すると，MM 構文は，英語において無標の場合に一体化した中心
をなす状況把握層と状況報告層から後者を分離した層構成を持つ．この点にお
いて，MM 構文は，公的表現を無標の表現レベルとする英語におけるデフォ
ルト志向性の解除と位置づけられる．

3.2.2. 日記文における主語省略

英語の定形節は，通常，主語を要求する．だが，日記という特定の文体では，その制限が緩和され，一人称主語の省略が頻繁に生じる（廣瀬 (2006, 2016)，廣瀬・長谷川 (2010: Chapter 2))．(26) は廣瀬 (2006: 279) が英国人作家 Helen Fielding による日記小説 *Bridget Jones's Diary* および *Bridget Jones: The Edge of Reason* から引用している例である．[24]

(26) a. ( ) Wish ( ) was dead.

    b. ( ) Do not even know where ( ) am meeting him.

これらの日記文では，通常であれば存在するはずの一人称主語 I が主節および従属節の「( )」部で省略されている．[25] 口語表現における主語省略が主節に制限され，埋め込み節では起こらないことと対照的である．以下は，Weir (2012) が，日記表現としてではなく，口語表現として示している例である．[26]

(27) a. *e* won't be in the office tomorrow.　　　　　(Weir (2012: 106))

    b. *e don't think *e* should go.　　　　　　　　(Weir (2012: 108))

廣瀬 (2006) によれば，通常は主語代名詞の省略を許さないとされる英語でも，他者への伝達を意図しない日記などの特殊な文体では，公的自己としてよりも私的自己としての書き手の側面が際立ち，それに伴って主体化が起こる．(26) のような一人称主語の省略が頻繁に起こるのは，主体化によって書き手自身が認識の対象から外れた結果ということになる．

私的自己としての書き手の側面が際立つという特徴から推測されるように，主語省略を含む英語日記文は私的表現として機能する．その反映として，このタイプの日記文は，say の直接話法補部には生起できても，tell の直接話法補部としては許されない．

---

[24] 例文中の「( )」は廣瀬による．

[25] Haegeman (2013) は日記体であっても主語省略は主節に限られるとしている．

[26] Hirose (2013: 24) は，口語表現における主語省略が，話し手と聞き手との距離を遠ざける効果を持つ呼称とは共起しにくいという事実を指摘し，当該の主語省略が話し手から聞き手に対する親近感を表すと論じている．

  (i) a. I hope you like it, {sir/Professor Brown}.

    b. ?Hope you like it, {sir/Professor Brown}.

この議論を補完する証拠として，口語表現における主語省略は，話し手と聞き手との距離を近づける呼称とは共起する．

  (ii) Hope you like it, baby.

(28) a. She said in her diary "Do not even know where am meeting him."

b. *She told me "Do not even know where am meeting him."

文が主語省略を含まない場合には，このような制限は観察されない．

(29) a. She said in her diary "I don't even know where I'm meeting him."

b. She told me "I don't even know where I'm meeting him."

前節 (16) と同様，(28) の事実は主語省略を含む日記文が私的表現に特化していることを示す．

ここまでの点では主語省略を含む日記文は MM 構文と共通するが，両表現には違いもある．MM 構文とは異なり，主語省略を含む日記文は呼称と共起しない（(21) 参照）．

(30) a. Do not even know where am meeting him.　　　　　(= (26b))

b. *Do not even know where am meeting him, baby.

それに対し，主語省略を含まない場合には呼称を含むことができる．

(31)　I don't even know where I'm meeting him, baby.

(30b) から，主語省略を含む日記文が対話で用いられないことが分かる．比喩的に述べると，呼称は，日記という内なる世界に閉じこもっている主語省略を含む日記文を外界に引きずり出す．実社会に出た日記文は他者すなわち聞き手と嫌でも遭遇することになり，自身に課されている「日記」という文体上の制約を満たせなくなるのである．私的表現に特化しているだけでなく，対話でも使うことができないという点で，主語省略を含む日記文は MM 構文よりも私的表現としての程度が高いといえる．

私的表現性に関する MM 構文（および日本語のイ落ち構文）と主語省略を含む英語日記文との程度差は，構文の機能上の性質と使用文脈上の性質とを分けて考えることで捉えられる（廣瀬幸生氏との私信による）．上で見たように，MM 構文も主語省略を含む英語日記文も，私的表現に特化しているという点では共通するが，前者は対話の中で特定の聞き手を前提として用いることが可能なのに対し，後者は特定の読み手を想定して用いることはない．この事実は以下を意味すると考えられる．MM 構文は，私的表現としての性質である「聞き手不在性」を，構文機能上のみ要求し，使用文脈上は要求しない．一方，主

語省略を含む英語日記文は，聞き手（読み手）不在性を，構文機能上だけでなく，使用文脈上も要求する。[27]

本節のまとめとして，主語省略を含む英語日記文の機能を三層モデルの観点から考察する．主語省略を含む英語日記文が私的表現に特化しているという特性は，当該構文が，状況把握層のみを含み，英語では状況把握層と一体化しているのが無標である状況報告層（および対人関係層）を含まないことを意味する．この点で，主語省略を含む英語日記文は，MM 構文と同タイプのデフォルト志向性の解除といえる．

4. おわりに

本章で扱った4つの現象は，いずれも日英語の文法的慣習からすると例外的である．まず，形式面を考えると，副詞的「やばい」は用言を修飾するにもかかわらず連用形を用いていないという点で，「からの」は拘束形態素のみで単独の発話を形成するという点で，MM 構文は時制辞を欠いた主節であるという点で，そして主語省略を含む英語日記文は定形節にもかかわらず主語が現れないという点で破格的文法現象といえる．機能的観点からは，上述の4つの現象はデフォルト志向性の解除であるというまさにその点が例外的である．しかしながら，こうした例外現象は，単に言語の創造的使用というだけでなく，結果として，日英語のデフォルト志向性に従うだけでは埋められない，言語使用のいわば「隙間」を埋めている．

デフォルト志向性の解除は，三層モデルが仮定する日英語のデフォルト志向性を前提とする．ここで，有標性の概念に「常態か否か」という基準を含めると（Levinson (2000)），有標形式においてデフォルト志向性の解除が観察されるという本章で観察した事実は，無標形式におけるデフォルト志向性の存在を逆説的に裏付けることになる．つまり，デフォルト志向性の解除は，デフォルト志向性を否定するものではなく，補完するものだといえる．この特徴付けが妥当だとすると，デフォルト志向性の解除では「有標なメッセージは有標な状況を示す」（Levinson (2000: 33)）という関係が成立し，さらに，デフォルト志向性とデフォルト志向性の解除の間には，「語用論的分業」（Horn (1984)）

---

[27] 主語省略を含む英語日記文のように，対話で使用不可能な私的表現が日本語に存在するかどうかは現時点では不明である．だが，一日本語母語話者としての筆者の直観からすると，そのような現象は想像しにくい．仮に，日本語では基本的にどの私的表現も対話において使用可能だった場合，そのことは，私的表現を無標の表現レベルとするという日本語のデフォルト志向性を反映したものと考えられる．

が成立するといえる.

　扱った4つの例外的現象は，形式と機能の詳細からすると一見全く関連がないように思われる．しかしながら，三層モデルから得られるデフォルト志向性の解除という視座により，それらの現象を統一的に扱うことが可能になる．さらに，デフォルト志向性を仮定することで，その志向性が解除される現象にどのようなものがあるかという視点が生まれ，これまで研究されてきた現象の新たな側面の発見（3.1.1，3.1.3，3.1.4節）や新たな現象そのものの発見（3.1.2節）を促す.

参考文献

明石博光（2001）「与格交替と発話行為動詞」『英語語法文法研究』8, 54-69.

Akmajian, Adrian (1984) "Sentence Types and the Form-Function Fit," *Natural Language and Linguistic Theory* 2, 1-23.

Etxepare, Ricardo and Kleanthes K. Grohmann (2005) "Towards a Grammar of Adult Root Infinitives," *Proceedings of the 24th West Coast Conference on Formal Linguistics* 24, ed. by John Alderete, Chung-hye Han and Alexei Kochetov, 129-137, Cascadilla Press, Somerville.

Haegeman, Liliane (2013) "The Syntax of Registers: Diary Subject Omission and the Privilege of the Root," *Lingua* 130, 88-110.

Hasegawa, Yoko (2006) "Embedded Soliloquy and Affective Stances in Japanese," *Emotive Communication in Japanese*, ed. by Satoko Suzuki, 209-229, John Benjamins, Amsterdam and Philadelphia.

Hasegawa, Yoko (2010) *Soliloquy in Japanese and English*, John Benjamins, Amsterdam and Philadelphia.

Hasegawa, Yoko and Yukio Hirose (2005) "What the Japanese Language Tells Us about the Alleged Japanese Relational Self," *Australian Journal of Linguistics* 25, 219-251.

Hirose, Yukio (1995) "Direct and Indirect Speech as Quotations of Public and Private Expression," *Lingua* 95, 223-238.

廣瀬幸生（1997）「人を表すことばと照応」『指示と照応と否定』，中右実（編），1-89，研究社，東京.

廣瀬幸生（2006）「日記英語における空主語と主体化」『言葉の絆——藤原保明博士還暦記念論文集』，卯城祐司・太田一昭・太田聡・滝沢直宏・田中伸一・西田光一・山田英二（編），270-283，開拓社，東京.

Hirose, Yukio (2013) "Deconstruction of the Speaker and the Three-Tier Model of Language Use," *Tsukuba English Studies* 32, 1-28.

Hirose, Yukio (2015) "An Overview of the Three-Tier Model of Language Use," *English Linguistics* 32, 120-138.

廣瀬幸生 (2016)「主観性と言語使用の三層モデル」『ラネカーの(間)主観性とその展開』, 中村芳久・上原聡(編), 333-355, 開拓社, 東京.

廣瀬幸生・長谷川葉子 (2010)『日本語から見た日本人——主体性の言語学』開拓社, 東京.

洞澤伸・岩田奈津紀 (2009)「若者たちの間に広がる『やばい』の新しい用法」『岐阜大学地域科学部研究報告』25, 39-58.

Horn, Laurence R. (1984) "Toward a New Taxonomy for Pragmatic Inference: Q-based and R-based Implicature," *Meaning, Form, and Use in Context: Linguistic Applications*, ed. by Deborah Schiffrin, 11-42, Georgetown University Press, Washington.

池上嘉彦 (2000)『「日本語論」への招待』講談社, 東京.

池上嘉彦 (2007)『日本語と日本語論』筑摩書房, 東京.

岩崎勝一・大野剛 (2007)「『即時文』・『非即時文』——言語学の方法論と既成概念」『時間の中の文と発話』, 串田秀也・定延利之・伝康晴(編), 135-157, ひつじ書房, 東京.

今野弘章 (2012)「イ落ち：形と意味のインターフェイスの観点から」『言語研究』141, 5-31.

今野弘章 (2015a)「副詞的『やばい』の公的表現志向性とその動機付け」『言語研究の視座』, 深田智・西田光一・田村敏広(編), 325-341, 開拓社, 東京.

今野弘章 (2015b)「『からの』の単独用法について」*KLS* 35, 335-346.

Konno, Hiroaki (2015) "The Grammatical Significance of Private Expression and Its Implications for the Three-Tier Model of Language Use," *English Linguistics* 32, 139-155.

Kuroda, Shige-Yuki (1973) "Where Epistemology, Style, and Grammar Meet: A Case Study from Japanese," *A Festschrift for Morris Halle*, ed. by Stephen R. Anderson and Paul Kiparsky, 377-391, Holt, Rinehart and Winston, New York.

Lambrecht, Knud (1990) "'What, Me Worry?'—'Mad Magazine Sentences' Revisited," *BLS* 16, 215-228.

Levinson, Stephen C. (2000) *Presumptive Meanings: The Theory of Generalized Conversational Implicature*, MIT Press, Cambridge, MA.

益岡隆志 (1991)『モダリティの文法』くろしお出版, 東京.

森山卓郎 (1997)「「独り言」をめぐって——思考の言語と伝達の言語」『日本語文法——体系と方法』, 川端善明・仁田義雄(編), 173-188, ひつじ書房, 東京.

日本語記述文法研究会(編) (2009)『現代日本語文法7——第12部 談話・第13部 待遇表現』くろしお出版, 東京.

中右実 (1994)『認知意味論の原理』大修館書店, 東京.

仁田義雄 (1991)『日本語のモダリティと人称』ひつじ書房, 東京.

野田春美（2006）「擬似独話が出現するとき」『日本語文法の新地平2——文論編』，益岡隆志・野田尚史・森山卓郎（編），193-213，くろしお出版，東京.

野田春美（2014）「疑似独話と読み手意識」『話し言葉と書き言葉の接点』，石黒圭・橋本行洋（編），57-74，ひつじ書房，東京.

Progovac, Ljiljana (2006) "The Syntax of Nonsententials: Small Clauses and Phrases at the Root," *The Syntax of Nonsententials: Multi-disciplinary Perspectives*, ed. by Ljiljana Progovac, Kate Paesani, Eugenia Casielles and Ellen Barton, 33-71, John Benjamins, Amsterdam and Philadelphia.

Salmon, William (2014) "The Contrastive Discourse Marker *Ata* in Belizean Kriol," *Lingua* 143, 86-102.

阪口慧（2013）「形容詞の肯定・否定のスケール性に関わる意味・機能変化に関する一考察——日本語形容詞『やばい』を中心に」『日本言語学会第146回大会予稿集』88-93.

Sano, Shinichiro (2005) "On the Positive Meaning of the Adjective *Yabai* in Japanese," *Sophia Linguistica* 53, 109-130, Sophia University.

佐野真一郎（2012）「『やばい』の変化を分析する」『はじめて学ぶ社会言語学——ことばのバリエーションを考える14章』，日比谷潤子（編），209-226，ミネルヴァ書房，東京.

Searle, John (1983) *Intentionality: An Essay in the Philosophy of Mind*, Cambridge University Press, Cambridge.

Swan, Michael (1995) *Practical English Usage*, 2nd ed., Oxford University Press, Oxford.

Szcześniak, Konrad and Małgorzata Pachoł (2015) *"What? Me, Lie?*: The Form and Reading of the Incredulity Response Construction," *Constructions* 2015, 1-13. [https://www.constructions.uni-osnabrueck.de/wp-content/uploads/2015/10/Szczeniak_Pachol.pdf]

Taylor, John (2002) *Cognitive Grammar*, Oxford University Press, Oxford.

Weir, Andrew (2012) "Left-edge Deletion in English and Subject Omission in Diaries," *English Language and Linguistics* 16, 105-129.

Wenger, Neven (2009) "Adult Root Infinitives," ms., University of Frankfurt. [http://satzstrukturen.de/Dateien/Wenger2009ARIs.v1.pdf]

山田忠雄他（編）（2012）『新明解国語辞典』第7版，三省堂，東京.

矢澤真人（2005）「やばいよ，この味」『続弾！問題な日本語』，北原保雄（編），96-99，大修館書店，東京.

第 5 章

言語使用の三層モデルから見た because X 構文*

金谷　優

筑波大学

要旨：最近出現した because の新用法（例：because homework）を「because X 構文」
と呼び，構文全体は公的表現として機能するが，because に後続する X 要素は私的表現
の具現であると主張する．当該構文の X 位置に頻出する要素にはある一定の偏りがあ
ることが報告されているが，この偏りは，X 要素を私的表現として捉えることで説明が
つくことを示す．さらに，三層モデルの観点から当該構文を考察することで，当該構文
で用いられる because が原因用法に限られることに対しても説明を与える．

1.　はじめに：古い語の新しい語法

英語の because という語は，典型的に定形節または of 句を後続させ，主節
で述べられている事態の理由を表す：

(1) a.　He's not coming to class because he's sick.
    b.　He's not coming to class because of his sickness.

近年，オンラインコミュニケーションやくだけた会話では，because に名詞や
形容詞のような語が直接後続する用法が出現し，アメリカ方言学会（The
American Dialect Society）は，「2013 年の単語」として because（の新用法）
を選出した．以下は，同学会 2014 年 1 月 3 日付発表からの引用である：[1]

---

* 本章の執筆に際して，長野明子，廣瀬幸生の両先生より貴重なご意見を頂いた．記して
感謝申し上げある．本研究は，JSPS 科研費 25770183「コトのモノ化と構文文法理論におけ
る強制」および 24320088「文法と語用論の関係に関する日英語対照研究」の助成を受けたも
のである．
[1] The American Dialect Society 2014 年 1 月 3 日付発表資料（アクセス日：2016 年 11 月
21 日）<http://www.americandialect.org/because-is-the-2013-word-of-the-year>

第 5 章　言語使用の三層モデルから見た because X 構文　　91

"This past year, the very old word *because* exploded with new grammatical possibilities in informal online use," Zimmer said.　"No longer does *because* have to be followed by *of* or a full clause.　Now one often sees tersely worded rationales like 'because science' or 'because reasons.'　You might not go to a party 'because tired.'　As one supporter put it, *because* should be Word of the Year 'because useful!'"

本章では，この引用にあるような because の新用法を because X 構文と呼び，その特徴を記述し，「言語使用の三層モデル」（以下，単に「三層モデル」と呼ぶ）の観点から説明を行う．

2.　because X 構文

2.1.　意味的特徴

本節では，because X 構文の表す意味について，一般的な because 節と比較しながら概観する．because 節は，Sweetser (1990) が内容領域，認識領域，発話行為領域と呼ぶ各領域で理由を表す.[2, 3]

(2) a.　John came back because he loved her.
　　b.　John loved her, because he came back.
　　c.　What are you doing tonight, because there's a good movie on.

(Sweetser (1990: 77))

(2a) は，ジョンが彼女を愛していることが，（彼女のもとに）戻ってきた理由であり，because 節で表されている内容が主節で表されている内容の理由となっている「内容領域」の因果関係を表している．(2b) は，彼女のもとに戻っ

---

[2]　後で紹介する Kanetani (2008) などの枠組みでは，because 自体が三義的という立場はとらず，because という語が異なる構文で用いられると考える．ちなみに，Kanetani は，認識領域と発話行為領域の違いは重要ではないと指摘し，内容領域とそれ以外の領域という二分法を提案する．そこで，以下，認識領域と発話行為領域を合わせて「認識・発話行為領域」と表記する．

[3]　一般的に，because of NP の形は，内容領域のみで用いることができ，認識・発話行為領域で用いることはできない (cf. Rutherford (1970))．

　(i) a.　He's not coming to class because of his sickness.
　　　b.　*He's not coming to class, because of his having called from San Diego.

(Rutherfrod (1970: 105))

ここでの目的は，because 節との比較であるため，because of については，深く立ち入らない．

てきたことから，彼女を愛しているのだろうと推論する「認識領域」において
成立する因果関係を表している．(2c) は，「発話行為領域」において成立する
因果関係を表していると言われ，その because 節は主節部分の発話行為を行
うための動機を表している．

では，これらの 3 領域で because X 構文が成立するかどうかを見てみよう．
以下の例文は，当該構文を容認する 7 名のネイティブスピーカーに判断しても
らい，0 点（容認できない）から 3 点（容認できる）までのスケールで採点し
てもらった結果を示している：

(3) a. He came back because love. (1.71 / 3.00)

    b. I'm going to bed early because tired. (1.86 / 3.00)

    c. He loved her, because back. (0.71 / 3.00)

    d. [Looking at a wet ground] It's rained, because ground.
       (0.00 / 3.00)

    e. What do you wanna do on our first evening, because Paris?
       (0.57 / 3.00)

(3a, b) は内容領域の because 節を，(3c, d) は認識領域の because 節を，(3e)
は発話行為領域の because 節をそれぞれ because X の形に変えたものである．
各例文の末尾に示した平均点が表すように，(3c-e) の容認度は，(3a, b) のそ
れに比べ低いことが分かる．この結果に基づき，because X 構文の表す意味範
囲は，Sweetser の内容領域であると考えることができる (Kanetani (2015))．

2.2.　形式的特徴

本節では，because X 構文の形式特徴として，以下の 2 点を観察する．まず，
前節で行った観察の帰結として，because X 構文の統語的振る舞いが内容領域
の because 節の統語的振る舞いと同じであり，認識・発話行為領域のものとは
異なることを示す．次に，X にどのような範疇の語が現れるのかを観察する．

内容領域の because 節の特徴として，以下の 4 点がある：① because of の
形に書き換えられる (cf. Rutherford (1970))，②文頭の位置に持ってくるこ
とができる (cf. 廣瀬 (1999))，③排他詞（例：just, only など）による焦点化
を許す (cf. Kanetani (2007))，④陳述を表す発話行為構文（例：話題化構文，
付加疑問構文など）の生起を許さない (cf. Lakoff (1987))．これら 4 つの特
徴に関し，認識・発話行為領域の because 節は逆のふるまいを示すため，こ
れらの統語的振る舞いは，内容領域の because 節と認識・発話行為領域の be-

cause 節を識別するための試金石として用いることができる.[4] このうち, because X 構文にも使うことができるのは, ②と③である. すなわち, because X 構文が前節で述べたように内容領域の理由を表し, 認識・発話行為領域の理由を表さないのであれば, because X 句は文頭位置に置くこと, 排他詞により焦点化することが可能であると予測され, 実際この予測は正しい. (4a, b) は, because X 句が文頭位置に現れることを示している:

(4) a. Because hurricane, the city is a mess. (1.71 / 3.00)
    b. Because distance, since we know how fast light travels, if we know how far away a star is, we can also tell how old it is by knowing how long it would have taken to get there. (COCA)[5]

(4a) は著者による作例であり, (4b) は COCA からの実例である. (4a) の文末スコアが示す通り, (3a, b) とほぼ同じように容認される. また, (5a, b) のように, because X 句は排他詞 only によって焦点化することが可能である:

(5) a. Living people bother you because angry. Ghost make trouble only because sad, lost, contused. (COCA)
    b. If a society needs a large, powerful law enforcement establishment, then there is something gravely wrong with that society; it must be subjecting people to severe pressures if so many refuse to follow the rules, or follow them only because forced.
       (GLoWbE)[6]

以上の観察から, because X 構文が内容領域の意味を表し, 認識・発話行為領域の意味を表さないということが, 統語的にも示された.

次に, because X 構文の X の位置には, どのような要素が現れるのかを見てみよう. Schnoebelen (2014) は, 当該構文が出現するツイート (ミニブログサービス Twitter への投稿) 23,583 件のうち, 50 件以上の使用があるものについて, 統語範疇ごとに以下のようにまとめている:

---

[4] これらの文法事実に関する観察は, ここに挙げている各先行研究のほか, 著者の一連の研究で言及しているが, ここでは紙幅の都合上, 詳しい観察は割愛する. 詳しくは, Kanetani (2008) を参照.

[5] Corpus of Contemporary American English (http://corpus.byu.edu/coca/)

[6] Corpus of Global Web-Based English (http://corpus.byu.edu/glowbe/)

Noun (e.g. *people, spoilers*)	32.02%
Compressed clause (e.g. *ilysm*)	21.78%
Adjective (e.g. *ugly, tired*)	16.04%
Interjection (e.g. *sweg, omg*)	14.71%
Agreement (e.g. *yeah, no*)	12.97%
Pronoun (e.g. *you, me*)	2.45%

表1

このうち，compressed clause（縮約節）は，オンラインコミュニケーションで特徴的な形式であり，実質，節が後続するのと変わりないと考え，分析から除外する．例えば，because ilysm は because I love you so much と同等だと考えるということである．[7] 縮約節を除けば，名詞，形容詞，感嘆詞，同意を表す語がよく用いられるのに対し，代名詞は少数であることがわかる．名詞，形容詞が X 位置に現れる例は 1 節ですでに観察したが，以下の各例は，感嘆詞，同意を表す語がそれぞれ X 位置に現れている実例である：

(6) a. That feeling you get when you finish an essay and you just want to cry because yay[.] (Twitter)

b. "So I guess you're okay that it's you then?" he says, and Nick grins because yeah. "Very okay." (GloWbE)

Bohmann (2016: 161) も 805 件のツイートの観察を行い，X 位置に現れる要素について，以下のようにまとめている：

Noun / NP	38.8%
Interjection	20.3%
Reduced clause	14.5%
Adjective	9.8%
Other	16.6%

表2

ここで，表 1 との比較において注意する点は，① Bohmann の reduced clause が Schnoebelen (2014) の compressed clause とは異なるものを指すということと，②それ以外は，順位や割合こそ異なるものの，ほぼ同じであるというこ

---

[7] Bohmann (2016: 161) は，このような縮約節を "(semi-)lexicalized, fixed expressions ((半)語彙化した固定表現)" と分析し，対応する定形節と同値だとは考えない．

と，③表2における名詞は，名詞句も含んだ数値であるということの3点である．①について補足すると，Bohmann は，「定形節の中のならんかの要素（たいていの場合，主語）が削除された節」(p. 160) のことを reduced clause と呼んでいる．

以上，Schnoebelen (2014) と Bohmann (2016) の観察に基づき，X 要素に現れるカテゴリーを概観した．本節では，X 位置に頻出する要素の確認にとどめ，この意義――すなわち，なぜ，これらの要素がこの構文の X 位置によく現れるのか――については，3 節で対人関係機能の観点から詳しく論じる．

2.3. because X 構文の意味と形式

本章での分析対象を今まで便宜上「because X 構文」と呼んできたが，構文文法 (Construction Grammar) では，意味と形式の慣習的な結びつきを「構文 (construction)」と呼び，文法知識の基本単位と考える (Fillmore et al. (1988)，Goldberg (1995)，Hoffman and Trousdale (2013)，他多数)．そこで，本節では，2.1-2.2 節の観察に基づき，because X 構文の意味と形式の結びつきを以下のように定義する：

$$(7) \quad [\text{CLAUSE}_i \; because \; \text{X}_j] \leftrightarrow [\text{P (invoked by “X”}_j) \text{ is a reason for Q}_i]^8$$

(7) において，両矢印 (↔) は形式と意味の結びつきを表し，矢印の左側（形式極）が構文の形式を，右側（意味極）が構文の意味をそれぞれ表す．また，形式極と意味極の同一指標は，それぞれ形式と意味が対応していることを示す．つまり，CLAUSE_i の意味が Q_i であり，語 X_j の意味が “X”$_j$ である．したがって，because X 構文とは，[CLAUSE $because$ X] という形式と「語 X が表す意味によって喚起される命題 P が CLAUSE によって表される命題 Q の理由となる」という意味が結びついたものであると定義される．

このように，because X 構文を定義したところで，当該構文がより一般的な because 節構文とどのような関係なのかを考えていきたい．Kanetani (2008) は，because という語自体は多義ではなく，いわゆる内容領域の because 節が含まれる文は「原因 because 節構文」，認識・発話行為領域の because 節が含まれる文は「推論 because 節構文」とそれぞれ呼ばれる構文として捉えられるべきだと主張する．このうち，because X 構文と関連付けられる原因 because

---

[8] *because* X が文頭に現れる形式（例：(4a, b)），主節が完全な節の形をしていないもの（例：*Early morning gym because fat* (Bohmann (2015: 149)) や，主節が明示的に現れていないものも存在するが，表示の簡素化のためここでは考慮しない．

節構文の意味と形式の対応関係は，概略，(8) のように表すことができる：

(8)　[CLAUSE$_i$ *because* CLAUSE$_j$] ↔ [P$_j$ is a reason for Q$_i$][9]

(8) は，主節と because 節からなる複文形式が意味極に示されている意味と結びついたものということを示す．

　構文文法の考え方を用いるメリットのひとつは，構文間の関係を継承 (inheritance) の概念でとらえることができるということである．Goldberg (1995) は，ある構文が別の構文から意味的，形式的な情報を継承することで，2 つの構文がある点では類似し，別の点で異なることを捉えられると述べ，4 種類の継承関係を提案する．そのうち，because X 構文と原因 because 節構文の間の関係を捉えるために必要なのは，(9a, b) に定義される「部分リンク (subpart link)」と「事例リンク (instance link)」である：

(9) a.　ある構文が別の構文の真部分集合であり，独立して存在する場合，
　　　　2 つの構文間に部分リンクが張られる．　　(Goldberg (1995: 78))

　　b.　ある構文が別の構文の特殊事例の場合，すなわち，一方が他方よりより多く指定されている場合に限って，2 つの構文間に事例リンクが張られる．　　　　　　　　　　　　　　(Goldberg (1995: 79))

この概念を用いると，because X 構文は原因 because 節構文の真部分集合としてみなすことができる．また，原因 because 節構文は because X 構文より指定を豊かに受ける点において，前者は後者の特殊事例としてみなすことができる．概略，この継承関係は (10) のように示すことができる：

(10)　because X 構文 (= (7))
　　　事例↓　↑部分
　　　原因 because 節構文 (= (8))

この関係を具体的に確かめるため，次の例の関係を考えてみよう：

(11) a.　He came back because love.　　　　　　　　　　　　(= (3a))

　　b.　John came back because he loved her.　　　　　　　(= (2a))

(11a, b) は，それぞれ because X 構文と原因 because 節構文の具体例である．

─────────

[9] 原因 because 節構文に関しては，because 節が文頭に現れる形式もあるが，さしあたり (7) の形式の because X 構文との比較のみを目的とするため，ここでは考慮しない．because 節が文頭に現れる場合の表示に関する詳細は Kanetani (2008) や廣瀬 (1999) を参照のこと．

第5章　言語使用の三層モデルから見た because X 構文　　97

(11a) の because love という形式と (11b) の because he loved her という形式
を比較したとき，前者が後者の真部分集合であることは一目瞭然である．すな
わち，(13a) の because の直後に現れる love という語彙素は (11b) の because
に後続する節 (he loved her) の構成素として用いられているので，(11a) は
形式的にも意味的にも (11b) の真部分集合であると言える．次に (11b) が
(11a) の特殊事例であるということについて考えてみよう．(11b) の because
節は，(11a) で使われている語彙素 love の定形節での具現のしかたの一事例
と考えることができる．つまり，love という語彙素は，様々な文脈（例：his
love was genuine, he began to love her again, etc.）で用いることが可能で
あり，(11a) の because 節は数多くある文脈のひとつに過ぎないということ
である．[10]

　以上，本節では because X 構文を定式化し，原因 because 節構文とどのよ
うに関係づけられるのか（構文間の関係）を概観した．次節では，構文全体と
構文内の構成要素の関係に焦点を当て，2.2 節で観察した範疇の語が X 位置
に頻繁に現れる仕組みを考察する．

3.　構文の全体と部分：「公的表現」の中の「私的表現」

　2.2 節で，because X 構文の X 要素として，名詞，形容詞，感嘆詞がよく
現れるということを確認した (Schnoebelen (2014), Bohmann (2016))．さ
らに，Schnoeblen は同意を表す語も多く出現することを指摘し，Bohmann
は主語の削除された定形節（彼の用語で reduced clause）もよく現れると観察
している．本節では，これらの要素の出現を説明するため，当該構文の対人関
係機能を考えていく．具体的には，Kanetani (2016) に従い，because X 構文
は話し手の思考表出を聞き手に伝達する機能を持つと考え，その対人関係構造
は (12) のように表すことができると仮定する：

---

[10] (11a) に現れる love が名詞なのか動詞なのかは判然としないが，節の一部となった場合，
動詞あるいは名詞として用いることができる．(11a) のような環境に現れた場合，love の表
す概念がわかれば品詞情報は未指定でも問題ない．Farrell (2001) は，転換の対象となる語に
ついて，品詞は意味的には未指定であり，どのような形態統語的スロットに生じるのかによっ
て与えられると考える．ここでも，同様に考えることができる．つまり，(11a) のように形態
統語情報が与えられない環境では，品詞は未指定，あるいは不明であるが，(11b) のような形
態統語的な環境が与えられると動詞として，his love was genuine のような環境で生じれば名
詞として具現するということである．

(12) [_{公的表現} because <_{私的表現} X>]^11

(12) で用いられている「公的表現」「私的表現」は，Hirose (1995, 2000) に
よって提案された概念であり，前者は伝達の意図を持った言語表現のことであ
り，言語の持つコミュニケーション機能にほぼ対応する．一方，後者は伝達の
意図を持たない言語表現であり，言語のもつ思考表出機能にほぼ対応する．ま
た，Hirose は，話者を公的表現の話者としての「公的自己」と私的表現の話者
としての「私的自己」とに解体する．(12) の図式に当てはめて考えると，be-
cause X 全体は公的自己による発話であり，その中に現れる X は私的自己の
発話，ないし，私的自己の発話を直接話法的に引用したものと言える．

　because X 構文が，(12) のような対人関係構造を持つと仮定したことで，
まず，当該構文が公的表現として機能するということについて考えてみよう．
Schnoebelen (2014) は，調査したツイートの 36％が「@ユーザー名」ととも
に出現しているという事実に基づいて，当該構文が対人的（interpersonal）に
用いられる傾向が強いと示唆している．「@ユーザー名」は，Twitter のリプラ
イ機能であり，特定のユーザーに向けた返信メッセージであるためである．こ
こでは，Schnoebelen の事実観察に基づき，この構文は全体として公的表現と
して機能すると考え，これ以上の考察は行わない．

　次に，当該構文の X 要素が話し手の思考表出の具現であると仮定し，
Schnoebelen (2014)，Bohmann (2016) が共通して X 位置に頻出すると観察
する範疇（名詞，形容詞，感嘆詞）がどのように認可されるのかを考えてみよ
う．そのうえで，その応用として，Schnoebelen が頻出すると観察する「同意
を表す語」や Bohmann の観察に出てくる「主語の削除された定形節」も同じ
原理で説明できることを示したい．まず，なぜ X 位置に感嘆詞がよく現れる
のかを私的表現という観点から考えてみよう．感嘆詞についていくつかの文法
書を見てみると，以下のように記述されている：

(13) a. "purely emotive words"　　　　　　　　　(Quirk et al. (1985: 853))
　　 b. "serve to express emotion"　　　　　　　　(Trask (1993: 144))
　　 c. "have expressive rather than propositional meaning"
　　　　　　　　　　　　　　(Huddleston and Pullum (2002: 1361))

共通して言えることは，話者の感情を伝達するというよりは表出（express）す

---

　^11 (12) では，Hirose (1995, 2000) などの表記法に従い，公的表現を [角括弧]，私的表現
を <山括弧> でそれぞれ表示している．

第 5 章　言語使用の三層モデルから見た because X 構文　　99

る語であるということであり，感嘆詞は伝達を意図しないという点において私
的表現として機能すると言える．
　では，名詞や形容詞についてはどうだろうか．これらは，ともに内容語であ
り，理由となりうる命題内で私的自己にとって最も卓越しているものが抽出さ
れたと考えることができる．ここで，これらの語が本当に私的表現として用い
られているのかどうかを確かめるため，名詞（句）に課される制約を見ておこ
う．McCulloch (2012, 2014) は，X 位置に表れる名詞類について興味深い観
察を行っている．

(14) a. *I can't come out tonight because essay[sic.] / my essay / an essay /
　　　　this essay.[12]　　　　　　　　　　　　　 (McCulloch (2012))
　　 b. ??I can't go to the party because you.　 (McCulloch (2014))

McCulloch (2012) は，(14a) のように，X 位置に現れる名詞は修飾要素を伴わ
ない無冠詞のもの（裸名詞）であると述べている．[13] また，McCulloch (2014)
は，(14b) のように，人称代名詞が because の後に現れると奇妙だと判断する．
この判断は，Schnoebelen (2014) の調査によって代名詞がほかの品詞と比べ
て頻度が低いこととも一致する（表 1 を参照）．名詞句の限定に関し，Quirk et
al. (1985: 253) は，名詞句が談話で用いられる場合，どの限定詞が用いられ
るかでどのような指示を持つかかが決まると述べる．端的に言うと，an essay
と this essay とでは指示の種類が異なるということであるが，ここで重要な
のは，「談話で用いられる場合（when used in discourse)」という但し書きの
部分である．つまり，名詞句の限定は聞き手との関係において定義されるもの
であり，聞き手と対峙しない私的表現の場合には必要ないと言える．これは，
ちょうど，(11a) で用いられている love の品詞情報が未指定であるが概念だ

---

[12] (14a) の表記では because essay も非文となるが，McCulloch 自身の考察では，because
essay は文法的であり，because my essay / an essay / this essay が非文であるということは明
らかである．したがって，これは，単にアステリスクを付ける位置を間違えただけのことと判
断し，[sic.] と記載したうえ，原文のままの形で引用した．
[13] この制約に対して，Bohmann (2016: 161) は，(i) の例を挙げ，以下のように述べてい
る：(McCulloch が記事を書いた) 2012 年当時，名詞に対するこのような制約が実際あった
としても，because X 構文が「急激に普及した用法（rapidly diffusing innovation)」であるた
めに，Bohmann が論文を書いている時点までにはかなり弱まったと考えられる．
　(i) 　<@user> like when ball season over.. senior year just hurts cause all the work &
　　　　stuff you gotta do.　　　　　　 (Bohmann (2016: 161)；下線は著者による)
つまり，(i) のような用例は，当初許容されていなかった拡張用法とも考えることができるの
で，ここでは，McCulloch の直観に基づく制約を構文本来のものと考える．

けは理解されているというのと同じ原理で説明することができる（注10参照）.
つまり，私的自己にとっては，理由となりうる命題が念頭にある限りにおい
て，その中に現れる指示物（例：エッセイ）の内包や概念（例：愛）が定まれ
ば，別の内包を持つ指示物（例：数学の宿題）や概念（例：疲労）から区別さ
れ，当該命題が限定されるという点で十分なのである．次に，（14b）に見られ
る人称代名詞に関する制約について考えてみよう．Hirose (2000: 1630) によ
ると，英語の人称代名詞は「一義的には公的表現として定義される（primarily
defined as public expressions)」.[14] 特に一人称，二人称の人称代名詞が，聞き
手と対峙することでしか定義できないことは，次の Benveniste (1971) から
の引用で明らかである（Hirose (2000) も参照）：

> Consciousness of self is only possible when it is experienced by con-
> trast. I use *I* when I am speaking to someone who will be a *you* in
> my address. It is this condition of dialogue that is constitutive of per-
> son, for it implies that reciprocally *I* becomes *you* in the address of
> the one who in his turn designates himself as *I*"
>
> (Benveniste (1971: 224f.), 下線は著者による)

話し手による代名詞の使用が，聞き手との関係において定義される公的表現で
あることは，目を閉じて聞き手を意識しない話し方をするフラマン語のアニメ
キャラクター（Cappelle (2014)）や，自閉症の子ども（Jordan (1989)）が代
名詞を適切に使えない例によっても示唆される．つまり，（14a, b）の文法性が
下がるのは，because X 構文の X 要素が私的表現であることと限定詞や代名
詞のもつ公的表現性が一致しないためだと言える.

　今まで観察した名詞，形容詞，感嘆詞に加えて，Schnoebelen (2014) は，
表1にあるように，yes/no のように同意を表す語も X 位置によく現れると観
察する．具体例として，（6b）を（15）として再掲する：

(15) "So I guess you're okay that it's you then?" he says, and Nick grins
　　　 <u>because yeah</u>. "Very okay." 　　　　　　　　　　　　　　(= (6b))

同意を表す語は，命題の極性，すなわち，肯定か否定かを指定する機能がある
と考えられる．つまり，（15）の yeah の背後には，"I am not okay" との対立

---

[14] 私的表現内で人称代名詞が用いられないということではなく，私的表現内では，本来的
には公的表現である人称代名詞を当該私的表現の主語に応じて転用しているということである
(Hirose (2000), 本書廣瀬論文も参照).

として "I am okay" という命題がある．この点についても，理由となりうる命題の一部が X 要素として具現するという内容語の出現メカニズムと本質的には同様の説明が与えられる．ただし，同意を表す語の場合は，理由となりうる命題内にそのままの形で存在するわけではなく，命題の意味構造を考える必要がある．中右（1994）によると，命題は，(16) のような階層的な意味構造を持つ：

(16)　[POL [TNS [ASP [PRED (ARG$_1$, ARG$_2$ ...ARG$_n$)]]]]

(16) は，述語（PRED）とその項（ARG$_{1-n}$）からなる「中核命題」と呼ばれるものに相（ASP），時制（TNS），極性（POL）といった演算子が付加することで，「全体命題」と呼ばれる単位が形成されるという階層構造を示す．このモデルに従うと，極性演算子が作用域とするのは，中核命題に時制と相の演算子が付加したレベル（中右はこれを「中立命題」と呼ぶ）であるため，命題の極性が指定されるためには，中立命題の存在が前提とされる．ここで再度 (16) の yeah の背後にある命題について考えると，極性未指定の中立命題 "I BE$_{simple-present}$ okay" が yeah によって肯定の指定を与えられることで，全体命題 "I am okay" ができるという具合である．したがって，命題の極性を決定する表現（同意を表す語）が現れるということは，階層的にそれより下位の命題構造も私的自己の念頭には存在していることを示唆するので，伝達を意図しない私的表現としては十分なのである．

　最後に，Bohmann (2016) の言う reduced clause について考えてみよう．これは，以下のような主語のない定形節を指す：

(17)　a.　stomach ache <u>because laughing</u> lol　　　　　　　　（Twitter）
　　　b.　Those moments when you choose to eat a salad not because you want salad... but <u>because want croutons</u>.　　　　（Twitter）

このタイプの表現（以下，廣瀬・長谷川 (2010) に従い，「空主語文」と呼ぶ）は，(18a, b) のような日記英語でよく観察されることが，廣瀬・長谷川などにより指摘されている．[15]

(18)　a.　Ugh. (　) completely exhausted.
　　　b.　(　) V. pleased with self.　　　　　（廣瀬・長谷川 (2010: 59)）

---

[15] (18a, b) の例は，ともに『ブリジット・ジョーンズの日記 (*Bridged Jone's Diary*)』から採られたものであり，例文中の (　) は空主語を示し，(18b) の V. は very の意味である．

(18a, b) では，主語 I（と be 動詞）が消えており，さらに，(18b) では本来 myself となるべき語が self として出現している．このような現象に関し，廣瀬・長谷川（2010: 67）は，「英語は，本来，公的自己中心で他者志向的な性格を持つが，他者への伝達を意図しない日記のような特別な状況では，自己志向性を持つようになり，自分のことで自分がわかっていることは言語化しない」と説明する．つまり，(18a, b) のような空主語文は，読み手（聞き手）の存在を想定しない日記のような限られたレジスターで出現が認可される私的表現というわけである．このように，空主語文は私的表現の文脈と親和性が高いので，(17a, b) のように because X 構文の X 要素として空主語文が現れるということは，X 要素が私的表現だという本節の提案の妥当性を示している．

　以上，because X 構文における X 要素の出現には，私的表現が強く関係していることを指摘した．まとめると，because X 構文全体は公的表現として機能するが，その中に現れる X 要素は，以下の点で私的表現であると言える：

(19) a.　感嘆詞：本来的に伝達を意図しない表出表現
　　 b.　内容語：理由となりうる命題の中で，私的自己にとって最も卓越した要素
　　 c.　同意を表す語：理由となりうる命題の意味構造の極性演算子
　　 d.　空主語文：伝達を意図しないレジスターで容認される表現

(19b, c) について少し補足すると，これらは「理由となりうる命題」の一部のみが具現した形である．私的表現は，伝達を目的としないため，当該命題全体が私的自己内で確立していれば，それをすべて再現しなくてもよいということである．

4.　〈X が私的表現であること〉が英語で意味すること

　3 節では，because X 構文の中に現れる X 要素は私的表現であると論じた．本節では，英語という言語体系の中でそれがどういうことを意味するのかをより深く考察するために，日英語の認知様式の違いを概観する．池上（2006: 190-191）によると，日本語は「自己投入」の視点，すなわち，話し手が時空の隔たりを超えて，問題となる事態の中に身を置くという操作を好む．一方，英語は，「自己分裂」の視点を好むという．「自己分裂」の視点とは，〈視る主体〉としての自己と事態の中に残した自らの分身である〈視られる客体〉とが隔絶されている構図のことである．池上によると，このことは，英語が好む「話し手による〈自己〉の〈他者〉化」（p. 183）という認知過程によって説明されよう

第 5 章　言語使用の三層モデルから見た because X 構文　　103

る．例えば，道に迷ったとき，日本語で「ここはどこですか」というところを英語では "Where am I?" という．この違いについて，池上は，「英語の話し手は，いわば自分から抜け出して，迷っている自分のことをあたかもだれか迷っている他者を見ているかのように客体化して捉えている」(p. 183) のに対し，日本語の話し手にとって，「〈自己〉は知覚の原点として知覚の対象にならず，したがって，発話の中で言語化されない」(p. 184) ためだと説明する．

　井出 (2006) も同様の観察を行い，日本語の話し手は「自分自身を場／コンテクストの一要素として捉え」るのに対し，「英語の話し手は神の目で見るようにスピーチ・イベントの全貌を捉え話す傾向にある」(pp. 219-220) と述べる．井出は，この違いを「メアリーが私に本をくれた」という場面を表現する日英語の違いを明確に表した (20) に示す図を用いて説明する：

(20)　a.　　　　　　　　　　　　b.

　　　　図 1：日本語　　　　　　　　図 2：英語
　　　　　　　　　　　　　　　　　(井出 (2006: 222-223))

(20a) が日本語で (20b) が英語の図式である．井出によると，英語の話し手 (the speaker) は舞台の外からその舞台にある景色全体を把握するようなスタンスをとって話すため，Mary gave me the book のように全ての項を表現する必要があるのに対し，日本語の話し手（わたし）は，話し手であると同時に舞台上（スピーチ・イベント内）の演者でもあるため，その場にあるすべてのものに言及することなく，「メアリーがくれたのよ」と言えばことたりると説明する．(20b) に示されているように，the speaker は舞台上の me とは切り離された存在となっており，池上のいう「自己分裂」の視点と平行的である．一方，日本語の図式の中に現れる話し手は，(20a) に示されるように，舞台上で演者も兼ねているという点で，池上の言う「自己投入」の視点と平行的である．

　以上の点を本書の共通テーマである「三層モデル」に当てはめて整理しなお

してみよう．三層モデルについては，ここで改めて紹介する必要もないが，当面の議論に関連する重要な概念のみを復習しておく（本書廣瀬論文参照）．「三層」とは，「状況把握層」「状況報告層」「対人関係層」の3つの層を指し，言語によって3層の組み合わせが異なるというものである．廣瀬（2016）は，三層モデルの観点から，日英語の性質を以下のように記述する：

(21) a. 私的自己中心の日本語では，通常，状況把握が状況報告および対人関係から独立している．したがって，状況把握においては，<u>話し手は自由に状況の中に身をおき，状況内から状況を捉えることができ，また，すでに自分の意識の中に確立していることは言語化する必要はない</u>．

　　 b. 公的自己中心の英語では，通常，状況把握と状況報告が一体化し，それに対人関係の層が付加される．状況把握と状況報告が一体化するということは，状況を報告する状況外の視点が優先されるということであり，<u>話し手は，報告上必要なことはできるだけ言語化することになる</u>．したがって，話し手自身が状況に当事者として関与するときでも，報告者の視点は，状況内の自己を他者と同様に言語化される側におく．

　　　　　　　　　　（廣瀬（2016: 336-337），一部改変，下線は著者による）

廣瀬は，日本語の無標の表現形式が私的表現であるとし，「日本語では，思いを言語化しただけの文は私的表現と解釈されるのが普通であり，それを他者に伝えるためには，その他者との対人関係を考慮した公的表現を用いることによって，しかるべき伝達性をもたせなければならない」（p. 341）としている．これが，(21a) で言う〈状況把握の独立〉ということである．例えば，思いを言語化しただけの，ゆえに私的表現として機能しうる (22a) の表現に，(22b) にあるような対人関係に応じた文末表現を付加して初めて公的表現になるということである．一方，(21b) に述べられている英語にける＜状況把握と状況報告の一体化＞というのは，(22c) のままの形で伝達が可能であるということである．つまり，話し手の状況把握を記述している (22c) の英語表現は，(22b) の各表現と同じような状況報告の機能をも有するということである．

(22) a. 今日は日曜日だ．
　　 b. 今日は日曜日 {だよ／です／でございます}．
　　 c. Today is Sunday. 　　　　　　　　　　（廣瀬（2016: 341-342））

このように，三層モデルによると，(21a, b) の下線部から明らかなように，

第 5 章　言語使用の三層モデルから見た because X 構文　105

私的表現を無標とする日本語は〈話し手志向の言語〉，公的表現を無標とする英語は〈聞き手志向の言語〉であると言える．

　ここで，because X 構文に立ち戻って考えてみよう．本来，英語は（21b）のような性質をもつ言語であるが，because X 構文の X 要素は，（21a）の下線部のような性質（日本語の性質）を持つと言える．内容語や同意を表す語として命題の一部のみが具現する現象（＝(19b, c)）は，まさに話し手の意識の中に確立しているもののすべてが言語化されていない形のことであり，その場にあるすべてのものに言及することなくてもことたりるという井出の説明とも軌を一にする．重要なことは，構文全体ではなく，X 要素のみが，ある意味，「日本語的な性質」を帯びて出現するということである．

5.〈私的表現であること〉と〈原因用法であること〉はどう関係するのか？

　前節では，because X 構文自体は英語の志向様式を反映している一方，X 要素は英語の志向性からはずれた日本語的な性質を帯びた私的表現であるということを指摘した．実は，このことと 2 節で述べた because X 構文の意味が原因用法であることとは関連がある．本節では，because X 句が原因用法であることと X 要素が私的表現であることがどのように関連するのかについて考えていきたい．まず，原因 because 節構文と推論 because 節構文の特徴として重要なことは，前者の構文が文全体でひとつの発話行為あるいは命題を形成するのに対し，後者は，全体で 2 つの命題あるいは発話行為を形成するという点である（Kanetani (2008)）．次の対立を見てみよう：

(23) a.　Is the ground wet because it has rained? ↑
　　 b.　Has it rained, ↑ because the ground is wet. ↓

(23a, b) はそれぞれ，原因 because 節構文と推論 because 節構文の疑問文であり，文中の矢印（↑および↓）はイントネーションパターンを表している．上昇音調が文末に現れる（23a）は文全体で表される因果関係が疑問の対象となっているのに対し，主節の最後に上昇音調が現れる（23b）では，主節で表される結論部分のみが疑問の対象になっている．つまり，原因 because 節構文は「雨が降って地面が濡れた」という因果関係全体を 1 つの命題として捉え，推論 because 節構文は，「雨が降った」という命題と「地面が濡れている」という命題をそれぞれ別のものとして捉えているといえる．Kanetani (2008) では，1 つの命題か 2 つの命題かという違いは，それぞれ因果関係と推論過程と

いう意味の違いを反映した結果であると提案している．意味に基づいてこのような違いが出てくるのであれば，意味的に原因 because 節構文と同じ because X 構文も大きな 1 つの命題の一部ということになる．実際，(4a, b) のように文頭位置に出現したり，(5a, b) のように排他詞で焦点化したりすることができするのは，ともにこの性質を反映している（詳細は Kanetani (2008) を参照）．

　ここで，原因 because 節構文で表される因果関係と推論 because 節構文で表される推論過程の違いを異なる構造を持つ「小談話」として捉えなおしてみたい．[16] 文全体でひとつの発話行為あるいは命題を形成する原因 because 節構文の性質は，主節から始まり because 節で終わる流れを持つ 1 つの談話として捉えることができる．一方，全体で 2 つの命題あるいは発話行為を形成する推論 because 節構文は，主節と because 節からなる，いわば，2 つの必ずしも関係のない談話が並んでいると言える．推論 because 節構文では，必ず主節と because 節の間にコンマ（イントネーション）が挿入される（Sweetser (1990)）ことや，(23b) の例文が疑問文であるにもかかわらず，文末がクエスチョンマークではなくピリオドで終わっていることもこのことを象徴的に表している．

　以上の点を踏まえ，because X 構文について (24) を用いて考えてみよう．

(24)　I'm going to bed early because tired.　　　　　　　　　　(= (3b))

because X 構文の意味が，原因 because 節構文の意味と本質的に同じということから，両者は同じ談話構造を持つと考えることができる．(24) は，I'm going to bed … とはじまり，一人称主語の I が出ていることからも分かるように，話し手が舞台上の自分も含め，舞台の外から舞台上の状況描写を行う視点（(20b) の図式）で始まっている．しかし，談話の最後の方にくると，I am tired の tired のみを発話していることから，自己投入の視点（(20a) の図式）を取っていることが分かる．小談話の流れに沿って説明すると，当初，舞台の外側から状況描写していた話し手が，談話が進むにつれて，舞台上に上がり込み演者としての自分とフューズし，自己投入の視点に切り替えて状況描写を行うという具合である．

　では，なぜこのような視点の切り替えを行うのだろうか．この答えは，この構文全体の公的表現性と英語の公的自己中心性ということにある．3 節で述べたように，because X 構文自体は，日記英語などとは異なり，公的表現として

---

　[16] 「小談話（small discourse）」という考え方は，本稿のもとになっている発表の草稿時に廣瀬幸生先生よりご助言いただいた考え方である．

機能する．また，(21b) にあるように，英語は公的自己中心の言語である．し
たがって，英語にとって無標の視点で語りをはじめることで唐突さを回避しつ
つ，途中から状況の中に入り込み，私的自己の視点から自己の思いを表出して
いると考えられる．このように考えると，認識・発話行為領域で because X
構文を使うことができないのも納得いく．上で述べたように，推論 because
節構文の主節と because 節は，必ずしも関係のない 2 つの談話が並列された
（ものを話し手が関連付けている）関係にある．つまり，推論 because 節は文末
に生じるが，それまで主節で語られていた談話とは別の談話ということになる
ため，改めて英語本来の視座で談話を始める必要がある．

　今まで，because X 構文の X 要素が英語本来のものではない視座の取り方
をするにもかかわらず容認されるのは，因果関係を表す小談話の途中から視点
の切り替えを行うことで唐突さが回避されるためだと説明してきたが，以下の
(25a, b) は，それぞれ異なる理由でこの説明が当てはまらないように思われる．

(25) a. Because hurricane, the city is a mess. (= (4a))
　　 b. NSF cancels new political science grants because … politics.

(Twitter)

(25a) の because hurricane は文頭に現れているので，「唐突さを回避する」と
いう説明が当てはまらないように思われる．また，(25b) の主節主語は NSF
(National Science Foundation) という三人称名詞であり，「途中から状況の中
に入り込んでいく」という説明を維持するのが困難なように思われる．文頭位
置は，原因 because 節が生じる位置であるため，because X も生じるという
ことは 2.2 節で述べたが，文頭に生じる because 節が表す内容は談話上，前
提となっている（廣瀬 (1999))．このことを次の例で確かめてみよう：

(26) A: Why is the ground wet?
　　 B: The ground is wet because it has rained.
　　 B′: #Because it has rained, the ground is wet.

(Kanetani (2008: 23))

地面が濡れている理由を問われている (26) の文脈では，その理由を前提とす
ることはできないが，B′ の発話は because 節の内容が談話上，前提となる形
式を用いているため容認されない．つまり，because 節が文頭に現れるという
ことは，先行文脈の存在が前提となり，より大きな文脈の流れの中で用いられ
ていることを示唆している．同様に because X が文頭に現れたとしても，先
行文脈を受けての出現と考えられるため，唐突さが生じないと考えられる．

次に，(25b) は Twitter からの採録であるが，実際の画面は以下のように
なっている：[17]

(27)

<USER>　　　　　　　　　　　　　 フォローする

NSF cancels new political science grants
because ... politics.

National Science Foundation Cancels Call for New Politic...
Wow. This had been in the pipeline for a while, but I never got
around to blogging about it. (First they came for...) A couple of
weeks before the deadline for new grant proposals in political ...
preposterousuniverse.com

図3：(25b) ツイートの画面

重要なのは，件の文の下にあるリンクを辿ると，より詳しく説明した blog サ
イトへ移動するということである．以下がそのリンク先にある詳しい記述であ
る（下線，および二重下線は著者による）：[18]

(28)　A couple of weeks before the deadline for new grant proposals in
political science were due, the NSF has canceled the program, at
least for this grant cycle. No explicit reason was given, but every-
one knows why it happened. Back in March, Congress passed the
Coburn Amendment to the Continuing Appropriations Act of 2013,
which limits political science funding to research that "promotes
national security or the economic interests of the United States." ....

(28) の最初の下線部で，(25b) の主節と同じ内容を述べ，その理由を後半の
下線部で「修正歳出法によって，政治学分野への研究費を国の防衛および経済
的利益に資する研究に限定した」と述べている．注目するべき点は，二重下線
部で「はっきりとした説明はないが，（理由は）誰の目にも明らかだ」と述べて
いることからわかるように，これはあくまでも著者の見解だという点である．つ
まり，(25b) の because の直後に出てきた politics という単語は，NSF の思惑
を著者のことばで，代弁・解説したものであり，この点で，(25b) の politics
は，間接話法的であると言える．廣瀬（本書論文）は，間接話法は発話によっ
て伝えられる思いを思いのレベルで引用する点で「私的表現の引用」といえる

---

[17] (27) は，実際の画面のスクリーンショットに対し，顔写真と ID を削除し，投稿者の名
前を **<USER>** とする加工を施したものである．
[18] <http://www.preposterousuniverse.com/blog/2013/08/05/national-science-foundation-
cancels-call-for-new-political-science-grant-proposals/>（アクセス日：2016 年 9 月 23 日）

と分析する．つまり，以下の内容を私的自己が politics という語を用いて代弁
しているということである：

(29) The Coburn Amendment to the Continuing Appropriations Act of
     2013 limits political science funding to research that "promotes na-
     tional security or the economic interests of the United States."

以上，本節では，because X 構文の X 要素は，本来の英語の志向を反映し
ていないが，因果関係を記述する小談話の流れの中で唐突さを回避することで
認可されると論じた．また，一見この説明が困難なように思われる (25a, b)
に対しても一貫した説明を維持できることを確認した．

6. まとめ

本章では，まず because X 構文について以下の点を確認した：① because
X 構文は，内容領域の理由を表すが，認識・発話行為領域の理由は表さない
ため，原因 because 節構文と関連付けられる (Kanetani (2015))．② because
X 構文の X 要素は私的表現であるが，構文全体は公的表現として機能するた
め，話し手の思考表出を伝達する機能を持つと特徴づけられる (Kanetani
(2016))．

次に，この二点を関連させつつ，「三層モデル」と「小談話」の概念を用いて
X 要素の認可を説明した．まず①に関し，原因 because 節構文は複文全体で
1 つの命題として解釈されるという特徴があり，意味的に類似した because X
構文についても同様のことが成り立つ．次に②に関し，私的表現である X 要
素の出現が，英語本来の志向性に当てはまらないにもかかわらず認可されるの
は，複文構造を 1 つの小談話として捉え，談話の流れの中で唐突さが回避され
ているためである．主節から because X 句までの流れを一連の談話として捉
えることができるのは，because X 構文を形成する複文全体で 1 つの命題と
して解釈される帰結である．当該談話は英語の志向性に沿った形（報告上必要
なことはできるだけ言語化する形）で始まり，英語の志向性からずれた形（す
でに自分の意識の中に確立していることは言語化しない形）を導入するころに
は，文脈が整っているので，英語本来の志向性とは異なる表現の出現による唐
突さが回避されているということである．

本章の議論を通じて，because X 構文の X 要素の認可については記述する
ことができたが，そもそもなぜ私的表現を伝達する必要があるのか，あるい
は，それによってどのような効果がもたらされるのかは明らかにできていな

い.[19] 今後，その点を明らかにすることで，because X 構文が持つ対人関係機能を浮き彫りにしていきたい.

参考文献

Benveniste, Emile (1971) *Problems in General Linguistics*, trans. by Mary Elizabeth Meek, University of Miami Press, Coral Gables, Florida.

Bohmann, Axel (2016) "Language Change Because Twitter? Factors Motivating Innovative Uses of *Because* Across the English-Speaking Twittersphere," *English in Computer-Mediated Communication: Variation, Representation, and Change*, ed. by Lauren Squires, 149-178, Walter de Gruyter, Berlin / Boston.

Cappelle, Bert (2014) "Jeromees: Het Idiolect van Vlaanderens Sterkste Stuntman," *Over Taal* 53, 94-95.

Fillmore, Charles J., Paul Kay, and Mary C. O'Connor (1988) "Regularity and Idiomaticity in Grammatical Constructions: The Case of *Let Alone*," *Language* 64, 501-538.

Farrell, Patrick (2001) "Functional Shift as Category Underspecification," *English Language and Linguistics* 5, 109-130.

Goldberg, Adele E. (1995) *Constructions: A Construction Grammar Approach to Argument Structure*, University of Chicago Press, Chicago.

Hirose, Yukio (1995) "Direct and Indirect Speech as Quotations of Public and Private Expression," *Lingua* 95, 223-238.

廣瀬幸生 (1999)「文法の基本単位としての構文—構文文法の考え方—」『筑波大学「東西言語文化の類型論」特別プロジェクト研究報告書』平成 10 年度 II, 591-610, 筑波大学.

Hirose, Yukio (2000) "Public and Private Self as Two Aspects of the Speaker: A Contrastive Study of Japanese and English," *Journal of Pragmatics* 32, 1623-1656.

廣瀬幸生 (2016)「主観性と言語使用の三層モデル」『ラネカーの（間）主観性とその展開』，中村芳久・上原聡（編），323-345, 開拓社，東京.

廣瀬幸生・長谷川葉子 (2010)『日本語から見た日本人—主体性の言語学』開拓社，東京.

Hoffman, Thomas and Graeme Trousdale (eds.) (2013) *The Oxford Handbook of Construction Grammar*, Oxford University Press, Oxford.

---

[19] 公的表現の中に私的表現を埋め込む現象に関しては，本書長谷川論文および今野論文で詳しく言及されているので参照されたい. ただし，本章で考察対象としている because X 構文自体がまだそれほど慣習化（entrench）していないということもあり，これらの論考で考察されているような対人関係的効果が当該構文にも認められるかどうかは，今後，英語という言語体系の中で当該構文がどのように受容されるかによるところが大きいと考えられる.

第5章　言語使用の三層モデルから見た because X 構文　　111

Huddleston, Rodney and Geoffrey K. Pullum (2002) *The Cambridge Grammar of the English Language*, Cambridge University Press, Cambridge.

井出祥子 (2006)『わきまえの語用論』大修館書店，東京．

池上嘉彦 (2006)『英語の感覚・日本語の感覚：〈ことばの意味〉のしくみ』NHK 出版，東京．

Jordan, Rita R. (1989) "An Experimental Comparison of the Understanding and Use of Speaker-Addressee Personal Pronouns in Autistic Children," *British Journal of Disorders of Communication* 24, 169–179.

Lakoff, George (1987) *Women, Fire, and Dangerous Things: What Categories Reveal about the Mind*, University of Chicago Press, Chicago.

Kanetani, Masaru (2007) "Focalizations of *Because* and *Since*: *Since*-Clauses Can Be Focalized by Certain Focusing Adverbs, Especially Since There Is No Reason to Ban It," *English Linguistics* 24, 341–362.

Kanetani, Masaru (2008) *Causation and Reasoning: A Construction Grammar Approach to Conjunctions of Reason*, Doctoral dissertation, University of Tsukuba.

Kanetani (2015) "On the New Usage of *Because*,"『文藝・言語研究』言語編 68, 63–80.

Kanetani (2016) "A Note on the *Because* X Construction: With Special Reference to the X-Element,"『文藝・言語研究』言語編 70, 67–79.

McCulloch, Gretchen (2012) "Because Reasons," a blog post to *All Things Linguistic* on July 4, 2012 (accessed on March 21, 2017) <http://allthingslinguistic.com/post/26522214342/because-reasons>.

McCulloch, Gretchen (2014) "Why the New "Because" Isn't a Preposition (But Is Actually Cooler)" a blog post to *All Things Linguistic* on January 4, 2014 (accessed on March 21, 2017) <http://allthingslinguistic.com/post/72252671648/why-the-new-because-isnt-a-preposition-but-is>.

中右実 (1994)『認知意味論の原理』大修館書店，東京．

Quirk, Randolph, Sidney Greenbaum, Geoffrey Leech and Jan Svartik (1985) *A Comprehensive Grammar of the English Language*, Longman, Harrow.

Rutherford, William E. (1970) "Some Observations Concerning Subordinate Clauses in English," *Language* 46, 97–115.

Schnoebelen, Tyler (2014) "Innovating *Because* Innovation," a blog post to *Corpus Linguistics* on January 15, 2014 (accessed on March 21, 2017) <https://corplinguistics.wordpress.com/2014/01/15/innovating-because-innovation/>

Sweetser, Eve E. (1990) *From Etymology to Pragmatics: Metaphorical and Cultural Aspects of Semantic Structure*, Cambridge University Press, Cambridge.

Trask, Robert L. (1993) *A Dictionary of Grammatical Terms in Linguistics*, Routledge, London.

第6章

言語使用の三層モデルから見た英語の遂行節
─ I tell you と情報の優位性 ─*

五十嵐　啓太

会津大学短期大学部

要旨：これまで数多くの研究が英語の遂行節について考察してきた．しかしながら，遂行節が実際の文脈で果たすコミュニケーション上の役割については，そのすべてが解明されたとは言えず，依然として議論の余地があると考えられる．そこで本章では，言語使用の三層モデルが，遂行節の語用論的特長の一端を明らかにする有用な枠組みであることを，遂行節 I tell you に焦点を当てて論証する．

1.　はじめに

　英語における遂行節は典型的に一人称主語，二人称目的語，そして単純現在形の遂行動詞から成る（例えば，I tell you, I promise you など）．これまで，数多くの遂行節に関する研究がなされてきたが，依然としてそのすべてが解明されたとはいえない．例えば，遂行節が実際の言語使用場面でどのような使用上の分布を示すのか，また，遂行節が用いられた場合，どのような機能上の特徴を示すのかといった点については，依然として議論の余地があるといえる．本章では，廣瀬幸生の一連の研究によって提案されている「言語使用の三層モデル (the three-tier model of language use)」が，とりわけ遂行節の使用に関してその一端を解き明かす上で，非常に有用な分析基盤となりうることを論証し，ひいては遂行節の研究に新たな知見を提供することを実証したい．

　本章では，議論を単純にするため，最も基本的な遂行節の1つとして考えられる I tell you を扱う (cf. 葛西 (1977), 中右 (1980), Wierzbicka (1987))．もしこの遂行節の機能面を明らかにすることができれば，その他の遂行節の機能を解明する基盤になるであろう．というのは，多くの遂行動詞は tell の意味を含んでいると考えられるからである (cf. 葛西 (1977), 中右 (1980))．

＊ 本章は，Ikarashi (2015) の5章の内容に加筆・修正をし，日本語でまとめたものである．

第 6 章　言語使用の三層モデルから見た英語の遂行節　　　113

　I tell you の分析において重要な概念となってくるのが，Konno (2015) によって提案された「デフォルト志向性の解除 (default preference override)」である（本書掲載の今野論文も参照のこと）．後述するように，三層モデルでは，英語の場合，状況把握層 (situation construal tier) と状況報告層 (situation report tier) が一体化し，対人関係層 (interpersonal relationship tier) がこの 2 つから独立していると仮定されている．したがって，I tell you は，英語の無標の層の組み合わせを解除し (override)，話し手の「情報の優位性 (informational superiority)」を示すことで一定の談話機能を伴う，と主張していくことになる．

　本章の構成は以下の通りである．2 節では，本章で議論する問題点を明確にする．3 節は分析の基盤となる三層モデルを概観する．4 節では，3 節の内容をもとに，2 節で設定した問題を解決する上での提案を行う．5 節では，この提案の妥当性を示す証拠を提示する．6 節では I tell you を日本語の終助詞「よ」と比較することで，三層モデルに基づいた遂行節の分析が有効であることを論じる．7 節はまとめである．

2.　I tell you の使用上の分布に関する問題

　遂行節の使用は随意的であると考えられるが (cf. Searle (1969), Ross (1970))，英語では通常，遂行節は顕在的に用いないとされている (cf. Lakoff (1972), Leech (1980), Brown and Levinson (1987))．実際 (1) の I tell you の使用は会話の中で不自然な印象を与える（*は当該文が不自然であることを表す）．

(1)　[A と B は電話で話をしている]
　　A:　How's the weather in Tokyo?
　　B: *I tell you, it's raining.

また，以下であげる (2) (3) の対比からも，英語では遂行節の I tell you が通常用いられないことがわかる．

(2)　a.　Honestly, I can't remember a thing about last night.

$\hfill$ ($OALD^7$ をもとに作成)

　　b.　Honestly, [I TELL YOU [I can't remember a thing about last night]]

(3)??Honestly, I tell you I can't remember a thing about last night.

いわゆる遂行分析に基づけば，(2a) の honestly は，(2b) に大文字で示されている非明示的な遂行節 I TELL YOU を修飾していると想定される (cf. Schreiber (1972); Rutherford (1970) も参照). この想定の下では，I tell you を明示的に用いても自然になるという予測が得られるかもしれない. というのも，I tell you が当該文の発話行為と honestly の関係を文法的に保障することになるからである. しかしながら，この予測に反し，I tell you を用いた (3) は，通常，不自然な印象を与えてしまう (筆者の知る限り，こうした事実を指摘した最初の研究は Shizawa (2011) である).[1] こうした事実から，I tell you を用いることは，通常，避けられる傾向にあるようである.

しかしながら，実際の会話を観察していると I tell you が用いられている事例に出くわすことがある. 例えば，以下のような例がある.

(4) Lightyear: They are a terillium-carbonic alloy, and I can fly.
Woody: No, you can't.
Lightyear: Yes, I can.
Woody: You can't.
Lightyear: Can.
Woody: Can't. Can't. Can't!
Lightyear: I tell you, I could fly around this room with my eyes closed!
Woody: Okay, then, Mr. Light Beer, prove it. (*Toy Story*)

(1) や (3) で見たように，I tell you の使用は通常避けられるが，(4) では問題なく用いられている.[2] それでは，どのような談話的要因が I tell you の使用を認可しているのであろうか. また，I tell you はどのような意図で用いられているのであろうか. 先行研究は主に遂行節の統語的側面 (例えば遂行分析

---

[1] ?? と標記したのは，文脈を指定せずに (3) を提示すると不自然な印象を与えるものの，ある文脈に入れることで容認されるようになるからである (5.1 節を参照).

[2] (4) では補文標識の that が用いられていない. そのため，ここでの I tell you を挿入句であると考える人がいるかもしれない. しかし，I tell you が挿入句であるかどうかは，本稿の議論に直接影響を及ぼすものではないといえる. というのも，I tell you が挿入句的に用いられた場合と挿入句的でない場合 (例えば "I hereby tell you that Lyndon Johnson is an imperialist butcher." (McCawley (1968: 157))) は，同様の発語内の力 (illocutionary force) を記号化していると考えられるからである (cf. Lyons (1977)).

（cf. Ross（1970），Sadock（1974）））や意味的側面（例えば遂行節が真理値に関わるか否か（cf. Austin（1962），Recanati（1987）））に注目しており，実際の文脈で遂行節がどのように分布し，そして機能しているのかという点は，筆者の知る限り，真剣には論じられてこなかったようである．例えば Blakemore（1991）は，遂行節が，それに続く埋め込み節を聞き手が解釈する際の助けをしていると指摘している（関連する指摘として，Fraser（1980: 345）では，話し手が意図して遂行している発話行為のあいまい性をなくす機能を遂行節が果たしていると述べられている）．しかしながら，I tell you については，もう少し考察を進める必要があると考えられる．葛西（1977: 71）の言葉を借りれば，I tell you は，「現実の話者と聴者の間に行われている言語行為を話者中心にしてそのままのべているものにすぎない」．したがって，例えば，(4) では，Lightyear が Woody に当該情報を伝達しているという発話行為は明らかであり，そうであるなら，葛西が指摘するように I tell you の使用は余剰であると考えられる．また，葛西（1977: 71）は，I tell（say to）you の使用が余剰であるため，こうした形式の使用には「それなりの意味」があると指摘している．しかし，葛西は，Stampe（1975）の指摘に基づいて，遂行節を伴う文とそうでない文の間には発語内の力や真理価値の違いがあることを述べるにとどまっており，余剰性から生じる「それなりの意味」がどのようなものであるのかについては，詳細な議論はしていない．

　このように，遂行節の果たす語用論的役割に関する考察は散見されるものの，遂行節に関する理解を深めるには，より立ち入った議論が依然として必要とされているといえる．[3] 以下の議論では，三層モデルを分析の土台として語

---

　[3] Lakoff（1973, 1977）はポライトネスの観点からどのような文脈で遂行節が用いられるかを論じている．しかし，厳密に言えば，Lakoff の扱っている表現は遂行節ではない．例えば，以下のような例である（Lakoff（1977: 103））．
　　(i) a. I am telling you that Sweeny is a conscious dupe of the Communist conspiracy.
　　　　b. I am asking you why you voted for that idiot Sweeny.
一般に，遂行節は直説法単純現在である．一方，(i) の tell や ask は現在進行形であり，遂行的に用いられているとは言い難い．毛利（1980）によれば，(i) のような種類の文の発語内の力は，「（行為）解説」であると考えられる．例えば，I am promising to do it! であれば，この発話の前に「I'll be there this evening. というような発話をしたことが考えられ，それに対して，聴者がそれを〈約束〉ととるべきか否か，半信半疑の態度でいるものだから，話者がいらだって，『私がさっき [I'll be there this evening.] を発話したのは〈約束〉なのですよ！―私はそれをすると〈約束して〉いるんですよ！』というように，[この] 発話の〈発語内行為〉は〈約束行為〉であると，[...]〈命名〉している」ということになる（毛利（1980: 119））．毛利は「命名」とは「（行為）解説」の一種と考えており，この説明に従えば，(i) の発語内の力は「解説」ということになる．

用論的側面に関わる上述の問いに答えていきたい．これにより，三層モデルが
遂行節の使用を分析する上で，新たな光を当てることを実証する．

3. 理論的前提

本節では，言語使用の三層モデルを，とりわけ本章の分析に深く関わる部分
を中心に概観していきたい．

3.1. 公的自己・私的自己

三層モデルにおいて特に重要な概念が「公的自己 (public self)」と「私的自
己 (private self)」である (cf. Hirose (1995, 2000, 2002), 廣瀬 (1997))．こ
れは話し手の2つの側面であり，前者は「言語による伝達の主体」である話し
手，後者は聞き手と対峙しない「思いの主体」としての話し手である（廣瀬
(1997: 11)）．これらの概念を理解するために日本語と英語を比較したい．

廣瀬によると，英語は公的自己中心言語，日本語は私的自己中心言語であ
る．公的自己中心言語では，言語使用の際，情報伝達を無標とし，私的自己中
心言語では思考表出が無標となる．このことを端的に表す例が以下である（例
えば廣瀬 (2016: 6節) を参照）．

    (5) Today is Saturday.
    (6) a. 今日は土曜日だ．
       b. 今日は土曜日だよ．
       c. 今日は土曜日です．

公的自己中心の英語の場合，話し手の情報伝達意図を明示する言語形式を使用
しなくても，当該表現が伝達を意図したものとして解釈されうる．そのため，
話し手の伝達意図を明示する形式を含まない (5) は問題となっている日が土
曜日であることを聞き手に伝達している文として理解できる．一方，私的自己
中心言語の日本語では，伝達を意図した場合，通常，その意図を明示する言語
形式が必要となる．こうした形式を聞き手志向表現 (addressee-oriented ex-
pression) という．聞き手志向表現は意味的に聞き手の存在を前提としており，
これがない (6a) は，聞き手への伝達を意図しない話し手の思考を表出する独
り言のような解釈になりやすい．一方，(6b) や (6c) では聞き手志向表現の
一種である終助詞の「よ」やていねい体の助動詞「です」が用いられており，
聞き手への情報伝達が行われていることを読み取ることができる．ここで取り
上げた公的自己・私的自己は，廣瀬の一連の研究において中心的な役割を果た

第 6 章　言語使用の三層モデルから見た英語の遂行節　　117

してきた．三層モデルは，この 2 つの自己を土台に発展したモデルである．次
節で概要を示し，その後，本章の分析に関わる部分を中心に導入したい．

3.2.　言語使用の三層モデル

Hirose（2013, 2015），廣瀬（2016）で提案された言語使用の三層モデルは，
言語使用を 3 つの層に分けて捉えるものである．具体的には，次の三層を仮定
する．

(7) a.　状況把握層（the situation construal tier）：
　　　　私的自己による思いの形成
　　b.　状況報告層（the situation report tier）：
　　　　公的自己による思いの伝達
　　c.　対人関係層（the interpersonal relationship tier）：
　　　　公的自己による聞き手への配慮

三層モデルでは，言語によってこの 3 つの層の組み合わせが異なると仮定して
いる．この違いは「言語の持つ『自己中心性』が公的自己にあるか，私的自己
にあるか」に還元される（廣瀬（2016: 336））．少し長くなるが，廣瀬（2016:
336-338）にある日英語の説明を引用してみたい．まずは英語の言語使用につ
いてみてみよう．

　　　　公的自己中心の英語では，通常，状況把握と状況報告が一体化し，それ
　　　　に対人関係の層が付加される（本書掲載の廣瀬論文 3 ページの図 1 を参
　　　　照）．状況把握と状況報告が一体化するということは，状況を報告する
　　　　状況外の視点が優先されるということであり，話し手は，報告上必要な
　　　　ことはできるだけ言語化することになる．したがって，話し手自身が状
　　　　況に当事者として関与するときでも，報告者の視点は，状況内の自己を
　　　　他者と同様に言語化される側におく．一方，状況報告と対人関係が一体
　　　　化していないということは，状況報告において，聞き手との特定の関係
　　　　に依存しない，無標の情報伝達レベルを想定することができるというこ
　　　　とである（話し手と聞き手は言語的に対等で，双方向的関係にある）．
　　　　そのうえで，聞き手との関係に応じた対人配慮（ポライトネス）が加味
　　　　され，言語使用が決定される．

続いて日本語について引用してみたい．

　　　　私的自己中心の日本語では，通常，状況把握が状況報告および対人関係

から独立している（本書掲載の廣瀬論文3ページの図2を参照）．したがって，状況把握においては，話し手は自由に状況の中に身をおき，状況内から状況を捉えることができ，また，すでに自分の意識の中に確立していることは言語化する必要はない．しかし一方，状況報告は対人関係と一体化しており，話し手は，聞き手との特定の関係を考慮し，かつ，その関係において自己を規定し，状況報告を行わなければならない．したがって，状況報告においては，対人関係の視点ができるだけ言語化されなければならず，対人関係に中立な，無標の情報伝達レベルを想定することはできない．

　ここで紹介した三層モデルの概要を念頭に，2節で提示した疑問（どのような談話的要因が I tell you の使用を認可しているのか，また，I tell you はどのような意図で用いられているのか）に答える上で必要となってくる点に的を絞り，具体的事例を扱っていきたい．とりわけ重要になるのが状況報告層と対人関係層の関係である．三層モデルでは，英語の場合，この2つの層が独立していると仮定する．上述の引用部分にも示されている通り，2つの層が独立しているということは，無標では，話し手と聞き手の間の対人関係に関わる情報を記号化することなしに情報伝達が行われることを意味している．この語用論的な傾向をデフォルト志向性（default preference）という（Konno (2015))．ここでのデフォルト志向性は日本語と比較することで明確になる．以下の例を見てみよう（Matsumoto (1988: 415))．

(8)　Today is Saturday.　　　　　　　　　　　　　　　　　(= (5))
(9) a.　今日は土曜日だ.　　　　　　　　　　　　　　　　(= (6a))
　　 b.　今日は土曜日です.　　　　　　　　　　　　　　　(= (6c))
　　 c.　今日は土曜日でございます.

日本語の場合，話し手は聞き手との社会・心理的関係を考慮して適切な言語形式を選択する必要がある（Matsumoto (1988)，井出 (2006))．一方で，英語の場合，Today is Saturday は「聞き手が誰であろうとこのままの形で伝達が可能なので，特定の聞き手に依存しない情報伝達レベルが想定できる」(廣瀬 (2016: 342)；Matsumoto (1988)，井出 (2006) も参照)．つまり，実際に話し手と聞き手の間に社会的・心理的な差があったとしても，この点に特段の注意を払うことなしに言語形式が選択されるということである．言い換えれば，そうした差は言語的に無視できるということになる．そのため三層モデルでは，無標の場合，話し手と聞き手は「言語的に等位」であると想定され，これ

第6章　言語使用の三層モデルから見た英語の遂行節　　　119

が英語のデフォルト志向性ということになる.[4]

　このデフォルト志向性を想定しておくことは，話し手・聞き手に関わる情報を記号化する形式の機能を分析する上で非常に重要である．それは次の理由のためである．英語においてこうした形式が用いられると，無標では特別の注意が払われなかった対人関係に関わる情報が，言語形式上に現れてくることになるため，Konno (2015) が提案する「デフォルト志向性の解除 (default preference override)」が起こる.[5] この意味で話し手と聞き手に関わる情報を記号化する形式は，英語において有標的ということになり，それゆえに，特別な文脈で特別な目的のために用いられると考えることができるわけである (cf. Levinson (2000)；Horn (1984) も参照)．例えば，人称代名詞について考えてみよう．英語では，通常，(10) に見られるように，話し手と聞き手の関係にかかわらず，前者には I，後者には you を用いて指示する.

　(10)　I want you to sit still.　　　　　　　　　　　(Hirose (2000: 1635))

ここで，(10) が父親から幼い子どもに向かって発せられたものとしてみよう．この場合，日本語では，(11) のように，父親は自身のことを指すために「お父さん」を用いるであろう（「まりこ」は聞き手の名前とする).[6]

　(11)　お父さんは，まりこにじっと座っていてほしいんだ.

　　　　　　　　　　　　　　　　　　　　　　　　　(Hirose (2000: 1635))

(10) の英語では，父親が自身を指すために I を用いている．I は，どのような人物と話すときでも用いることができるため，父親と子どもの対人関係は言語形式に反映されていないことになる．この点で，父と子は言語的に等位であるとみなすことができる．しかしながら，英語でも，父親が Daddy のような語で自身を指すことも可能である.

　(12)　Daddy wants you to sit still.　　　　　　　　(Hirose (2000: 1635))

---

[4] 英語のポライトネスについて書かれている鶴田ほか (1988: 8) においても「英語では相手との差異に注目してそれを言葉づかいに表そうとするのではなく，逆に差異はなるべく無視し，〈わたしたちは対等なのだ〉という態度を言葉づかいで表す」という記述が見られ，三層モデルが想定する話し手と聞き手の関係性を裏付けていると思われる.

[5] このことは Lakoff (1990: 174) による "English is capable of encoding interactive information, but often avoids it" という指摘も理論的に説明する.

[6] 反対に，同じ場面で「{僕／私} はまりこにじっと座っていてほしいんだ」という発話は，父と子の対人関係を適切に反映した代名詞が選択されていないので，奇妙に聞こえる (Hirose (2000: 1635)).

しかし，（12）は英語にとって有標的である．なぜなら，対人関係が Daddy によって記号化されているからである．ここでは，デフォルト志向性の解除が起こっており，そのため，（12）は有標的な解釈を持つと考えられる．実際，この発話は間接的に子どもに注意を促す含意が強く出てくるとされている（廣瀬（1997: 14），Hirose（2000: 1635））．

　さらに，話し手と聞き手の間にある言語的に等位な関係が崩れる，すなわち，デフォルト志向性が解除された場合，その補償をするために戦略的に用いられるある種の言語形式が存在する．まずは以下の例を見てみたい（Brown and Levinson（1987: 108））．

　（13）　Come here,｛mate / honey / buddy｝.

平叙文と異なり，命令形は当該行為を話し手が聞き手に強いることを意味する点において，話し手が聞き手よりも優位である関係を言語的に想定すると考えられる（ただし，これには例外的な事例もある（Takahashi（2012）を参照）).[7] そのため，話し手と聞き手の間の無標の等位性はもはや維持されていない（関連する議論として Lakoff（1973）を参照）．（13）の呼びかけ語は話し手と聞き手の社会的関係を記号化しているのだが，これらは命令形の使用で生じた非等位的関係を補償する役割を果たしていると考えられる．Brown and Levinson（1987）によれば，（13）のような呼びかけ語は仲間（in-group）の一員であることを表す．言い換えれば，話し手と聞き手の力関係の差が少ないことを表し，従って権力的に命令をしているわけではないことを表現することになる．このことを三層モデルに従ってとらえなおしてみたい．呼びかけ語は話し手と聞き手の対人関係に関する情報を記号化するものであり，それゆえ，三層モデルから予測されるように，英語ではその使用が随意的である．その結果，それらが用いられた場合，特殊な効果が生まれてくると考えられる．（13）で用いられている呼びかけ語の場合，命令形が表す非等位性を調整する特別な役割を果たしているといえる．

3.3.　知識状態に関する情報

　ここまで英語の対人関係層が状況報告層から独立していることを示すため

---

　[7] 例えば，Takahashi（2012: 74）は英語の命令形のイメージスキーマを提示した上で，その説明として "The speaker exerts a certain degree of force in deictic setting toward the addressee, who will thereby be engaged in some state of affairs in a hypothetical setting" としている．詳細は Takahashi（2012）を参照．

第6章　言語使用の三層モデルから見た英語の遂行節　　121

に，主として話し手と聞き手の社会的・心理的な関係に注目してきた．しかしながら，前節で概観したことは，発話時における話し手と聞き手の知識状態に関する対人的側面にも適用される．Hirose (2013, 2015) や廣瀬 (2016) の議論を補いつつ，この点を理解するために，ここで再び，日本語と英語を比べてみたい．日本語では知識状態に関する対人関係の側面が，しばしばある種の終助詞によって表現される．

(14) a.　花子は病気だよ．[話し手のみ知っている]
　　　b.　いい天気だね．[話し手と聞き手のいずれも知っている]

(14a) では，話し手のみが花子の病気について知っている．つまり，話し手は聞き手よりも当該情報についてよりよく把握しているといえる．この意味で，話し手は聞き手より「情報的に優位 (informationally superior)」であるといえ，この点が終助詞「よ」で記号化されている（例えば，益岡 (1991: 96) は，大曽 (1986) の分析を基に，話し手と聞き手の知識にずれがある場合「よ」が用いられ，「文の情報内容を聞き手が知らないであろうという話し手の想定を表」す事例を指摘している）．一方，(14b) の場合，話し手と聞き手のいずれもよい天気であることを知っている．この場合，同様の情報を共有していることになるため「情報的に等位 (informationally equal)」といえ，この関係性は終助詞「ね」で記号化されている (cf. 神尾 (1990))．[8]

　対照的に，英語では，話し手と聞き手の知識状態に関する対人的情報は，通常，言語化されない．次の例を見てみよう (Hirose (2013: 26))．

(15) a.　Hanako is ill. [known only to speaker]
　　　b.　It's a beautiful day. [known to both speaker and hearer]

---

[8] (14b) に見られるように，当該情報が話し手と聞き手で共有されている場合，終助詞の「ね」は義務的になる．しかしながら，話し手のみが情報を知っている場合に，「ね」が随意的に用いられることがある．以下のような例である．

(i) 　X:　これ，おいくらですか？
　　 Y:　600 円ですね．　　　　　　　　　　　　　　　　　　（神尾 (1990: 65)）

この例では，問題となっている品物の値段が 600 円であるという情報を Y のみが知っている．しかし，「ね」の使用はなんら問題ない．神尾 (1990) はこれを任意要素の「ね」と分析し，次のようにその使用目的を説明している．(i) のような「ね」は，あたかも当該情報が聞き手と共有されているかのように表現し，結果的に聞き手との仲間意識や連帯感を表すポライトネスストラテジーとして働くのである．こうした「ね」の用法は，本章の分析に直接関わらないため，これ以上立ち入らない．詳しくは，神尾 (1990) や Kamio (1994) を参照．

英語の場合，（15a）のように話し手のみが知っている情報を伝達する場合でも，（15b）のように話し手と聞き手の両者が知っている情報を伝達する場合でも，同じ断定形式を用いることができる（cf. 神尾（1990））.[9] この事実は，三層モデルで想定されている英語のデフォルト志向性に帰すことができる．英語の場合，話し手と聞き手の間に対人関係上の差があったとしても，言語形式を選択する上で特段の注意が払われる必要はない．したがって，もし仮に両者の間に知識状態の差があったとしても，無標の場合，それらは言語形式には反映されず，両者は情報的に等位なものとして表現されることになる.

　ここで1つの疑問が生じる．それは，英語には発話時における知識状態に関わるデフォルト志向性（情報的に等位）を解除する言語形式が存在するのか否か，ということである．次節では，本稿が対象としている I tell you がまさにこの形式に相当することを論じたい.

4.　提案

　本節では，遂行節 I tell you が話し手と聞き手の間における発話時の知識状態に関係する対人的側面に関わる言語形式であることを提案する．具体的には，以下を提案したい.

　(16)　遂行節 I tell you は，聞き手に対して話し手の情報上の優位性を示す.

I tell you は，話し手が聞き手に伝達される内容の情報源であることを明確にする．情報源である話し手が情報の受け手である聞き手よりも当該情報をよりよく把握している，つまり情報的に優位であると考えられるため，(16) が得られることになる.

　(16) は，I tell you が呼びかけ語のように英語のデフォルト志向性を解除する役割があることを含意する．英語では，対人関係層が状況報告層から独立しているため，無標の場合，対人関係に関わる情報は言語化されない．これに反し，I tell you は，話し手と聞き手の知識状態に関する情報を記号化しており，よって，デフォルト志向性を解除することになるわけである．このため，三層モデルでは，I tell you が有標的な形式であり，Levinson (2000: 137) の言葉

---

　[9] 断定形式は，常に（15a）のように情報価値が高いわけではない．（15b）のような例に関して，Langacker (2008: 472) は "Much of our everyday talk consists in stating what is already plainly evident to the listener" と述べている．（15）の2例は，形式的に区別されていないが，情報量という観点からは異なって解釈されるということである.

を借りれば "such forms [＝marked forms] suggest some additional meaning or connotation absent from the corresponding unmarked forms" ということになると予測される．では，I tell you が持つ有標的解釈とは一体どのようなものであろうか．3.3 節で述べたとおり，英語では，無標の場合，話し手と聞き手が情報的に等位な関係として言語的に表現される．この等位関係は，話し手は聞き手に情報を押し付けるような立場にはなく，情報伝達が情報の共有という形で遂行されることを含意する．端的にいえば，「相互的情報共有（reciprocal information sharing）」(Hirose (2013: 25)) が無標の情報伝達様式ということになる．[10] 一方，I tell you が用いられると，話し手は聞き手よりも情報的に優位な立場にあることを明示的に示すことになる．そのため，無標での情報的等位性から導かれる相互的情報共有という伝達様式が崩れ，情報伝達が情報上の優位者（話し手）から劣位者（聞き手）へ，いわば「一方的情報伝達 (one-sided information giving)」の形で遂行されると考えられる．これは，三層モデルで想定されている無標の英語の情報伝達様式にとって有標的ということになる．ここまでの議論をまとめると以下の図のように表すことができる．

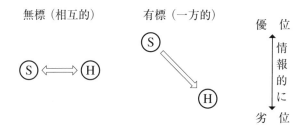

図1　話し手と聞き手の情報上の関係
S：話し手　H：聞き手　↕：情報上の優位性
⇔：S と H の相互的情報共有　↘：S から H への一方的情報伝達

ここまでの議論から，2節で提示した疑問（どのような談話的要因が I tell you の使用を認可しているのか，また，I tell you はどのような意図で用いられているのか）に答えることが可能になる．すなわち，無標の情報伝達様式（相互的情報共有）では，意図した情報伝達の達成見込みが低い場合（当該情

---

[10] この考えは，share という動詞が to tell を意味しうる事実からも支持される．
　(i)　I will share the news with you.　　　　　　　　　　(Hirose (2013: 25))
Hirose (2013: 25-26) によれば，聞き手が知らない情報を伝達する際（＝(15a)），話し手は相互的情報共有を「達成 (achieve)」することになる．一方，聞き手も知っている情報を伝達する際，話し手は相互的情報共有を「確認 (confirm)」するのである．

報を聞き手に受け入れてもらうことが見込まれないなど），デフォルト志向性
を解除する I tell you の使用が認可されると考えられる．そうした文脈では，
話し手は I tell you を用いて聞き手に対して情報上の優位性を誇示し，情報を
聞き手に押し付ける意図が存在しているといえる．[11]

　このように，三層モデルを基盤にした場合，無標の情報伝達様式から出発し，
I tell you が用いられる文脈やその機能を理論的に明確な形で説明することが
可能になる．次節では，ここでの議論の妥当性を示す証拠を提示していきたい．

5.　証拠の提示

5.1.　I tell you の談話における分布

　4 節での議論に基づくことで，会話場面での I tell you の使用について説明
を与えることができる．まずは，2 節で挙げた以下の例について考えてみよう．

(17)　Lightyear:　They are a terillium-carbonic alloy, and I can fly.
　　　Woody:　　No, you can't.
　　　Lightyear:　Yes, I can.
　　　Woody:　　You can't.
　　　Lightyear:　Can.
　　　Woody:　　Can't. Can't. Can't!
　　　Lightyear:　I tell you, I could fly around this room with my eyes
　　　　　　　　closed!
　　　Woody:　　Okay, then, Mr. Light Beer, prove it.　　　　　(= (4))

(17) は映画「トイ・ストーリー (Toy Story)」の一場面である．この映画では，
おもちゃが人間のように動き回る設定となっている．ここで登場する Light-

---

[11] ジーニアス英和辞典（第 5 版）で I (can) tell you について「(驚いて) 確かに，本当に，
[...](信じられないかもしれないけれど) 本当だよ」という記述がある．日本英文学会の査読者
の方から，この記述と本稿の「情報を聞き手に押し付け（て受け入れさせ）る」という部分は
同じであるという主旨のコメントをいただいた（査読を受けた論文の主眼は，当該情報を聞き
手に押し付け，受け入れさせることが I tell you の談話機能であるという点であった）．しか
し，ジーニアス英和辞典の記述は伝達している命題内容の事実性を強調する側面に注目してい
る点において，本章のいう「聞き手への情報の押し付け」とは異なるように思われる．また，
仮に，ジーニアス英和辞典の記述が本章のいう「聞き手への情報の押し付け」と同じであった
としても，本章では，三層モデルの枠組みで，そうした談話機能が生じてくるメカニズムを英
語の言語的特長との関係から明らかにしている点でより一層当該形式の理解を深めているとい
える．

第6章　言語使用の三層モデルから見た英語の遂行節　　　125

year には背中に翼がついている．そのため，彼は空を飛ぶことができるとい
い張っているのだが，これに対して Woody が否定的な見解を示している．明
らかに Woody は，Lightyear が伝達しようとしている「飛べる」という情報
を共有する意志がないことが読み取れる．すなわち，無標の伝達様式である相
互的情報共有が成立しない場面になっているのである．その状況を解決するた
めに Lightyear は，I tell you を用いたと考えられる．I tell you は，話し手と
聞き手の情報上の等位性を崩し，つまり，デフォルト志向性を解除し，Light-
year が Woody よりも情報的に優位であることを明示する．結果的に，当該
情報を Woody に一方的に押し付け，受け入れさせることにつながるわけであ
る．この例のように，三層モデルで想定されている英語の無標の伝達様式では，
情報伝達が思うように達成できない場合，有標的な伝達様式にたよる必要性が
生じてくる．こういった場面で，I tell you が1つの選択肢として採用されう
るのである．

　さらに別の例を見てみよう．(18) の例は，アメリカのテレビドラマ「フレ
ンズ (Friends)」での一場面である．

(18)　[Emily はある男性（Ross）との結婚式を予定していたが中止にする
　　　といい出した．その後，Monica は結婚式が行われる予定であった場
　　　所に Emily をつれてきた．]
　　　Emily:　　Monica, why have you brought me here of all places?
　　　Monica:　You'll see.
　　　Emily:　　I tell you, this wedding is not gonna happen.
　　　　　　　　　　　　　　　　　　　　　　(*Friends*: Season 4-23)

Emily は結婚式を取りやめるといっており，彼女には結婚式をする意志がない
ことが読み取れる．それにもかかわらず，Monica は Emily を結婚式が予定さ
れていた場所につれてきて，Emily の考えを変えようとしている場面である．
先ほどの (17) とは異なり，言語的に情報の受け入れを拒絶してはいないが，
文脈的に Monica は「結婚式を行わない」という Emily の考えを受け入れる
つもりがないと考えられる場面である．Emily は，彼女と情報を共有する意志
のない Monica に対し，有標の伝達形式 I tell you を用いて，情報の優位性を
示し，当該情報の押し付けを行っていると考えられる．

　ここまでの議論から予測できるが，無標の情報伝達様式（相互的情報共有）
を放棄する文脈上の理由がない限り，I tell you の使用が不自然になってしま
う．2節で触れた (1) がまさにそうした文脈である．以下に (19) として再掲
する．

(19)　[A と B は電話で話をしている]
　　　A:　How's the weather in Tokyo?
　　　B:　*I tell you, it's raining.　　　　　　　　　　　　　　(= (1))

A は東京の天気に関する情報を求めている．つまり，B から情報を引き出し，共有する意図があるということである．B は無標の伝達様式を採用すればよい文脈ということになる．これを放棄して，I tell you を用いて情報の優位性を示し，一方的に情報を押し付ける必要はない．よって，(19) での I tell you の使用は不自然になってしまう．

　また，同じく 2 節で取り上げた以下の例も同様に説明可能である．

(20)??Honestly, I tell you I can't remember a thing about last night.
　　　　　　　　　　　　　　　　　　　　　　　　　　　(= (3))

ここでは，特別な文脈が設定されていない．この場合，無標の情報伝達様式が期待されるものと思われる．そのため，I tell you の使用が不自然になると考えられる．しかし，逆にいえば，(20) は，無標の情報伝達様式を放棄し，話し手が情報の優位性を誇示して一方的情報提供を行うに値する文脈を設定すれば，I tell you の使用が認可されることを意味する．実際，以下のような文脈では (20) が適切になる．[12]

(21)　[A と B は前の晩バーで酒を飲んだ．B は酒を大量に飲み，そのときの記憶がない．]
　　　A:　Man, who were those girls you were talking to last night? They were HOT!
　　　B:　Honestly, I tell you I can't remember a thing last night.

A は，B が前の晩の出来事を覚えているという想定で話をしている．そのため 2 人の話し手は B の記憶に関して異なった認識を持っていることになる．このことから B は単純に新情報を伝達する以上のことをする必要性が生じる．すなわち，A の想定を否定し，その上で前の晩の記憶がないことを A に認識し

---

[12] 内田 (2011) は，遂行副詞が遂行動詞と相性が悪いことを指摘している．
　(i)　?Confidentially / Generally / Strictly, I promise to be there at 10 tomorrow.
　　　　　　　　　　　　　　　　　　　　　　　　　(内田 (2011: 105))
内田は，関連性理論の枠組みから，遂行文と遂行副詞の意味的・機能的な重複が (i) の不自然さを引き起こしていると述べている．しかし，(21) のような例も可能であることから，本文中で議論したように別の視点を加えて説明する必要があると考えられる．

てもらわなければならないのである．この目的を達成するために，単なる相互的情報共有ではなく，I tell you を用いて情報の優位性を示し，A に当該情報を受け入れさせ，A の誤った認識を改める戦略がとられていると考えられる．

このように，I tell you は，無標の情報伝達様式を放棄し，一方的に情報提供することが認められる文脈でしばしば用いられることがわかる．

5.2. ポライトネス戦略としての I tell you

I tell you は，話し手の情報上の優位性を示し，当該情報を聞き手に押し付ける役割を果たす．相手への押し付けは無礼に解釈されるため（cf. Lakoff (1973), Brown and Levinson (1987)），直感的にも，I tell you の使用は無礼な印象を与えるように思われる．しかし，以下の例は，I tell you がそれとは反対の役割を果たしているように解釈できる．

(22) Salieri: Mozart. Mozart, I would never miss anything that you had written.

Mozart: It's just a vaudeville.

Salieri: No, no! It is a sublime piece. The grandest operone! ［真剣な表情で］I tell you ... you are the greatest composer known to me.

Mozart: ［微笑んで］Do you mean it? (*Amadeus*)

これは映画「アマデウス（Amadeus）」の一場面である．下線部を含む Salieri の発話は，Mozart のことをほめているため，ここでの I tell you には無礼な解釈は伴っていないものと考えられる（実際，Mozart は微笑みながら答えている）．この事実は，命令形と比較することで説明がつき，ひいては，本章の提案を支持することになる．

命令形は当該行為を聞き手に押し付けることから，直感的には無礼な印象を与えると考えられる（cf. Brown and Levinson (1987), Wierzbicka (1991); Lakoff (1972) も参照）．Brown and Levinson (1987) の用語を用いれば，命令形は相手のネガティブフェイスを侵害するといえる（Takahashi (2012: 101) も参照）．しかしながら，Leech (1983) は，命令形が丁寧なものとみなされることがあると指摘している．それは，強要する行為が相手にとって利益になるような場合であり，例えば，Have another sandwich. は相手にとっての利益になる行為を強要するので，丁寧な命令表現ということになる（詳しくは Leech (1983: 107) を参照；Lakoff (1972), Takahashi (2012) も参照）．

さて，問題となっている (22) の下線部を見ると，Mozart をほめる，すな

わち利益となる内容が述べられており，I tell you はこの内容を彼に押し付ける機能を果たしていると考えられる．したがって，押し付けるものが行為か内容かという違いはあるものの，命令形と同様に I tell you がポライトネスの戦略として用いられていると考えられる．命令形は，英語のデフォルト志向性（話し手と聞き手は言語的に等位）を解除し（3.2 節を参照），話し手が聞き手に対して優位であることを表す言語形式である．この命令形と I tell you の機能的平行性は本稿の分析を支持するといえる．

6. 日本語の終助詞「よ」との比較

I tell you の有標的な解釈（情報の優位性を示すことによる一方的情報伝達）は，三層モデルで想定されている英語のデフォルト志向性が解除されることによって生じることを論じた．このデフォルト志向性は対人関係層が状況報告層から独立していることに起因しているため，I tell you の有標性もこれらの層の関係性に帰されるといえる．このことは，逆にいえば，I tell you のように話し手の情報上の優位性を表す形式であっても，この 2 つの層が一体化している言語では，対人関係に関する情報を記号化することが無標であるため，こうした形式の使用は有標的とはならず，したがって「一方的情報提供」のような有標解釈は生じないと予測される．3 節で述べた通り，日本語がこうしたタイプの言語に属する．以下では，日本語における終助詞「よ」（例「花子は病気だよ」）を取り上げ，ここでの予測が正しいこと，そして，デフォルト志向性を基礎とした本稿の分析の妥当性を示していきたい．

3.3 節で述べた通り，「よ」は話し手の情報の優位性を表すと考えられる．[13] しばしば，「よ」には，その英語訳として I tell you が当てられてきたことを考えると（cf. Lakoff (1972), Kamio (1994), Hirose (1995)；Martin (1975) も参照），両形式は「情報の優位性」という点で対応関係にあると考えてよさそうである．しかし，「よ」は I tell you と異なり，情報を相手に押し付けるような解釈は通常伴わないと思われる．例えば，以下の例は，I tell you の使用が不適切になった場面であるが，「よ」は問題なく用いられる．

---

[13] 加藤（2004: 244）は「よ」について「話者が排他的に管理する準備があることを示す命題につくマーカーである」と指摘している．「排他的」とは「独占的に管理する」ということを意味し，話者が「その命題や情報の最優先で最上位の管理者」となる（加藤（2004: 244-255））．加藤の指摘からも「よ」が情報の優位性に関わると考えられる．

第6章　言語使用の三層モデルから見た英語の遂行節　　129

(23)　[A と B は電話で話をしている.]
　　　A:　東京の天気はどう？
　　　B:　雨ですよ.　　　　　　　　　　　　　　　　　　　　　　(cf. (1))

I tell you の場合，例えば無標の情報伝達様式では，当該情報を聞き手に受け入れてもらえそうにないとき，その使用が認可された．そのため，(23) に相当する文脈では，無標の情報伝達様式を放棄する理由がなく，I tell you が不自然になる (5.1 節を参照)．では，なぜ，I tell you と同様に情報の優位性を表すと考えられる「よ」の使用が (23) のような文脈で許されるのであろうか．すでに述べた通り，これは，日本語の場合，対人関係層が状況報告層と一体化していることに起因する．この2つの層が一体化しているということは，対人関係に関する情報を記号化することが無標である．「よ」は話し手と聞き手の知識状態に関する対人関係の情報を記号化するため，この終助詞を用いることは日本語において無標ということになる．そのため，「よ」を用いても，I tell you を用いた時のような特殊な解釈，すなわち，一方的情報伝達による情報の押し付けの解釈が生じることはなく，したがって，(23) のような場面での「よ」の使用は適切になる.[14]
　まとめると，I tell you と「よ」の使用上の相違は，日英語におけるデフォルト志向性（対人関係層が状況報告層から独立するか否か）の違いに還元されることになる．このように，三層モデルに基づくと，同じように情報の優位性を表す形式の使用上の相違を適切にとらえることが可能になるのである．

---

[14] 話し手が聞き手よりも情報的に優位であるからといって，必ずしも終助詞「よ」が用いられるわけではないという点は注意が必要である．例えば，(23) の B の発話から「よ」を省略し，「雨です」と答えても自然な会話が成り立つ．この事実は，三層モデルから捉えられる．すでに見たように，三層モデルでは，状況把握の際に，話し手優位となり，「必要以上にいうな」という Horn (1984) の「話し手基盤の原則 (speaker-based principle)」が働くことになる．よく知られているように，日本語では，話し手の意識内で確立されている対象が主語や目的語といった文法項で表現される場合，しばしばそれらは自由に省略される．
　(i)　あいつは　大金持ちで，ぼくは　あいつが　うらやましい.　　（廣瀬 (2016: 347)）
Hirose (2013: 25) によると "the linguistic superiority of the self in situation construal implies that, by default, the speaker is informationally superior to the addressee" となる．つまり，(i) のように「よ」がなくても話し手は自身の情報的優位性を表現することが可能ということになる．重要なことは，「よ」が用いられると，話し手の情報的優位性を明示化しそして前景化するという点である．これにより，話し手が聞き手の知識状態に注意を払っていることが表現され，結果的に，両者の心的距離の近さを生み出すと考えられる．実際，(23) では，「よ」を省いた場合よりも親密な感じが伝わる (cf. Hirose (2013))．ただし，「よ」の使用が丁寧とならない場合もあるが (cf. 加藤 (2004))，こうした問題にはここでは立ち入らない．

7. まとめ

遂行文はこれまで多くの注目を集めてきたが，本章が取り組んだ問題（どのような談話的要因が I tell you の使用を認可しているのか，また，I tell you はどのような意図で用いられているのか）を正面から扱った研究はほとんど見られない．本章では，I tell you が話し手の情報の優位性を表すことを提案した．この表現の使用は，三層モデルで想定されている英語のデフォルト志向性を解除し，結果的に有標的な解釈を生じさせることを論じた．このモデルから見た場合，I tell you は英語にとって，有標的であり，したがって，特別な文脈でのみ用いられることが明らかになった．このように，三層モデルは，英語の遂行節の使用の側面を解明する上で有用なモデルとして，今後の類似現象への研究の基盤になりうることを示した．

参考文献

Austin, John L. (1962) *How to Do Things with Words*, Oxford University Press, Oxford.

Blakemore, Diane (1991) "Performatives and Parentheticals," *Proceedings of the Aristotelian Society* 91, 197-213.

Brown, Penelope and Stephen C. Levinson (1987) *Politeness: Some Universals in Language Usage*, Cambridge University Press, Cambridge.

Fraser, Bruce (1980) "Conversational Mitigation," *Journal of Pragmatics* 4, 341-350.

Hirose, Yukio (1995) "Direct and Indirect Speech as Quotations of Public and Private Expression," *Lingua* 95, 223-238.

廣瀬幸生 (1997)「人を表すことばと照応」『指示と照応と否定』，中右実(編)，1-89，研究社，東京.

Hirose, Yukio (2000) "Public and Private Self as Two Aspects of the Speaker: A Contrastive Study of Japanese and English," *Journal of Pragmatics* 32, 1623-1656.

Hirose, Yukio (2002) "Viewpoint and the Nature of the Japanese Reflexive *Zibun*," *Cognitive Linguistics* 13, 357-401.

Hirose, Yukio (2013) "Deconstruction of the Speaker and the Three-Tier Model of Language Use," *Tsukuba English Studies* 32, 1-28, University of Tsukuba.

Hirose, Yukio (2015) "An Overview of the Three-Tier Model of Language Use," *English Linguistics* 32, 120-138.

廣瀬幸生 (2016)「主観性と言語使用の三層モデル」『ラネカーの(間)主観性とその展開』，中村芳久・上原聡(編)，333-355，開拓社，東京.

Horn, Laurence R. (1984) "Toward a New Taxonomy for Pragmatic Inference: Q-

Based and R-Based Implicature," *Meaning, Form, and Use in Context: Linguistic Applications*, ed. by Deborah Schiffrin, 11-42, Georgetown University Press, Washington, D.C.

井出祥子 (2006)『わきまえの語用論』大修館書店, 東京.

Ikarashi, Keita (2015) *A Functional Approach to English Constructions Related to Evidentiality*, Doctoral dissertation, University of Tsukuba.

神尾昭雄 (1990)『情報のなわ張り理論』大修館書店, 東京.

Kamio, Akio (1994) "The Theory of Territory of Information: The Case of Japanese," *Journal of Pragmatics* 21, 67-100.

葛西清蔵 (1977)「遂行消去について」『北海道大学文学部紀要』25(2), 57-76, 北海道大学.

加藤重広 (2004)『日本語語用論のしくみ』研究社, 東京.

Konno, Hiroaki (2015) "The Grammatical Significance of Private Expression and Its Implications for the Three-Tier Model of Language Use," *English Linguistics* 32, 139-155.

Lakoff, Robin (1972) "Language in Context," *Language* 48, 907-927.

Lakoff, Robin (1973) "The Logic of Politeness: Or Minding Your p's and q's," *CLS* 9, 292-305.

Lakoff, Robin (1977) "What You Can Do with Words: Politeness, Pragmatics and Performatives," *Proceedings of the Texas Conference on Performatives, Presuppositions and Implicatures*, ed. by Andy Rogers, Robert E. Wall and John P. Murphy, 79-105, Center for Applied Linguistics, Washington.

Lakoff, Robin (1990) *Talking Power: The Politics of Language*, Basic Books, New York.

Langacker, Ronald W. (2008) *Cognitive Grammar: A Basic Introduction*, Oxford University Press, Oxford.

Leech, Geoffrey (1980) *Explorations in Semantics and Pragmatics*, John Benjamins, Amsterdam.

Leech, Geoffrey (1983) *Principles of Pragmatics*, Longman, London.

Levinson, Stephen C. (2000) *Presumptive Meanings: The Theory of Generalized Conversational Implicature*, MIT Press, Cambridge, MA.

Lyons, John (1977) *Semantics*, Volume 2, Cambridge University Press, Cambridge.

Martin, Samuel E. (1975) *A Reference Grammar of Japanese*, Yale University Press, New Haven, CT.

益岡隆志 (1991)『モダリティの文法』くろしお出版, 東京.

Matsumoto, Yoshiko (1988) "Reexamination of the Universality of Face: Politeness Phenomena in Japanese," *Journal of Pragmatics* 12, 403-426.

McCawley, James D. (1968) "The Role of Semantics in a Grammar," *Universals in Linguistic Theory*, ed. by Emmon Bach and Robert T. Harms, 125-169, Holt,

Rinehart and Winston, London.

南出康世ほか（2014）『ジーニアス英和辞典第5版』大修館書店，東京．

毛利可信（1980）『英語の語用論』大修館書店，東京．

中右実（1980）「文副詞の比較」『文法』，国広哲弥（編），157-219，大修館書店，東京．

大曽美恵子（1986）「誤用分析1『今日はいい天気ですね.』—『はい，そうです.』」『日本語学』5(9), 91-94.

Recanati, François (1987) *Meaning and Force: The Pragmatics of Performative Utterances*, Cambridge University Press, Cambridge.

Ross, John R. (1970) "On Declarative Sentences," *Readings in English Transformational Grammar*, ed. by Roderick A. Jacobs and Peter S. Rosenbaum, 222-272, Ginn, Waltham.

Rutherford, William E. (1970) "Some Observations concerning Subordinate Clauses in English," *Language* 46, 97-115.

Sadock, Jerrold M. (1974) *Toward a Linguistic Theory of Speech Acts*, Academic Press, New York.

Schreiber, Peter A. (1972) "Style Disjuncts and the Performative Analysis," *Linguistic Inquiry* 3, 321-347.

Searle, John R. (1969) *Speech Acts: An Essay in the Philosophy of Language*, Cambridge University Press, Cambridge.

Shizawa, Takashi (2011) *Form, Meaning, and Discourse: The Semantics and Pragmatics of Conditional Constructions in English and Japanese*, Doctoral dissertation, University of Tsukuba.

Stampe, Dennis W. (1975) "Meaning and Truth in Theory of Speech Acts," *Syntax and Semantics* 3, ed. by Peter Cole and Jerry L. Morgan, 1-39, Academic Press, New York.

Takahashi, Hidemitsu (2012) *A Cognitive Linguistic Analysis of the English Imperative: With Special Reference to Japanese Imperatives*, John Benjamins, Amsterdam.

鶴田庸子・Paul Rossiter・Timothy Coulton（1988）『英語のソーシャルスキル』大修館書店，東京．

内田聖二（2011）『語用論の射程——語法からテクストへ』研究社，東京．

Wehmeier, Sally et al. (2005) *Oxford Advanced Learner's Dictionary of Current English* 7th edition [OALD⁷], Oxford University Press, Oxford.

Wierzbicka, Anna (1987) *English Speech Act Verbs: A Semantic Dictionary*, Academic Press, Sydney.

Wierzbicka, Anna (1991) *Cross-Cultural Pragmatics: The Semantics of Human Interaction*, Mouton de Gruyter, Berlin/New York.

第 III 部
三層モデルと
その周辺

第 7 章

私的表現と発話行為・私的自己と de se

岩田　彩志

関西大学

要旨： 本章では，次の 2 つの問題に取り組んでいる．(1) 他の理論で「私的表現」「私的自己」に対応するものはあるか？ (2) もしある場合には，そこから得られる知見はあるか？

「私的表現」に関しては，発話行為に対する commitment を停止することにより，ほぼ同じことを捉えられる．ただし完全に同じにはならない．「私的自己」は de se に対応する．しかし少なくとも現時点では，de se の研究が廣瀬理論と関連性を持つ可能性は極めて低い．

1.　はじめに

廣瀬理論にとって，要となるのは，やはり「私的表現 vs. 公的表現」であろう．[1] Hirose (1995) は，一連の廣瀬氏の研究の中でも，海外で発表された最初の論文である．この中で，「公的表現とは言語の伝達機能に対応し，私的表現とは非伝達機能に対応する」と述べている．

> Public expression is the level of linguistic expression corresponding to the communicative function of language, whereas private expression is the level of linguistic expression corresponding to the non-communicative, thought-expressing function of language.
>
> (Hirose (1995: 226))

これは全く独自の主張であり，他の理論でこのような主張を行っているものを寡聞にして知らない．

---

[1] 本論文集では，廣瀬氏の理論を「三層モデル」と呼んでいる．しかし本論文で扱う内容は，三層を成すこと自体に直接関係しない．また Lyons の「三層構造」とも紛らわしい．そのため，「廣瀬理論」という呼び方をしていくことにする．

第7章 私的表現と発話行為・私的自己と de se   135

　しかし同時に，廣瀬理論を発信するためには，他の理論的立場に立つ研究者にも分かるような言い方で説明する必要があるのも事実である．そこで本論文では以下の2つの問いを取り上げてみたい．まず，他の理論で「私的表現」「私的自己」に対応するものはあるか？ そして，もしある場合には，そこから廣瀬理論に対して得られる知見はあるか？

2. 話法と私的表現

2.1. 聞き手指向性

　Hirose (1995) では，公的表現・私的表現の対比を話法と絡めて説明している．(1) は「僕」が伝達者の太郎を指しているのか，話者を指しているのか，で曖昧である．この2つの解釈は (2a) と (2b) で言い換えることができる．

(1)　太郎は僕が東京へ行くと言った
(2) a.　Taro said, "I will go to Tokyo."
　　 b.　Taro said that I would go to Tokyo.　　　　(Hirose (1995: 224))

つまり，直接話法として伝達しているのか，間接話法として伝達しているのか，の違いということになる．そして Hirose (1995) は，「直接話法は公的表現の引用であり，間接話法は私的表現の引用である」と述べている．

(3)　Direct speech is a quotation of 'public expression', and indirect speech is a quotation of 'private expression'.　(Hirose (1995: 226))

Hirose (1995) によれば，公的表現と私的表現を分けるのは「addressee-orientedness（聞き手指向性）」の有無であることになる．公的表現は聞き手指向性を持つが，私的表現は持たない．逆に言えば，私的表現に聞き手指向性を加えれば，公的表現になる．例えば，「雨だ」だけでは私的表現であるが，「よ」を加えて「雨だよ」とすれば公的表現である．Hirose (1995) では，このことを (4) のように表示している．三角括弧は私的表現を，角括弧は公的表現をくくっている．

(4)　〈雨だ〉＋［よ］→［雨だよ］　　　　　　　　(Hirose (1995: 228))

この関係は，より一般的には (5) のようにまとめられる．

(5)　私的表現＋聞き手指向性 → 公的表現

聞き手指向性を持つ表現としては，ほかにも (6) に挙げたような様々なもの

が存在する.

(6) a. 「よ」,「ね」,「さ」,「わ」のような終助詞
 b. 「走れ」のような命令表現
 c. 「おおい／おい」のような呼びかけ表現
 d. 「はい」「いいえ」のような応答表現
 e. 「済みませんが」「残念ですが」「ここだけの話だけど」「率直に言うと」のような副詞類
 f. 「です」「ます」のような丁寧表現
 g. 「(だ) そうだ」「(だ) って」のような伝聞表現

(Hirose (1995: 226-227))

　以上見たように，公的表現・私的表現の対比は話法と関連している．しかしここで疑問が生じる．なぜ間接話法は，「私的表現」の引用なのか？

2.2. Lyons (1977)

　この問いに答えるのに，非常に示唆に富むのが，Lyons (1977) で提唱されている三層構造である．Lyons (1977) は，発話が neustic, tropic, phrastic の3つのレベルから成る，と主張している．

> The tropic is that part of the sentence which correlates with the kind of speech-act that the sentence is characteristically used to perform: it is what Hare calls "a sign of mood". ... The neustic is what Hare calls a "sign of subscription" to the speech act that is being performed: it is that part of the sentence which expresses the speaker's commitment to the factuality, desirability, etc., of the propositional content conveyed by the phrastic. (Lyons (1977: 749-750))

要するに，phrastic とは命題内容を表し，tropic は発話行為のタイプを表し，neustic は話者の発話行為に対する commitment を表す，ということである．例えば (7a) は (7b) のように分析される．

(7) a. John is working.
 b. <u>I say</u> <u>it is the case</u> <u>that John is working.</u>
　　 neustic　　tropic　　　　phrastic

Lyons (1977) は，この三層構造に基づいて，間接話法には neustic がない，と述べている．

第 7 章 私的表現と発話行為・私的自己と de se 137

When we embed a declarative sentence as the object of a verb of say-ing in indirect discourse, we associate the it-is-so component, but not the I-say-so component, with the proposition that is expressed by the embedded sentence. (Lyons (1977: 750))

これはつまり，(8) の間接話法を含む文が，(9a) ではなく (9b) のようになっている，ということである．

(8) He says that John is working.
(9) a. He says I say it is the case that John is working.
             neustic   tropic   phrastic
    b. He says it is the case that John is working.
                     tropic   phrastic

(9a) を見れば，なぜ間接話法には neustic がないかが，直感的に分かるであろう．He says の下に，元の発話の I say が埋め込まれている．これでは，いわば二人の話者がいることになってしまう．しかし (9a) で話者は一人しかいない．そのため (9b) のように，元の話者は言わば消えることになる．

このことを，直接話法・間接話法の対比から考えてみよう．非常に大雑把に言ってしまえば，直接話法とは，他者の言葉をそのまま伝える話法である．しかし間接話法では，時制の一致や人称代名詞の転換からも分かるように，他者の言葉を伝達者の言葉に直して伝えている．実際に，Coulmas (1986) は正にこの趣旨のことを述べている．[2]

In direct speech the reporter lends his voice to the original speaker and says (or writes) what he said, thus adopting his point of view, as it were. Direct speech, in a manner of speaking, is not the reporter's speech, but remains the reported speaker's speech whose role is played by the reporter … In indirect speech, on the other hand, the re-porter comes to the fore. He relates a speech event as he would relate any other event: from his own point of view. (Coulmas (1986: 2))

しかし間接話法が伝達者の視点から成されているとすれば，neustic を維持することはできないことになる．neustic とは「自分の言葉として責任を持つ」ということだからである．そのため，元の話者の発話行為に対する commit-

---

[2] Coulmas (1986) は，de re 解釈も，伝達者の視点からの報告の結果であると述べている．

ment を停止してしか，伝達することができないことになる．

このように考えれば，「間接話法は，発話から neustic を取り除いたものを引用」しているのは当然ということになる．しかしここで，廣瀬理論では「間接話法は私的表現の引用」とされていることを思い出してもらいたい．この 2 つの前提を足すと，三段論法で，「発話から neustic を取り除いたもの＝私的表現」という等式が得られることになる．つまり，言語の伝達的機能から，発話行為に対する commitment を停止すると，私的表現（言語の非伝達的機能に対応）と同じことになる，ということである．

とすると，(7b) の三層構造は (10b) のように表せることになる．先ほどと同じように，三角括弧は私的表現を，角括弧は公的表現をくくっている．

(10) a.　John is working.

     b.　[I say <it is the case that John is working>].
          neustic   tropic   phrastic

つまり (11) のように，tropic と phrastic を合わせたものに，neustic を加えると公的表現になる，ということになる．

(11)　<It is the case that John is working>＋[I say] →
        tropic   phrastic   neustic

     [I say it is the case that John is working]

この関係を (12) のように表し，(13) と並べてみると，「発話行為に対する commitment」と「聞き手指向性」が同じ役割を果たしていることになる．

(12)　発話行為のタイプ＋発話行為に対する commitment　→　公的表現
(13)　私的表現　　　　　＋聞き手指向性　　　　　　　　　→　公的表現

とすると，これまで廣瀬理論では，私的表現と公的表現を分けるものが「聞き手指向性」であるとされていたが，「発話行為に対する commitment」に基づいて区別できる可能性もあることになる．以下では，この後者の考え方を「commitment 停止」分析と呼んで，この可能性を探っていくことにする．

3.　「commitment 停止」分析

3.1.　エコー疑問文

まず，そもそも「commitment 停止」分析が間接話法以外にも，言語分析にとって有効かどうかを見ておかねばならない．ここで取り上げたいのが，エ

第 7 章　私的表現と発話行為・私的自己と de se　　139

コー疑問文である．Iwata (2003) で指摘しているように，実は，中右理論 (中
右 (1994)) において主観的モダリティ表現とされるものの中には，エコー疑
問文で繰り返せるものと，繰り返せないものとがある．そしてこの区別は私的
表現と公的表現に対応する．まず probably や cleverly のような文副詞は，
(14)-(16) に見られるように，エコー疑問文で繰り返すことができる．

(14)　A:　<u>Cleverly</u> John decided to come here.
　　　B:　<u>Cleverly</u> John decided to come here?
(15)　A:　<u>Surprisingly</u> John has arrived.
　　　B:　<u>Surprisingly</u> John has arrived?
(16)　A:　<u>Probably</u> John has come.
　　　B:　<u>Probably</u> John has come?

しかし (17)-(18) に見られるように，frankly や confidentially などはエコー
疑問文で繰り返すことができない．

(17)　A:　Quite frankly, I'm the one who stole the picture.
　　　B:　(*<u>Quite frankly,</u>) you are the one who stole WHAT?
(18)　A:　Confidentially, I don't like Beth at all.
　　　B:　(*<u>Confidentially,</u>) you don't like WHO at all?
　　　　　　　　　　　　　　　　　　　　　　　　　(McCawley (1987: 255))

(17)-(18) で下線を引いた表現は，公的表現である．
　では，なぜこれらの表現はエコー疑問文で繰り返せないのか？代表例として
frankly を取り上げてみよう．

(19)　A:　Frankly speaking, you are making a big mistake.
　　　B:??Frankly speaking, I am making a big mistake?

ここで frankly は illocutionary adverb として用いられている．この frankly
に対して，多くの研究者は一種の performative analysis(遂行分析) を行って
いる．例えば Wilson and Sperber (1993) は，illocutionary adverb としての
seriously や frankly が，(20) のように発話動詞の様態副詞として機能している
seriously や frankly と，根本的には同じであるという趣旨の分析をしている．

(20)　a.　Mary told Peter seriously that she couldn't help him.
　　　b.　Mary said frankly to Peter that she couldn't help him.
　　　　　　　　　　　　　　　　　　　　　　　(Wilson and Sperber (1993: 17))

この分析に従えば，(21a) は (21b) のように言い換えられることになる．要するに，遂行分析によって補われた "I say" に frankly がかかっている．

(21) a. Frankly speaking, you are making a big mistake.
b. I say frankly that you are making a big mistake.

しかし illocutionary adverb の分析にはもう1つの可能性がある．中右 (1994) は，(22a) を (22b) で言い換えている．

(22) a. Intuitively, do the following pairs mean the same thing?
b. If I may ask you to tell me intuitively, I ask you whether the following pairs mean the same thing.　　　　　(中右 (1994: 70))

日本語では「直感的に言うなら」となるが，要するに遂行分析によって補われた発話動詞ではなく，その発話をするための条件節の中に，intuitively がかかっている，という考え方である (Greenbaum (1969) も同様の分析)．この考え方によれば，(23a) は (23b) で言い換えられることになる．

(23) a. Frankly speaking, you are making a big mistake.
b. If I speak frankly, I say you are making a big mistake.

(21b) と (23b) を比べてみれば，後者の方に分があることが分かるだろう．"frankly speaking" において frankly が修飾しているのは，どう見ても speaking という分詞構文である．この分詞構文に現れる speaking は，明らかに "you are making a big mistake" を発する行為 ("I say") とは，別物である．このように frankly が主節と別の節(の一部)を成していることは，(24a) や (24b) の言い換えを見れば，さらにはっきりする．

(24) a. If I may put it frankly, you are making a big mistake.
b. To be frank with you, you are making a big mistake.

そこで，ここでは後者の分析法を採用する．
さて，(23a) が (23b) で言い換えられるとすると，illocutionary adverb としての frankly が何を修飾しているかは，Lyons の三層構造に従って (25) のように表すことができる．

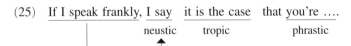

(25)　　If I speak frankly, I say　it is the case　that you're ....
　　　　　　　　　　　　　　neustic　　tropic　　　　phrastic

第 7 章　私的表現と発話行為・私的自己と de se　　141

つまり，frankly は「率直に言っていいなら言うけれども」と，発話行為の条件を表している．そしてこの「言う」とは，以下の文を自分の言葉としての責任を持って言う，ということであるから，neustic に該当する．ところがエコー疑問文とは，間接話法と同じく，他者の言葉を自分の言葉に置き換えて報告する伝達手段である．そのため，元の発話の neustic は停止されることになる．すると，frankly がかかる neustic が無いために，解釈に支障をきたしてしまう．(26) や (27) も，根本的には同じように説明できる．

(26)　A:　If I may put it frankly, you are making a big mistake.
　　　B: *If you may put it frankly, I am making a big mistake?
(27)　A:　To be frank with you, you are making a big mistake.
　　　B: *To be frank with me, I am making a big mistake?

このように，「commitment 停止」分析はエコー疑問文に対しても有効である．
　ただし，これがエコー疑問文のすべてではない．ここでは関連性理論の「メタ表示」という概念を前提として分析しているが，メタ表示には「内容」に基づくものと，「形式」に基づくものとがある (Noh (2000))．例えば (28B) では，It's a lovely day を内容に基づいてメタ表示し，否定している．しかし (29B) では，tomatoes という語の発音（形式）を問題にしており，tom[eiDouz] という発音の適切さを否定している．

(28)　A:　It's a lovely day.
　　　B:　It's not a lovely day; it's humid and heavy.
(29)　A:　I'd like tom[eiDouz] for lunch.
　　　B:　I'm not very keen on tom[eiDouz].

そして，「公的表現」も，形式に基づくメタ表示でならばエコー疑問文が OK である．例えば (30) では frankly という表現の形式そのものを問題にしており，この場合は frankly をメタ表示できる．

(30)　JIM:　Quite frankly, I'm the one who did it.
　　　TIM:　QUITE FRANKLY? I know you're always joking.

他の公的表現でも同様である．(31)-(33) では内容に基づくメタ表示のために，エコー疑問文が不可である．

(31)　A:　Goddamit, we'll be arrested by the police.
　　　B:　(??Goddamit,) we'll be arrested by WHO?

142　　第 III 部　三層モデルとその周辺

(32)　A:　God, was Fred ever embarrassed!
　　　B:　(*God,) was WHO ever embarrassed?
(33)　A:　Oh, fuck Archibishop McGilligan!
　　　B:　(*Oh,) fuck WHO?　　　　　　　(McCawley (1987: 255))

しかし (34)–(36) では，公的表現そのものを，形式に基づいてメタ表示しているため，エコー疑問文が可能になる．

(34)　TARO:　Jesus Christ, see what you have done to me!
　　　KENT:　JESUS CHRIST? You're Buddhist. Why not swear like
　　　　　　　this: Gautama Buddha!　　　　　（山口 (1992: 305)）
(35)　A:　Hey, Sweetie!
　　　B$_1$:　Hey, SWEETIE?
　　　B$_2$:　Hey, WHO/WHAT?　　　　　　　(Huddleston (1994: 428))
(36)　A:　Next morning—I thought—I would return the keys.
　　　B:　YOU THOUGHT?　　　　　　　　　(Espinal (1991: 729))

以上をまとめると，内容に基づくメタ表示をしているエコー疑問文では，frankly のような公的表現を繰り返すことができない．これは「commitment 停止」分析で説明できる．

3.2.　Kissine (2014)

興味深いことに，「commitment 停止」分析に相当するものが，Kissine (2014) で提案されている．Austin (1962) 以来，locutionary act, illocutionary act, perlocutionary act の三区分はよく知られている．しかしこの区分の内，特に illocutionary act と perlocutionary act の区別がはっきりしない，ということは多くの研究者が指摘している．Kissine (2014) は，Austin の提唱した様々な概念を整理して，この問題に対する解決法を提案している．彼の代替案は図 1 にまとめられる．

第 7 章　私的表現と発話行為・私的自己と de se　　143

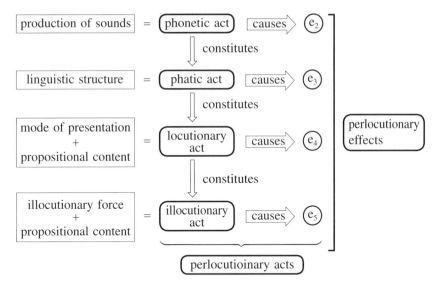

図 1：Austin のレベル分け再考（Kissine（2014: 30））

　図 1 を簡単に見ておくと，上から下へと色々なレベルの行為が示されている．まず単なる音声を発するのが phonetic act である．次に言語構造を発するのが phatic act である．これがさらに命題内容を持つと，locutionary act になる．"mode of presentation" とは，belief や desire の区別であるから，様々なタイプの発話行為の区別をする役目を果たしている．ここにさらに illocutionary force が加わると illocutionary act になる．

　Kissine が主張したいことは，これまで perlocutionary *act*（発話媒介「行為」）と perlocutionary *effect*（発話媒介「効果」）が混同されてきた，ということである．各レベルの act が event を引き起こすが，この関係が perlocutionary *act* にあたる．それに対して，perlocutionary *effect* とは，4 つのレベルすべてがもたらすものである．

　このように，Kissine (2014) のポイントは，発話行為に関する概念を整理することにあるのだが，ここで注目したいのは locutionary act である．Kissine の定義によれば，locutionary act とは命題内容と，その命題内容に対する belief や desire を持っているが，illocutionary act にはなっていない．これは言い換えれば，様々なタイプの発話行為の区別はできるが，一人前の発話行為にはなっていないレベル，ということである．とすれば，Lyons の tropic + phrastic に相当することになる．つまり，illocutionary act に対する commitment を停止したものと，実質的に同じことになり，廣瀬理論の「私的表現」に

対応する.

　実際に Kissine (2014) は，この意味での locutionary act にあたるものの例として，「独り言」を挙げている.

> To my mind, soliloquies represent the most conspicuous cases where an utterance expresses an Intentional state without any (direct) speech act having been performed.　　　　　　　　(Kissine (2014: 23))

例えば，誰もいないところで (37) を発話した場合がそうである.

(37)　It's raining again.　　　　　　　　　　(Kissine (2014: 23))

また，独り言とは，話者が自分自身に対して話しかける行為であると分析できるようにも思えるが，Kissine (2014) は，そのような分析では (38) と (39) を区別できないことを指摘している.

(38)　[S, speaking to herself:]
　　　I am so stupid!　　　　　　　　　　　(Kissine (2014: 24))
(39)　[S, speaking to herself:]
　　　You are so stupid!　　　　　　　　　(Kissine (2014: 24))

それぞれ，「自分は馬鹿だ！」と「お前は馬鹿だ！」であり，違いは一目瞭然である.

　さらに Kissine (2014) は，Wilson and Sperber (1988) からの以下の例も挙げている.

(40)　[Mary looks at the sky:]
　　　Please don't rain.
(41)　[A child, sent to apologize to someone, as she reluctantly approaches his door]
　　　Please be out!
(42)　[The mother of a notoriously ill-tempered child, sent to apologize to someone, as she sees the child coming back home]
　　　Please don't have made things worse.
　　　　　（いずれも，Wilson and Sperber (1988: 81) からの例を一部改変）

(40) では，空を見ながら「どうか降らないでおくれ」，(41) では，校長先生のところに呼び出された子供が，「どうかいませんように」，(42) では母親が，すぐにかっとなって問題を起こす我が子を見て，「どうかこれ以上，ひどくし

ないでおくれ」，とそれぞれ言葉を発している．いずれの例においても，その言葉を聞く聞き手は存在しない．聞き手が存在しないのだから，illocutionary act を行っていないことになる．

ここまでの例からも分かるように，Kissine（2014）の locutionary act は，発話行為に対する commitment を停止したものとほぼ同じことを意味している．

3.3. 「私的表現」とのズレ

では，「発話行為に対する commitment を停止」したものは，「私的表現」と全く同じになるであろうか？答えは「否」である．Kissine（2014）は，彼の定義による locutionary act には，アイロニー，翻訳，台詞なども含まれると述べている．確かに，(43) をアイロニーとして発話した場合に，話者はパーティーが lovely だと思っていない訳だから，発話行為に対する commitment を停止していることになる．

(43) This party is lovely.

アイロニー，翻訳，台詞などを廣瀬理論でどう分析するか，は興味深い問題である．しかしアイロニーは，明らかに聞き手を想定して発することができるから，私的表現というよりは公的表現ということになる．

実はこの点をさらに追及していくと，もっと根本的な問題が見えてくる．アイロニーとは，一見すると必ず相手に面と向かって発するものであるかのように思えるが，実は独り言でアイロニーを言うことが可能である．たとえば Fogelin（2011）は，一人で自分の著書を読んでいる時に，タイポミスを見つけて，次のように言えると述べている．

(44) Eagle-eye Fogelin has done it again.   (Fogelin (2011: 21))

「鷲の眼をした（＝細かいことを見逃さない）Fogelin が，またやってしまったよ」ということである．

またアイロニー研究ではおなじみの例として (45) がある．

(45) It's lovely weather.

Wilson（2013: 43）は，特定の人物に向けずに (45) を発することが可能であると述べている．ではそれはどのような状況かと言えば，一人きりで窓から外の土砂降りを見ながら，「いい天気だね」と発するような場合であろう．

要するに，アイロニーとは独り言でも成立する．となると，私的表現でもアイロニーになりうる訳だから，私的表現と公的表現の区別をどうするか，とい

うところから大分離れてしまったことになる.

　以上をまとめると,「発話行為に対する commitment」と「聞き手指向性」は完全に同じではない. 私的表現では, そもそも聞き手がいない. これに対して, 発話行為に対する commitment を停止する, ということは, 聞き手が存在する場合と存在しない場合のどちらでも可能である. 聞き手がいない場合には, 発話行為に対する commitment が, 自動的に停止される. しかし, 聞き手がちゃんと存在して, その相手に対して発話行為をするが, 本気でその言葉を言っていない, という場合も, commitment を停止していることになる. あくまでこの後者の場合を排除した上でないと, 私的表現と同じことにはならない.

4. *De se*

4.1. *De se* と quasi-indicator

次に de se の問題に移ろう. まず (46) の例文を見て欲しい.

(46)　Sue said that she is rich *but does not know that she is rich.*

(Corazza (2015: 508))

一見すると「えっ?」と思うような例文であるが, 次のような場面を思い浮かべてもらいたい. スーは記憶喪失になっており, 自分が百万長者であることを知らない. しかし入院している病院のテレビで, 彼女を「成功した女性」として取り上げた番組が放送されている. スーはその番組を見て,「ああ, あの女性はお金持ちなんだ」と言っている.

　次に, 英語では (47) が実は (48a) と (48b) とで曖昧である.

(47)　Sue said that she is rich.
(48) a.　Sue said, "I am rich."
　　 b.　Sue said, "She is rich."

この 2 つの点に気づけば, (46) は (49) の日本語に言い換えられることが分かるだろう.

(49)　スーは, <u>彼女 (その女性)</u> がお金持ちだと言ったが, <u>自分</u>がお金持ちであることを知らない.

このように, 他者の 'I' 思考が間接話法で報告されたものを *de se* と呼ぶ. (46) の話者は, *de se* belief を Sue に帰していることになる.

　そして de se を表す代名詞を quasi-indicator と呼ぶ. この用語は哲学者の

Castañeda が導入したもので，彼は indexical reference との関連で，この現象に注目した．哲学で indexical reference と呼ばれているものは，言語学で deictic reference と呼ばれるものにほぼ相当する．要するに，発話状況に依存して指示が決定するということで，指示代名詞（'this', 'that', 'now', 'then', 'here', 'there'），人称代名詞（'I', 'you', 'he', 'she'），時制（過去・現在）などが該当する．

Castañeda は，(46) の二番目の she が，人称代名詞でありながら indexical reference を表していないことに着目して，この代名詞を quasi-indicator と呼んだ．

> These are NOT indexical references, but depictions of others' indexical references. (Castañeda (1989: 5))

そして quasi-indicator を通常の人称代名詞と区別するために，「*」を付けることを提案した．その結果，(46) は (50) のように表されることになる．

(50) Sue said that she is rich but does not know that she* is rich.

　　　　　　　demonstrative　　　　　　　　　quasi-indicator

ここで，she が quasi-indicator の役目を果たしているのは，偶然のことのように思えるかもしれない．しかし照応形であれば quasi-indicator になれる訳ではない．(51a) のように，epithet ではこの解釈が不可能である．それに対して，(51b) のように she herself なら de se の解釈になる．

(51) a. Jane$_i$ said that she would come but *the idiot*$_i$ will probably miss the train.
　　　b. Jane$_i$ believes that *she herself*$_i$ is clever.　(Corazza (2013: 212))

英語には de se 解釈を表す語がないが，他の言語ではそのような語が報告されている．Huang (2013) によれば，そのような語は二種類に分かれる．1つは西アフリカ諸語（Donno Sɔ, Mapun, Gokana, Akɔɔse, Karimojong）の logophoric 表現であり，もう1つがアジア諸語の *ziji* (Chinese)，*caki* (Korean)，*taan* (Tamil)，*zibun* (Japanese) といった long-distance reflexives である．

4.2. 「私的自己」との根本的違い

さて，廣瀬理論では「自分」とは「私的自己」を表し，「僕」や「私」は「公的自己」を表す，とされている．

That is, the word *zibun* is a private expression that represents the private self; *boku* and *watasi*, on the other hand, are public expressions that represent the public self.　　　　　　　　　　　　(Hirose (2000: 1631))

とすれば，廣瀬理論の立場からは，*de se* 信念／態度とは，「私的自己」によって表される信念／態度であると捉えることができる．

では de se についての研究から，廣瀬理論に対して，何らかの知見は得られるだろうか？　どうもその可能性は低そうである．

de se についての分析の中で，比較的有力とされているものが，Kaplan (1977) が提唱している character という概念を用いる，というものである．Braun (1995) によれば，これは要するに可能世界意味論と同じ考え方のようである．ちょうど，intension が，真理値を判断される世界においての値で決定されるように，character は，真理値を判断される context においての値で決定される．

An expression's meaning (intension) is determined by its value (extension) at a set of points of evaluation (worlds).

(Braun (1995: 227))

An expression's meaning (character) is determined by its value (content) at a set of points of evaluation (contexts).　(Braun (1995: 228))

発話状況により，誰が 'I' になるかは変わってくる．とすれば，どうやら 'I' から indexicality を引き算したものが，その character ということになるようである．

この character という考え方は，形式意味論の研究者にとっては便利なようである．しかし現象の本質をとらえているかどうかと言えば，どうもそう思われない．De se とは，要するに認識の主体による自己の捉え方のことであるから，根本的に一人称についての現象である．ところが character による分析では，聞き手や第三者をもとにした de se 思考があってもおかしくないことになってしまう．

次に，de se についてのいくつかの研究を読んでみると，対象の境界線がはっきりしていないという印象を受ける．例えば，Chierchia (1989) が de se 解釈には代名詞であることが本質的であるという分析をしていることに対して，Jaszczolt (2013) は，(52) のように代名詞でなくても一人称を指すことが可能だと述べている．

第7章　私的表現と発話行為・私的自己と de se　　　149

(52) a.　Sammy wants a biscuit.

　　 b.　Mummy will be with you in a moment.　(Jaszczolt (2013: 78))

しかしここでの「一人称」とは, 'I' に対応し,「自分」に相当するものではない. De se の本質からは外れた議論と言わざるを得ない.

　また Corazza (2013) は次のような観察をしている. ジョンが (53) のように言ったとする. これを偶々聞いた Jane が (54) のように報告すると, de re と de se が混合していることになる, と.

(53)　Jon said, "Jane and I are the joint winners of the musical competition."

(54)　Jon believes that we won the musical competition.

　　　　　　　　　　　　　　　　　　　　(Corazza (2013: 219))

しかし (54) に対応する日本語は (55a) であって, (55b) ではないだろう. つまり de se ではないことになる.

(55) a.　ジョンは, 私たちが優勝したと思っている.

　　 b.　#ジョンは, 自分たちが優勝したと思っている.

　なぜこのようなことになるのか? 勿論, 理由の第一は, 英語に「自分」にあたる語がないため, 英語を母語とする研究者には, de se の境界が自明でないことであろう. そして第二に, quasi-indicator, de se のどちらも「指示, 真理条件」から出発した概念であることが挙げられる. 既に見たように, Castañeda は通常の指示のパターンからずれる, ということから, quasi-indicator という名称を用いた. また de se は, 正に de re, de dicto と同じ次元のものとして区別されているからこそ, この名称で呼ばれている. そして de re, de dicto も, 明らかに指示・真理条件という観点からの概念である.

(56)　Agatha believes that Mary knows the king.

(57) a.　Agatha believes the proposition: Mary knows the king.

　　　　　　　　　　　　　　　　　　　　　→ *de dicto*

　　 b.　The king is such that: Agatha believes the proposition that Mary knows him.　　　　　　　　　　　　　→ *de re*

　　　　　　　　　　　(Gehrke and Castroviejo (2015: 749))

どうやら, この出発点のゆえに, 伝達主体としての役目の有無という観点にな

かなか思い至ることがないようである。[3] 少なくとも現時点では，de se の研究が，廣瀬理論と直接的な接点を持つ可能性は極めて低い．

5. 結論

発話行為に対する commitment を停止する，という概念を用いれば，「私的表現」とほぼ同じ範囲の現象を扱うことができる．ただし両者がずれる場合もある．それに対して，de se は「私的自己」を表す表現に対応しているのだが，de se の研究が廣瀬理論と接点を持つことはあまりないようである．

参考文献

Austin, John (1962) *How to Do Things with Words,* Oxford University Press, New York.

Braun, David (1995) "What Is Character?" *Journal of Philosophical Logic* 24, 227–240.

Capone, Alessandro (2016) *The Pragmatics of Indirect Reports: Socio-Philosophical Considerations*, Springer, Berlin.

Castañeda, Hector-Neri (1989) *Thinking, Language, and Experience*, University of Minnesota Press, Minneapolis.

Chierchia, Gennaro (1989) "Anaphora and Attitudes *De Se*," *Semantics and Contextual Expression*, ed. by R. Bartsch, J. van Benthem and V. van Emde Boas, 1–31, Foris, Dordrecht.

Corazza, Eros (2013) "Empathy as a Psychological Guide to the *De Se/De Re* Distinction," *Attitudes* De Se: *Linguistics, Epistemology, Metaphysics*, ed. by Neil Feit and Alesandro Capone, 211–234, CSLI Publications, Stanford.

Corazza, Eros (2015) "She and Herself," *Indirect Reports and Pragmatics: Interdisciplinary Studies*, ed. by Alessandro Capone, Ferenc Kiefer and Franco Lo Piparo, 507–520, Springer, Berlin.

Coulmas, Florian (1986) "Reported Speech: Some General Issues," *Direct and Indirect Speech*, ed. by Florian Coulmas, 1–28, Mouton de Gruyter, Berlin.

Espinal, M. Teresa (1991) "The Representation of Disjunct Constituents," *Language* 67, 726–762.

---

[3] De se についての様々な研究に関しては，Feit and Capone (2013) と Capone (2016) の 10–11 章が参考になる．しかしそこで取り上げられているどの分析も (Capone (2016) 自身の分析も含めて)，「伝達を前提としない，思考の主体」には至っていない．

第7章　私的表現と発話行為・私的自己と de se　　151

Feit, Neil and Alesandro Capone (2013) "The Problem of *De Se* Attitudes: An Introduction to the Issues and the Essays," *Attitudes* De Se: *Linguistics, Epistemology, Metaphysics*, ed. by Neil Feit and Alesandro Capone, 1-25, CSLI Publications, Stanford.

Fogelin, Robert (2011) *Figuratively Speaking*, 2nd ed., Oxford University Press, Oxford.

Gehrke, Berit and Elena Castroviejo (2015) "Manner and Degree: An Introduction," *Natural Language and Linguistic Theory* 33, 745-790.

Greenbaum, Sidney (1969) *Studies in English Adverbial Usage*, Longman, London.

Hirose, Yukio (1995) "Direct and Indirect Speech as Quotations of Public and Private Expression," *Lingua* 95, 223-238.

Hirose, Yukio (2000) "Public and Private Self as Two Aspects of the Speaker: A Contrastive Study of Japanese and English," *Journal of Pragmatics* 32, 1623-1656.

Huang, Yan (2013) "*De Se* Attitude / Belief Ascription and Neo-Gricean Truth-Conditional Pragmatics: Logophoric Expressions in West African Languages and Long-Distance Reflexives in East, South, and Southeast Asian Languages," *Attitudes* De Se: *Linguistics, Epistemology, Metaphysics*, ed. by Neil Feit and Alesandro Capone, 185-209, CSLI Publications, Stanford.

Huddleston, Rodney (1994) "The Contrast between Interrogatives and Questions," *Journal of Linguistics* 30, 411-439.

Iwata, Seizi (2003) "Echo Questions Are Interrogatives? Another Version of a Meta-Representational Analysis," *Linguistics and Philosophy* 26, 185-254.

Jaszczolt, Kasia M. (2013) "Contextualism and Minimalism on *De Se* Belief Ascription," *Attitudes* De Se: *Linguistics, Epistemology, Metaphysics*, ed. by Neil Feit and Alesandro Capone, 69-104, CSLI Publications, Stanford.

Kaplan, David (1977) "Demonstratives," *Themes from Kapan*, ed. by J. Almog, J. Perry and H. Wettsten, 481-563, Oxford University Press 1989, Oxford.

Kissine, Mikhail (2014) *From Utterances to Speech Acts*, Cambridge University Press, Cambridge.

Lyons, John (1977) *Semantics*, Cambridge University Press, Cambridge.

McCawley, James (1987) "The Syntax of English Echoes," *CLS* 23, 246-258.

中右実 (1994)『認知意味論の原理』大修館書店，東京．

Noh, Eun-Ju (2000) *Metarepresentation: A Relevance-Theory Approach*, John Benjamins, Amsterdam and Philadelphia.

Wilson, Deidre (2013) "Irony Comprehension: A Developmental Perspective," *Journal of Pragmatics* 59, 40-56.

Wilson, Deidre and Dan Sperber (1988) "Mood and the Analysis of Non-Declarative Sentences," *Human Agency: Language, Duty and Value*, ed. by J. Dancy, J. Moravczik and C. Taylor, 77-101, Stanford University Press, Stanford.

Wilson, Deidre and Dan Sperber (1993) "Linguistic Form and Relevance," *Lingua* 90, 1-25.

山口治彦 (1992)「繰り返せないことば――コンテクストが引用にもたらす影響」『グラマー，テクスト，レトリック』，安井泉（編），289-320，くろしお出版，東京.

第 8 章

公的表現としての対話の階層性と英語の三人称代名詞の 3 分類*

西田　光一
山口県立大学

要旨: 本章では，Hirose (2013) の公的自己の概念を，その基にある Benveniste (1971) の人称区分の対話モデルに遡って再検討し，話し手と聞き手を連続的に理解する役割交替モデルに発展させる．このモデルにより，英語の三人称代名詞が対話の参加者の役割の組み合わせの違いにより分類され，前方照応的用法，話者指示詞的用法，対話者の対話者を表す用法の 3 種類が区別されることを示す．Hirose が提案する話し手の私的自己と公的自己への分解を発展させ，聞き手も話し手の一種としての次の話し手と発言権が与えられない本当の聞き手に区別されることを明らかにする．

1.　はじめに

　本章では，Hirose (2013) の三層モデルにおける公的自己が持つ話し手の対話上の役割を基に，英語の三人称代名詞を 3 分類することを提案する．具体的には，三人称代名詞を，(i) 前方照応的用法，(ii) 話者指示詞的用法，(iii) 対話者の対話者指示用法に区別する．(i) と (ii) は一般の文法書や Kuno (1972) をはじめとする先行研究で指摘されているが，(iii) は私の知る限り，口頭発表の Nishida (2014, 2017) で扱われた程度であり，まだ事実観察も不十分で，理論的な意義も探求されていない．

---

　* 本章は，廣瀬幸生教授還暦記念言語学ワークショップ（2016 年 9 月 30 日，つくば国際会議場）で本章と同じ題名で発表した原稿を修正し，発展させたものである．当日の発表と今回の執筆の際に有益な質問と建設的な意見をいただいた廣瀬幸生先生をはじめ，山口治彦，今野弘章，島田雅晴，長野明子，森雄一，金谷優の各氏，また例文判断にご協力いただいた Kristen Sullivan 氏に記して謝意を伝えたい．成果発表の順番の都合上，本章の内容は Nishida (2017) の口頭発表と一部重なる．ただし，この発表は本章で言う対話者の対話者指示用法の英語の三人称代名詞を話法の観点から議論したもので，三人称代名詞の諸用法の分類は論じていない．本章に残る議論の不備は全て筆者の責任である．本研究は平成 29 年度山口県立大学研究創作活動の助成を受けている．

説明の枠組みでは，以下に示す役割交替モデルを提案し，そのモデル上の役割の組み合わせの違いから上記の3分類が導かれることを示す．

(1) Original Speaker (SPK) ... > Current SPK$_{(Reporter)}$ > Next SPK$_{(Reporter/}$ $_{Addressee)}$ > Future SPK$_{(Reporter/Addressee)}$ > ...

役割交替モデルは廣瀬の公的自己の概念を継承しており，話し手と聞き手の役割の交替と連続を説明するともに，英語の三人称代名詞の3分類に根拠を与え，日本語と英語の違いも導くことを具体的に示す．

本章の構成は次の通りである．2節は，公的自己と Benveniste (1971) を発展させた役割交替モデルを紹介し，Kuno (1972) の直接話法分析を再評価する．3節では対話者の対話者指示の代名詞を議論する．4節では，話し手が報告者に降格する選択の有無で英語と日本語の違いを導き，報告者の役割をパラメータ化する．また英語の三人称代名詞を役割交替モデルにより3分類する．5節では本当の聞き手が現れる文脈を特定する．6節では三層モデルと本論の対話を試みる．7節が結論である．

2. 対話の主体としての公的自己

本節では，最初に三層モデルの公的自己に焦点をあて，そのアイデアを Benveniste (1971) に遡って再検討する．次に公的自己が対話で担う役割から役割交替モデルを発展させる．また，役割交替モデルと比較しつつ Kuno (1972) の直接話法分析を対話の再現方法として再評価する．

2.1. 対話の連続性

三層モデルで本章に最も深く関係する点として廣瀬 (1997: 11) の公的自己を私的自己と比べて定義したところを検討する．

(2) 公的自己とは発話状況において聞き手と対峙する話し手であり，言語による伝達の主体である．私的自己とは聞き手のいない話し手であり，思いの主体である．

ここから分かるように，廣瀬は，話し手と聞き手が分かれる対話の一時点を見て，話し手を聞き手から分離可能なものとして扱う．しかし，現実の対話は継続的であり，話し手と聞き手は常に交替し，連続している．

廣瀬の説明では，私的自己と公的自己のように個人を分割するが，個人内の役割分割は概念的には可能としても，その個人を他者から見た場合，それが私

的自己か公的自己かは判別できない．そのため，本論では個人は分割せずに，相手に応じて個人の役割を変えることで，その個人の役割を可視化し，その可視的な役割の組み合わせにより代名詞の用法間の共通点と相違点が導かれることを示す．もっとも，これは廣瀬の批判というよりは，廣瀬の公的自己の定義に組みこまれたアイデアを明示化したものにすぎない．公的自己に組み込まれた対話の関係を参加者の役割交替から把握しなおすと，次の原則が得られる．

(3) 話し手，報告者，聞き手は交替しサイクルをなす役割である．報告者を介し話し手と聞き手は連続可能であり，聞き手は話し手と連続したものと，話し手とは分断されたものに再編される．

廣瀬の達成点の1つは，話し手概念を私的自己と公的自己に分解したところである．本論では，それを一歩進め，聞き手概念を，公的自己の一種として次の話し手の役割が与えられるものと，それが与えられないものに分解し，本当の聞き手の役割には後者が該当することを示す．

廣瀬の公的自己の先駆的アイデアは Benveniste (1971) の人称の対話モデルに求められる．このモデルを単純にして (4) に示す．

(4)
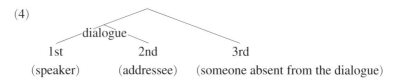

一人称と二人称は対話における話し手と聞き手の役割であり，三人称は当該の対話には不在の人を表す．これは一人称と二人称の関係の近さと，両者から離れた三人称という距離の違いに基づく人称の定義であり，(4) をさらに記号化すると，[[I–II] III] と表される (cf. 山口 (2011))．この定義によると，一人称と二人称はペアをなして互いに依存しあい，二人称があるから一人称があることになる．

上記の3分類では，前方照応的用法の三人称代名詞は Benveniste のモデルが端的に当てはまる用法で，現在の話し手と次の話し手の対話で話題としては出てくるが，発言権が与えられない人を表す用法である．しかし，Benveniste のモデルは，現在の話し手が次の話し手に向けて話すという対話の一時点を切り取ったもので，対話の連続性を考慮していない．そこで (4) のモデルを参加者が役割を交替しつつ対話が連続していく事実を把握できるモデルに作りなおす必要がある．

2.2. 役割交替モデルの紹介

ここでは英語の例を基に (1) のモデルを一部詳しくしたうえで再掲し，事例観察を通じて，モデルの適用方法を説明する.

(5) Original SPK (agent of SAY) ... > Current SPK$_{(RPT)}$ > Next SPK $_{(RPT/ADR)}$ ... > Future SPK$_{(RPT/ADR)}$ > ...

このモデルは，以下の7点を主張している.

i. 全ての対話の参加者は話し手（SPK）として対話に参加する．しかし，発言権の順番により，現在の話し手以外の参加者は報告者（reporter, RPT）か聞き手（addressee, ADR）の下位の役割に降格する.

ii. 原話者（Original SPK）は，発話動詞の主語（agent of SAY）として対話に登場し，表現される場合は常に最上位の発言権が与えられ，自分が言いたいことが言える立場にある.

iii. 現在の話し手は報告者よりランクが高く，原話者がいない限り，対話で発言権が優先的に与えられ，自分が言いたいことを言う立場にある．報告者は自分が言いたいようには発言できず，他の参加者が言ったことを報告する下位の役割である.

iv. 聞き手は対話で最もランクが低く，現在の話し手が話す間は発言権はなく，自分の発言権は次の順番まで待たなくてはならない.

v. 話し手，報告者，聞き手の順番に指示対象を決める.

vi. say のような発話動詞は，原話者を対話に導入し，それを使う現在の話し手を報告者に降格させる．原話者を導入する文脈は，発話動詞以外にも現在の話し手を報告者に降格させる効果がある.

vii. 話し手の発言権のやりとり（turn-giving and turn-taking）は発話動詞の文法と等しい役割を担い，話し手自らが降格したり，次の話し手を降格させる効果を持つ（cf. Ross (1970), Ginzburg (2012)）.

以上をまとめると，役割交替モデルは，公的自己を連続した対話の中に置いて Benveniste のモデルを重層化した点と，話し手と聞き手の中間に報告者を位置づけ，話し手が報告者または聞き手に降格することで複数の対話の役割交替が連続する事実を把握した点に特色がある.

2.3. Kuno (1972) 直接話法分析の再評価

廣瀬 (1997) は，日本語の「自分」の分布を説明するため，Kuno (1972), 久野 (1978) をはじめとする久野の一連の直接話法分析を詳しく再検討してい

第 8 章　公的表現としての対話の階層性と英語の三人称代名詞の 3 分類　157

る．ただし，廣瀬の関心は主に日本語の「自分」にあり，英語の間接話法を直接話法から導くという Kuno (1972) にとっての中心的な問題は，廣瀬 (1997) の中心的な問題ではない点は断っておく必要がある．本章の関心は，当時の久野に近く英語の代名詞にあるが，直接話法分析の知見を直接話法からの変形に頼らずに活用することが目的である．

　Kuno (1972) は expect の補文は直接話法に直すと，一人称の指定があるという．expect は主語の内面を直接表すので，(6a) の補文は，便宜的な表現として John expects, "I will be elected." という直接話法に基づくことになる．

(6) a.　John$_i$ expects that he$_i$ will be elected.
　　b.　That he$_i$ will be elected is expected by John$_i$.
　　c.　*That John$_i$ will be elected is expected by him$_i$.

もっとも，Kuno 自身が断るように，expect は，実際は直接話法補文を取る動詞ではない．あくまで主語の内心を表すための手段として一人称の発話が基にあると Kuno は考えたわけである．

　この証拠に，(6a) に対応する受け身文は語順では逆行照応的な (6b) であり，(6c) のように補文内に John という人名を入れると，主語の内心として，He expects, "John will be elected." という他者についての期待を表すことになって expect の語義とは矛盾した意味を表すので，容認されない．また，(6c) を強いて he と John で同一指示に解釈しようとしても，主語が自称に人名を使うことになり，不自然である．

　Kuno は，(6a) のように発話，思考，感情などを表す動詞の補文内に現れ，発話，思考，感情などの主体（主節主語の指示対象）を受ける代名詞を話者指示詞的 (logophoric) 用法と呼んでいる．話者指示詞の意味は研究者や当該言語によって異なるが，本論では Kuno の用法を踏襲する．これはまた廣瀬が使う用法でもある．

　Kuno の議論の根幹には，通言語的に，自称には名前ではなく代名詞が使われるため，補文内で，自称の代名詞の代わりとされる表現も代名詞に限られるという観察がある．日本語でも同様で，例えば筆者が自称に使うことばは，専ら「私（わたし）」であり，来客の荷物を運ぼうとする際に，「私が持ちますよ」は自然だが，「西田が持ちますよ」は不適切である．日本語の自称語が英語の I と同じ代名詞かという点には問題が残り，本章で後に再び触れるが，ここでは自称には自分の名前は使わず，代名詞のように閉じた語類で専用のことばがあるという日英語の共通点が大事である．以下では，直接話法で代名詞が優先される表現は，別の話法に移した場合でも，別の形式の代名詞で優先的に表さ

れるという一般化が自称に限らず有効であることを具体的に論じていく.

　直接話法分析の再検討に戻ろう. Kuno によると, expect とは対照的に, deny は主語の一人称的な内心を表さず, 他者に言われたことを否定する意味を持ち, John denied (the rumor / saying) that John was sick. と表されるような主語の外部にあることばを補文の基にすると考えられる. そのため, 文主語の受け身文に対応させた場合, (6b) と同じく (7b) のように補文内に話者指示詞の代名詞を使うこともできるが, 一方で, (7c) のように補文内に名前, 主節主語に代名詞という配置も (6c) よりは容認されるという.

(7) a.　John$_i$ denied that he$_i$ was sick.

　　b.　That he$_i$ was sick was denied by John$_i$.

　　c.　?That John$_i$ was sick was denied by him$_i$.

この理由は, deny は, 主語から見て他者のことばを補文の基にするので, (7c) は, He denied, "John is sick." のように, 自分の名前が入った他者の発話を補文に対応させて解釈できる余地があるからである.

　ただし, Kuno (1972) の議論では, 容認度が微妙な deny の受け身文を使ったものより, 再帰代名詞の分布に基づくものの方が説得的である. (8) のように, 分布が自由な強調的用法の再帰代名詞は, 照応ではなく直示で理解される一人称の話し手の自己指示の場合が最も自然で, 二人称, 三人称の順番で容認度が下がる. 「分布が自由な」とは, 動詞の目的語に位置するように分布が限られる再帰的用法の再帰代名詞とは違い, 文中で生起する位置が制限されていないという意味である.

(8) a.　As for myself, I won't be invited.

　　b.　?As for yourself, you won't be invited.

　　c.　*As for herself, she won't be invited.

直接話法の容認度を tell の補文は引き継ぐため, 補文内の再帰代名詞が主語の自己指示に対応する (9a) は容認されるが, 主語の対話者指示に対応する (9b), 主語の他者指示に対応する (9c) の順に容認度が低くなる.

(9) a.　John told Mary that as for himself, he wouldn't be invited.

　　b.　?John told Mary that as for herself, she wouldn't be invited.

　　c.　*John told me that as for herself, she wouldn't be invited.

上の議論と同じ趣旨の繰り返しになるが, expect の補文は主語の一人称の発話として As for myself, I won't be invited. に対応するので, (10a) が容認さ

第 8 章　公的表現としての対話の階層性と英語の三人称代名詞の 3 分類　　159

れるが，deny の補文は主語の一人称の発話に基づかないので，主語志向の自由な再帰代名詞が補文で容認されない．

(10) a.　John$_i$ expects that as for himself$_i$, he$_i$ won't be invited.
　　 b.　*John$_i$ denies that as for himself$_i$, he$_i$ will be invited.

これは，expect の補文は主語の自称を含む発話に還元されるが，deny の補文は主語の自称に還元されないことを示す．(10a) のような再帰代名詞も話者指示詞的に主語の自称を含む発話を再現する手段である．

　Kuno (1972: 171-172) は，元は Postal の議論として，一人称志向の expect とは違い，ask の補文は二人称の指定があると指摘している．(11a) と (11b) の if 節は，Harry asked Betty, "Will you please come?" という直接話法に対応し，if 節内の she は直接話法の you の代用である．英語では自称語は I しかなく，対称語もまた代名詞の you しかないので，その代用形も代名詞に限られる．したがって，直接話法で you に当たる位置に Betty といった人名を置いた (11c) と (11d) は容認されない．

(11) a.　Harry asked Betty$_i$ if she$_i$ would (please) come.
　　 b.　If she$_i$ would (please) come, Harry asked Betty$_i$.
　　 c.　*If Betty$_i$ would (please) come, Harry asked her$_i$.
　　 d.　*Whether or not Betty$_i$ would (please) come, was asked of her$_i$ by Harry.

対称詞の you を代用する三人称代名詞のように，直接話法で人称代名詞でしか表せない表現は他の話法に移した場合でも人称代名詞でしか表せないという一般化は，応用範囲が広く，5 節で再び取り上げる．

　Vandelanotte (2004: 496, 501) は Kuno の議論を発展させ，(12a) と (12b) では，そこから再現される話法が違うと論じている．

(12) a.　He$_i$ would be late, John$_i$ said.
　　 b.　John$_i$ will be late, he$_i$ said.

Vandelanotte は Kuno とは逆に，直接話法から間接話法を導くのではなく，間接話法から直接話法を再現する手がかりとして補文内の人称代名詞を議論している．間接話法内に話者指示詞の代名詞がある (12a) は John said "I will be late". といった主節主語の自称を含む発話が再現されるが，間接話法内に人名がある (12b) は，Kuno の (6c) に関する議論とは違い，Vandelanotte は John と he を同一指示としても，それだけで容認不可とはしない．むしろ，

(12b) は, John will be late, or so he said. または John will be late—at least, that's what he said. のようにパラフレイズされ, John と he は現在の話し手が指す第三者のことであり, 間接話法も現在の話し手が理解する内容を表す. そのため, or so を挿入し, John の発言の不正確な再現であることを示してよい. しかし, (12a) は, *He would be late, or so John said. のように or so を挿入すると容認されない. (12a) と (12b) を訳し分けると, 「自分は遅れるだろうとジョンは言った」と「ジョンは遅れるだろう. そのように彼が言っていた」に対応すると考えられる. 本章も Vandelanotte の説を引き継ぎ, 直接話法分析を間接話法から直接話法を再現する手段として再評価する.

　今まで見てきた Kuno の例を基に, 話者指示詞として原話者の I を表す三人称代名詞と, 原話者の対話者の you を表す三人称代名詞を, 役割交替モデルにより区別すると, 以下のように表される.

(13) a.　原話者を表す三人称代名詞:
　　　　Original SPK > Current SPK$_{(RPT)}$ > Next SPK$_{(ADR)}$
　　b.　原話者の次の話し手を表す三人称代名詞:
　　　　Original SPK$_{(Next\ ADR)}$ > Original SPK's Next SPK > Current SPK$_{(RPT)}$ > Next SPK$_{(ADR)}$

(13a) は, 現在の話し手が say などの発話動詞を使うと, 自分は原話者の報告者に降格することを示す. この場合, 三人称は指示対象が最優先で決められる原話者に結びつく.

　(13b) は, 原話者が ask を使い, 自分の話し相手に発言権を譲る場合を表す. 各種の英英辞書で ask は 'to question' に類義とされ, "to say or write something in order to get an answer, a solution or information" に言い換える *Longman Dictionary of Contemporary English* の定義を抽象化すると, ask には 'to say something to let the addressee say next' という語義があることが分かる. そのため, ask は発話動詞の一種として現在の話し手を原話者の報告者に降格させるとともに, その主語は目的語が表す次の話し手の聞き手に降格する. これら 2 つの降格により, 原話者の次の話し手に三人称代名詞が最優先で結びつく. 次節で見るように, ask の文法は, 現在の話し手が自分の次に相手に報告させるように促す文脈に応用され, 現在の話し手と次の話し手がともに降格すると, 話し手の役割が未来の話し手にまで引き継がれていくことになる. また, (13a, b) のように役割交替モデルは, 代名詞の用法の違いを, その代名詞が表す人に対話で関わる人々の役割の組み合わせの違いとして表す.

第 8 章　公的表現としての対話の階層性と英語の三人称代名詞の 3 分類　　161

3.　対話者の対話者を表す三人称代名詞

　まず，実例を観察するところから始めたい．(14a) で，本文 1 行目の his は a smitten groom に照応しているが，4 行目の him は前方照応的ではない．むしろ，読み手の結婚相手を指すと解釈される．この代名詞が収まる as simple as a card telling him の文は筆者から読者への対話をなしており，1 行目から do the same for her groom までの談話とは別の領域をなしている．(14a) の省略的なタイトルも読み手との対話に属し，その him も読み手の結婚相手のことである．(14b) は雑誌の目次からの例で，読み手への問いかけに含まれる he も，読み手の交際相手を指す．以下では，写真複写の例には該当箇所に下線を付け足してある．

(14) a.

> A gift for him?
> Sometimes, a smitten groom will surprise his bride with a small token of love either the night before or the morning of the wedding. Similarly, it is not unknown for the bride to do the same for her groom. As simple as a card telling him how much you're looking forward to seeing him at the altar, to a bottle of his favourite cologne he can wear that day or even something more expensive like an engraved watch—the choice (and thus, his heart) is yours. we

Wedding Essentials, Ontario ed., 2015: 77

b.

Marie Claire, Nov. 2014: 17

(14a, b) と同様に先行詞がない代名詞は，メディア上の対話に生じ，異性との交際が話題となる記事のタイトルに広く観察される．もっとも，この用法の代名詞の指示対象は常に異性の交際相手ではなく，(15a) のように読み手として想定される母親から見て自分の息子を指す例もある．(15b) では，ペットの犬について先行詞のない三人称代名詞が使われている．もちろん，ペットの犬

がオスに決まっているわけではない．しかし，この例が主婦を主な読者層とする女性誌から取ってあることを考えると，親密な関係の上に成り立つ対話は，交際している男女の対話をモデルとし，代名詞の指示対象を異性のパートナーとしてタイプ化しやすいことが分かる．

(15) a.

Parenthood, Feb. 2013: 12

b.

Martha Stewart Living, Sep. 2015: 114

今後，網羅的に調査するが，この用法の代名詞は，交際相手や配偶者をはじめ，メディアが想定する読み手の身近な異性を表すと一般化できる．

　記事のタイトル等で先行詞なしで使われる三人称代名詞は，メディア上の対話という観点から，以下7点 (i)-(vii) の特徴が挙げられる．

　　i. 短い文章に出てくる．その文章の内容が交際関係に絞られる．
　　ii. 同じテキスト内に指示対象の候補があっても，先行詞としない．
　　iii. 各読み手が別の第三者を指すため，書き手は指示的に使えない．
　　iv. 読み手を表す二人称，または一人称を中心に理解され，直示的に書き

第 8 章　公的表現としての対話の階層性と英語の三人称代名詞の 3 分類　　163

換えると，your husband, your sweetheart のように読み手の交際相手を表すが，二人称や一人称は明示されないこともある．

v.　この用法の三人称代名詞は定名詞句に置き換えられない．

vi.　読み手の交際相手を表すため，男性向けの雑誌や広告では女性系の代名詞が，女性向けであれば男性系の代名詞が選ばれる．

vii.　読み手を表す you が the two of you や you both のようにペアを指す表現にある場合，そのもう一方を当該の三人称代名詞が指すことができる．

これらの特徴は何に起因するか．役割交替モデルから単純な解答が得られる．対話者の対話者の代名詞が出てくる文は，書き手が読み手に与える次の発話の先行表現であり，読み手は書き手の報告者に降格して，自分の次の直接話法を，ここから再現することが促されているわけである．

　特徴 v. が，問題の三人称代名詞が話法に関係し，対話の再現に資することを最も端的に示す．例えば，(14b) にある代名詞 he は，(16a) のように your が付いた直示的名詞句に言い換えられても，(16b) のように定名詞句には言い換えられない．

(16)　a.　You got the big job. Can {he / your guy} deal?
　　　 b.　You got the big job. ??Can the guy deal?

(17)　a.　You got a big job. Can he deal?:
　　　　　Current SPK > Next SPK$_{(RPT)}$ (... Future SPK)
　　　 b.　I got a big job. Can you deal?:
　　　　　Next SPK$_{(RPT of Current SPK)}$ > Future SPK$_{(ADR)}$

ここから，この用法の代名詞では，現在の話し手にとっての your guy が読み手自身の対話では you に相当することが分かる．この用法の三人称代名詞を使うメディア上の話し手は，まず (17a) のように読み手に報告者としての次の話し手の役割を与え，次に (17b) のように読み手は報告者として自分の次の話し手にメディア上の話し手の発話を伝える．その際，読み手は人称を自分中心に交替させ，元の三人称から自分にとっての二人称に置き換える．対話者の対話者を表す he, she は，英語で対称詞が you しかないのと同じ理由で，代名詞でしか表せない．

　三人称代名詞とは違って定名詞句は談話内照応の機能だけを担い，対話の参加者を表さないので，読み手にとって自分の次の話し手を表す you が再現できない．この用法の代名詞は，書き手と読み手の対話の一部だから短い文脈に

しか生じず,対話の外にある指示表現を先行詞にもしない.
　Roberts (2003: 334) は,代名詞は談話上で卓越した (salient) 指示対象を表すとし,卓越性の条件を次のように定めている.

(18) Salient discourse referents pertain to a current goal in the hierarchical structure of discourse goals (questions under discussion) and domain goals of the interlocutors.

この条件の前半は談話内に卓越した先行詞がある前方照応用法の代名詞に該当する.後半は対話者間 (the interlocutors) の関心にあるものを表すということで,対話者の対話者を表す用法に該当する.メディア上の対話では,Roberts が言う対話者に書き手と直接の読み手に加え,読み手と読み手の交際相手も含まれることになるため,代名詞を解釈するのに必要な対話が少なくとも2つのレベルにまたがることが分かる.

　対話者の対話者を表す三人称代名詞は,(19a) のように,the two of you の一方の人として読み手とペアをなす人を直示的に指すことがある.

(19) a. 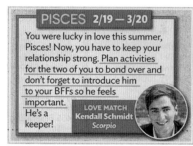　b.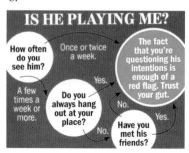

Tiger Beat, Sep. 2013: 99 / *Cosmopolitan Singapore*, Apr. 2014: 74

また,(19b) のように読み手がメディア上,一人称で表されるタイトルについては,'Is he playing me?' は,実際の読み手の次の対話では 'Are you playing me?' に交替することになる.

　対話者の対話者を表す三人称代名詞には読み手の介在が必要だが,当該の三人称代名詞が you に支配された位置に生じなくてはならないわけではない.(20a) のように,当該の三人称代名詞は you に先行して生じることもある.対話は対話者と面して始めることが必要なのであって,必ずしも you の呼びかけで始めることが求められないからである.

第 8 章　公的表現としての対話の階層性と英語の三人称代名詞の 3 分類　　165

(20) a.

Seventeen, Nov. 2014: 79

b.

(20b) は私がカナダのトロントで入手した壁貼りのメモ帳である．一番下に NOTES FROM HER / NOTES FROM HIM と記されており，夫婦などのカップルでお互いの連絡事項を書き込めるようになっている．これらの三人称代名詞は，このメモの製造者（販売者）を現在の話し手に類する立場としておくと，その立場から消費者を次の話し手とする対話が行われ，その対話で話題となる第三者を表すという特徴がある．

このように対話者の対話者を表す三人称代名詞の特徴 (i)-(vii) は，書き手と読み手，読み手とその相手という二重の対話から導かれる．

4.　報告者に降格する選択の有無と日英語の違い

本節では，英語では人称代名詞の組み合わせで話し手が他の話し手の報告者に降格することが伝えられるが，日本語には，それに相当する手段がなく，報告者への降格は語彙的に表すしかないことを見ていく．その結果，英語と日本

語では役割交替モデルが部分的に違うことになる.

4.1. 報告者に降格した話し手が使う三人称代名詞

発話動詞以外にも原話者を導入する文脈は，現在の話し手を報告者に降格させる効果がある．具体的には自由間接話法とエコー発話がある．以下，山口(2009) を参照しつつ，自由間接話法とエコー発話においても，現在の話し手が自分の言いたいようには話せず，自分以外の原話者の発言を尊重した話し方になることを見ていく．言い換えると，どちらの話法でも，現在の話し手が原話者の報告者に降格することになる.

山口 (美) (1998: 61) は，(21) についてはもとは神尾 (1998) の指摘と断りつつ，原話者の発話を報告する際の英語と日本語の違いを議論している.

(21)　Mother:　What did Jack say?
　　　 Jane:　　He's coming to visit us soon.

Jane の返答は，英語だと，このままで自然だが，日本語だと，「今度遊びに来るって」のように「って」という伝聞形式が必要で，Jane が Jack の報告者になっている．神尾の言い方では，Jack から聞いたことは，英語では Jane の「情報のなわ張り」に入るが，日本語では入らないことになる．言語間で同じ情報の扱いがなぜ変わるかという疑問が生じるが，文法的には，英語では，先行文脈の発話動詞を引き継ぎ，それ自体は発話動詞の報告節がない自由間接話法が使えるが，日本語では使えないということである．これは (21) のような会話だけでなく，文学作品の翻訳にも見られる違いであり，山口は英語作品の報告者を日本語訳で表すには，当該の自由間接話法に「という」が補われると指摘している.

(22) a.　*Pride and Prejudice*: Chapter 7
　　　　 Her enquiries after her sister were not very favourably answered. Miss Bennet had slept ill, and though up, was very feverish, and not well enough to leave her room. Elizabeth was glad to be taken to her immediately;

　　 b.　ジェインのことは，いろいろたずねてみたが，返事はあまりよくなかった．昨夜はよく眠れなくて，今朝も起きてはおられるが，まだ部屋は出られない，ということだった．エリザベスは，すぐに部屋へ案内された．『自負と偏見』(訳：中野好夫 (1963)) 新潮社．下線は筆者の追加.

第 8 章　公的表現としての対話の階層性と英語の三人称代名詞の 3 分類　　　167

単純に見て，日本語で「って」や「という」にあたる伝聞の意味は，英語では直接表されず，むしろ直示表現を使う話し手が別の話し手の報告者に降格することで間接的に伝えられることになる.

　次に，山口（2009）の本文と共に Mansfield の *The Garden Party* から自由間接話法の例を考察しよう. 該当箇所を下線で示してある.

(23)　How many men that she knew would have done such a thing? Oh, how extraordinarily nice workmen were, she thought. <u>Why couldn't she have workmen for friends rather than the silly boys she danced with and who came to Sunday night supper?</u> She would get on much better with men like these.

上記の英文について，山口（2009: 89）は次のように述べている.

　　日本語母語話者にとって（63）（＝(23)）下線部のような描出話法の一節を英文で実感を伴って読み取るのは，最初はそう簡単ではない. "Why couldn't she have workmen for friends...?" におけるように，三人称代名詞を主語にして個人の主観的経験を語ることは，日本語では難しいからである. 一人称の語りに現れる描出話法なら，もう少し分かりやすいかもしれない. たとえば，（63）の下線部を一人称の語り（中略）に現れるものとして書き換えると，以下のようになる.

　　(64)　How many men that I knew would have done such a thing? Oh, how extraordinarily nice workmen were! Why couldn't I have workmen for friends rather than the silly boys I danced with and who came to Sunday night supper? I would get on much better with men like these.

山口は「三人称で個人の主観的経験を語ることは日本語では難しい」と問題の核心を指摘しているが，なぜ，それが難しいかという疑問には答えていない. 本論が扱う役割交替モデルでは，英語の直示語とは違い，日本語の直示語には，現在の話し手が別の話し手の報告者に降格し，別の話し手中心の解釈を優先させる選択が，それ自体にはないという直示語の文法の言語間の違いに，上記の問題の原因が特定される.

　さらに日本語への直訳では理解されない英語の代名詞の用法を検討しよう. (24) は山口（2009: 105）から引用した Stoppard の戯曲 *Night and Day* の一部であり，ここでは Guthrie の発話が問題になる.

(24) WAGNER: My editor, Fred Hammaker, suggested I look you up.
Sends his regards. And to Mrs. Carson.

CARSON: I'm afraid I've never heard of him.   Excuse me.
(Leaving WAGNER looking at the closed door.)

GUTHRIE: He's never heard of him.

WAGNER: I'm thinking about it.

Guthrie の言う He's never heard of him. は，前の Carson の発話を人称だけ変えた繰り返しである．これは，Carson said, "I've never heard of him." という一人称の代わりの三人称の he で，Guthrie はエコーを使うことで自分は現在の話し手から Carson の発話の報告者に降格する．(24) の He's never ... の he は「彼」でも「自分」でも訳せない．山口 (2009: 105) は当該箇所を「その人のことはまったく聞いたことがない，とさ」と Carson の直接話法になおして和訳しているが，敢えて人称代名詞も含めて訳せば，「私は彼の名前は聞いたことはありませんですって」のように Carson の一人称を補った発話になおすのが自然と思われる．

　山口の議論と本章の関係は，自由間接話法を使うと，Carson says that ... のような上位節がなくとも，当該の代名詞の解釈を補文にある時と同じく原話者指示に向けられるという点である．英語の人称代名詞には，自由間接話法が使える文脈での話だが，現在の話し手が I, you, he, she といった人称代名詞を使うだけで，自分が報告者に降格するという選択があるが，日本語の人を表すことばには，それがない．

　現在の話し手が文内の原話者の報告者に降格する条件を (25) に示す．

(25) a. 発話動詞を使い，原話者を導入する．

　　 b. 先行文脈の登場人物の心理描写に続けて，自由間接話法を使う．先行文脈は，その主題を発話動詞の主語に置き換え，The topic person said that ... といった上位節に相当する

　　 c. エコー発話により，前の話し手のことばに従う．エコーの話し手は前の発話と同じ形式と内容を言うが，代名詞の人称は変えられるので，全く同じでなくても良い．

役割交替モデルでは，話し手は自分の言いたいことを言う役割と定義され，報告者は自分の発話が前の発話（他者の発話）により制約される立場の人を指す．この定義により，エコー発話の話し手は報告者になる．

4.2. 報告者が不在の日本語の人を表すことば

前節の (23) と (24) の例から明らかなように，自由間接話法もエコー発話も，そのままでは日本語に訳せない．特に，これらの文脈の三人称代名詞は，直訳的に「彼」や「彼女」といった日本語には対応しない．むしろ，当該の英語の三人称は，日本語では一人称に置き換えて理解する必要がある．その理由を役割交替モデルから明らかにしたい．

ここでは，一人称単数の I などの英語の直示語には話し手から聞き手または報告者へ降格する 2 つの選択が入っているが，「私」などの日本語の直示語には報告者への降格が入っていないと考え，日本語版の役割交替モデルを次のように設定し，以下で根拠を示していく．

(26) Original SPK ... > Current SPK > Next SPK$_{(ADR)}$ ... > Future SPK $_{(ADR)}$ > ...

話し手の下位役割の報告者の有無は，言語間のパラメータの違いとして考えられる．ここから，言語間で意味を共有するが，使われ方が違うことばが生じる理由を，それぞれのことばが当該言語内で担う文法の違いから導くというパラメトリック語用論の方向が見えてくる．

英語では，直示関連の閉じた語類の文法に話し手が報告者に降格する選択が入っており，人称代名詞の組み合わせだけで報告体の文脈ができる．一方，日本語では，報告者は伝聞の「という」などを使って語彙的に表すしかなく，自由間接話法やエコー発話といった話法がない．つまり，英語の直示語には現在の話し手から報告者に降格する選択があるが，日本語の直示語には報告者に降格する選択が入っていない．その反映として，日本語の直示語は，現在の対話の話し手との結びつきが英語の直示語より強いという帰結が得られる．

このように報告者への降格を直示語の文法に起因するものとすると，どこまでが直示語かという問題が出てくる．特に (22a) のように人称代名詞が入っていない文が自由間接話法で使われる場合は，どこに報告者を受け入れる要素があるかという疑問が出てくる．ここでは詳論できないが，時制にも人称代名詞と同じ直示が入っており，報告体では，現在の話し手が自分を中心に決める過去から登場人物を中心に決める過去を代わると考えられる (cf. Lyons (1977), Levinson (1983))．

以下の議論は，Nishida (2013) と部分的に重なる．英語の I と日本語の「私」の端的な違いは，日本語では発話動詞を使っても現在の話し手が原話者の報告者に降格しない選択が許される点である．藤田 (2000: 148-149) が指摘するとおり，(27a) と (27b) では，「私」の読みが変わる．

(27) a. 花子は，次は私の番だと言った．

　　　b. 花子は，次は私の番だと知っていた．

(27a) は発話動詞を含み，「私」が現在の話し手を指す読みと花子を受ける読みであいまいだが，(27b) は「私」が現在の話し手を指す読みしかない．理由は，(27b) では花子に発言権が与えられず，補文内にあっても「私」は現在の話し手に結び付くしかないからである．

　また，発話動詞以外にも，現在の話し手より「私」を強く引き付ける原話者を導く文脈がある．例えば，(28a) のように記事の主人公を紹介するタイトルでは，現在の話し手は報告者に降格する．

(28) a. 田中麗奈が {選ぶ／??聞いたことがある} 私の愛読書

　　　b. 僕の一冊，私の一冊

「選ぶ」は発話動詞ではないが，タイトルでは記事の登場人物が愛読書を選ぶことが，その人のメッセージを伝えることになり，それが理由でその人を原話者扱いできる．しかし，「聞いたことがある」では，その人のメッセージが伝えられず，(28a) はタイトルではおかしく，「私」は書き手を指す読みが生じてしまう．(28b) は，雑誌の連載記事などのタイトルにある用法で，前後の文脈から独立した自称語から，現在の対話を通り越して，毎回の取材先の人物が記事全体の原話者として自分の思い入れの本のことを語るという当該記事の編集方針が伝えられる．

　日本語の直示語には報告者が入っていないため，現在の話し手と原話者は文法上，対等であり，文脈の設定上，原話者の方が情報発信力に勝る場合は，(28) のように現在の話し手ではなく原話者に自称語を使う優先権が与えられる．また，現在の話し手が報告者に降格しないため，直示表現の操作だけでは自分より優先される原話者を導入できない．ここに英語の自由間接話法やエコー発話を日本語に訳しにくい起因がある．

4.3. 英語の三人称代名詞の3分類

　役割交替モデルに基づき，今まで見てきた英語の三人称代名詞の3用法を話し手役の順番と報告者の組み合わせで表すと，次のようになる．

(29) 1. 前方照応用法：

　　　Current SPK > Next SPK(ADR)

　　　三人称代名詞は，一人称と二人称が行う現在の対話に不在の主題の人を指す．(4) の人称の対話モデルの箇所で言及したように，

前方照応用法が立脚する三人称を話題とした一人称と二人称の対話は，[[I‑II] III] のように図式化して表される．

2. 話者指示詞的用法：
Original SPK > Current SPK$_{(RPT)}$ > Next SPK$_{(ADR)}$
三人称の原話者と現在の話し手の [[III‑I] II] と現在の話し手と次の話し手の [III [I‑II]] という二つの対話が一つの文に含まれており，後者は前方照応用法と同じ対話の関係だが，現在の話し手が原話者の報告者に降格している点で違う．

3. 対話者の対話者を表す用法：
Current SPK > Next SPK$_{(RPT)}$ > Future SPK$_{(ADR)}$
現在の話し手と次の話し手の [[I‑II] III] と次の話し手と未来の話し手の [I [II‑III]] という二つの対話が一つの三人称代名詞の背景にあり，前者では一人称と二人称が対話するが，後者では二人称と三人称が対話し，三人称に未来の話し手の役割が与えられる．次の話し手は報告者に降格し，三人称代名詞は現在の話し手から見て指示的に不透明になる (cf. Hirose (1986))．

このように三人称代名詞の異なる用法は，役割交替モデルで対話の参加者が担う役割と下位役割の異なる組み合わせとして分析される．

　現在の話し手からすると，自分にとって次の話し手を表す代名詞を別途作る必要性は高いが，原話者にとっての次の話し手を表す代名詞を別に作る必要性は薄い．これも現在の対話に不在の人として三人称代名詞で代用できるからである．一方，現在の話し手には，原話者を表す代名詞を，自分を表す代名詞とは別に作ってあると便利で，実際，そのような言語がある (cf. Clements (1975))．これは，Lyons (1977) の言う意味で，言語は現在の対話を基にして出来ていることの反映である．

5. 本当の聞き手

　今まで，廣瀬が公的自己の定義に使っている聞き手は，聞き手の役割だけに終始するものではなく，むしろ話し手の一種であり，次の話し手と見る方が対話の実際に即していることを論じてきた．ここから，廣瀬が話し手概念を私的自己と公的自己に分解したのに倣い，聞き手概念も，次の話し手として公的自己の一部に入るものと，聞き手の役割にのみ終始するものに分解できると思われる．後者は Goffman (1981) の言う反射的発声 (response cries) の聞き手

として具現化する.

Clark (1993: 270) の解説を参考にしながら，(30) のシナリオの場面（山田
洋次の『学校』の一部）を考えてみよう.

(30) あるラーメン屋（夜） 駅近く，繁華街の片隅にある屋台店. … 黒井
がラーメンを啜っている. その背後に，うす汚れた若者が一人すり
寄って，小声で声をかける.
若者 「おじさん，汁飲まないんでしょう，俺たちにくれよ」
ぎょっとして手を止める黒井.
若者 「ソバ食っちゃったら汁残るだろう，それくれよ」
黒井，気味悪げに丼を若者に差し出す. 暗がりから二人の男女が現
れ，丼の汁を回し飲み始める. まじまじとその姿を見つめる黒井.
髪を染めた娘が顔を上げ，ギョッとなる.
黒井 「みどり――」
みどり 「ヤバイ！」
丼を放り投げて駆け出すみどり. 椅子を蹴飛ばして後を追う黒井.

ここで「ヤバイ！」は黒井と共有した状況への反射的発声であり，みどりが黒
井に聞かせてはいるが，黒井に次の発言権を与えてはいない.

反射的発声は，典型的には話し手が自分の誤った行動に対し，自分がきちん
と対応していることを周囲の人に釈明する働きがある. (29) の背景を述べて
おくと，黒井は夜間中学の教師で，みどりはその生徒である. みどりは，相手
が黒井でなかったら，そのままラーメンの残り汁を飲んでいたと思われ，見ら
れたくない相手に自分の行為を見られた場面で「ヤバイ！」を発している. 言
い換えると，「ヤバイ！」は相手が黒井だったから発せられたのであり，みど
りは自分が良くないことをしている自覚があり，自己制御できていることを黒
井に伝えられる.

反射的発声に次の話し手としての聞き手がいないことは，(30) で若い女性の
みどりが年上の男性の黒井を前に「ヤバイ！」を使うことから明らかである. 日
本語の社会では女性は女性語を話す特徴があり，特に年上の男性に話す際は，
女性語の使用が女性の話し手のアイデンティティを示すことになる (cf. 井出
(2006)). 女性語が話し手に課す自己規制に従えば，みどりは対話で黒井に「ヤ
バイ！」を使う機会は，まずない. せめて，「やばいわ」や「やばいよ」といっ
た対人関係を表す終助詞が対話では求められる. しかし，反射的発声で，その
ような女性語や対人関係表現の規制から話し手が自由になる理由は明白で，話
し手は，自分の反射的発声を聞く立場の人とは対話していないからである.

第 8 章　公的表現としての対話の階層性と英語の三人称代名詞の 3 分類　　173

Goffman（1981: 136）が指摘するように，反射的発声は，周りの人に聞こ
えるように音量を調節する．しかし，周りの人は発話者との対話には入ること
がない．ここでは反射的発声を聞く人の役割が大切である．役割交替モデルで
は対話における聞き手（addressee）を次の話し手とし，現在の話し手と連続的
に理解されると論じてきた．しかし，それは聞き手の概念を全てなくすことに
ならない．むしろ，本当の聞き手として残る役割には反射的発声を聞く立場が
該当することが分かる．
　反射的発声は，次の不完全な役割交替モデルにより表される．

(31)　Current SPK$_{(RPT)}$ > ... > Future SPK > ...

反射的発声が具体化するように，次の話し手がおらず，未来の話し手に役割交
替で聞き手の役割が与えられない場合に本当の聞き手が生じる．
　不完全な役割交替モデルは反射的発声の専用ではない．むしろ，これは話し
手と語り手（narrator）の違いを明らかにするのに有用である．山口（治）（1998）
によれば，語りは長短にかかわらず現在の対話とは分断された物語をことばで
表す．物語には独自の登場人物がいて，語り手本人は自分の相手に協調的で
も，登場人物は非協調的になることが許される．反射的発声は短くても語りの
一種であり，(30) では，みどりは窮地に陥った登場人物に立場を変えて「ヤ
バイ！」を発している．言い換えると，反射的発声は伝達的だが，次の話し手
には非協調的である．
　非協調的な語りは，定延（2016: 16）が言う秘密の吐露を含む（cf. 滝浦
(2017)）．定延は (32a) と (32b) の対立を三宅（2010）から引用しつつ，
(32c) のように対話で必要な終助詞は秘密の吐露では除くことができると観察
している．

(32)　a.　お腹がすいているんだったら，冷蔵庫にプリンがあるよ．
　　　　b.??お腹がすいているんだったら，冷蔵庫にプリンがある．
　　　　c.　お腹がすいているんだったら，[秘密吐露調] 冷蔵庫にプリンがあ
　　　　　　る．

秘密吐露の話し手は自らを現在の対話から分離させ，物語の登場人物に立場を
変えることで，対話の相手に距離を置いて非協調的になることが許される．語
り手は，実際の対話では必要な対人関係上の配慮の不作為を登場人物に転嫁で
きるからである．反射的発生の話し手も語り手に類し，現場にいる人には直接
話しかけず，自らの語りの登場人物として現場にいない人に向かって話すとい
う意味で，登場人物の報告者に自ら降格する．そのため，語り手は話し手とは

違い，伝達的だが非協調的になる選択が行使できる．語り手が対話の話し手と違う点は，(31) のモデルで次の話し手の不在により適切に表される．

6. 三層モデルとの対話

　この節では，今までの議論を踏まえ，三層モデルに新展開を与えるべく，公的自己を細分化し，現在の話し手と他の話し手の多様な関係を区分して表す方法を示す．そこから，意味は共通するが，文法が違うという表現間の差異を考察し，パラメトリック語用論の可能性を示す．

　廣瀬の研究では，私的自己における英語と日本語の違いに最も重点が置かれている．端的な例が，(33) のように，日本語では私的自己を表す専用の語として「自分」があるが，英語にはそれに対応する語がなく，公的自己を表す語を転用して私的自己を表すとされる．

(33) a. 春男は，{φ／自分が／??彼が} しあわせだと思っている．
　　 b. Haruo thinks that he is happy.

(33) では，主節主語の春男を受けるのにゼロが自然だが，その場合は春男本人がそう思っている読みと，話し手が春男のことをそう思っている読みで曖昧になる．前者の読みに限るのに「自分」は使えるが，「彼」は少なくとも自然には使えず，むしろ他者指示の読みが強く出てくる．一方，この場合，英語には he 以外の選択がなく，しかも he は主節主語の私的自己に限定して受ける語に決まっているわけでもない．

　歴史的経緯は別とし，英語の he や she と日本語の「彼，彼女」は，語義は重なっていても，使い方が違う (cf. 柳父 (1982))．このように意味は似ていても使い方が違う表現間の関係は，従来の語用論では，手つかずの問題として残っている．理由は，Grice (1975) や Levinson (2000) が考える会話の含意は，ことばの意味に付くとされるため，形式は違うが意味が共通した表現群が同じ使われ方をすることは説明できても，意味が共通でも使われ方が違う表現間の差異は説明しないからである．ことばの意味以外に，用法間の違いを引き起こす要因が求められる．

　廣瀬の公的自己と私的自己の区分は，この問題に 1 つの解決を与えてくれる．(33) について言うと，「自分」と he は，私的自己を受ける意味は共通しているが，文法が違う．「自分」は他者との対話のないところで使うが，he には，その指定がない．ここから表現間の文法の違いが，当該表現が受け持つ文脈の違いを引き起こすという見通しが得られる．

第 8 章　公的表現としての対話の階層性と英語の三人称代名詞の 3 分類　　175

　これと同様に,「彼」と he の違いと「私」と I の違いも文法の違いの問題である.「彼」と he は, ともに公的自己から見た第三者を表すが, その公的自己には現在の話し手として第三者を導入する立場と, 他の話し手の報告者として第三者を導入する立場が区別される. 日本語の「彼」には前者の使い方しかないが, 英語の he は後者の使い方もあり, その結果, 英語の he には日本語の「彼」にはない使い方ができる. 反対に, 日本語の「私」などの自称語は, 常に対話の話し手に結びつくため, 現在の対話を通り越し, 情報発信力の強い原話者の対話に遡るという英語の I にはない使われ方を許す. これは, 英語の方が日本語より対話を間接的に再現する手段が多いということであり, 英語のように閉じた語類の中で, 話し手, 報告者, 聞き手の役割交替が表せるものを人称代名詞と呼ぶとすれば, 日本語には人称代名詞がないことになる.

　廣瀬が重点的に扱う私的自己は, 日英語を比較する場合, もっと言えば何語を比較対象とする場合でも, どのような事例を議論すれば良いか分かりやすく定義されている. 他者に伝達せず, 自らの思考にことばを使う主体が表現される文脈には, 個別言語の違いに関係なく, 命題的な補文を取る思考動詞や主人公の意識の流れを表す自由間接話法が該当するからである. 言語表現の意味と形式が特定しやすいテーマを設定しているという意味で, 着眼点が優れた研究のストラテジーでもある.

　一方, 公的自己は伝達の主体の相手がどのような役割を担うかにより, 自らの役割も変わるため, その定義が一様ではない. 公的自己には, 対話で次の話し手に発言権を渡す話し手も, 反射的発声の話し手も入るが, 両者の役割は異なる. 公的自己が表す文脈は私的自己が表す文脈より多様で, 私的自己についての議論が, そのままでは拡張されない.

　廣瀬は私的表現の上に重なる層として公的表現を考えている. しかし, I don't say to you or to anyone that ... という上位節に埋め込み, 公的表現から私的表現を導く方法もあると思われる. この立場からは, 思考の言語は言えることを言わずに済ませることによって成立する. これは思考の言語を独り言に等しくすることではない. 独り言は I say to myself that ... が基にあり, ここに関与する myself は他者化された自己として, 次の話し手の一種なので, 公的表現の対話に属すことになる. Hasegawa (2010) は独り言には対話の特徴が保持されることを実証している.

　反射的発声や秘密吐露のように, 面前に聞き手はいるが, 次の話し手がいないために対人関係を配慮した表現が付け足せないものは, 現行の三層モデルでは私的表現に収めるしかない. だが, これらは語りに属し, 伝達的なのに非伝達性により定義される私的表現とされるという課題が残る. 今野 (2012) は,

日本語で活用語尾を脱落させた「あほくさっ」のような「イ落ち」を私的表現専用の表現とし，イ落ちが対話で使われることを認めたうえで，私的表現としての感覚の表出と公的表現としての感覚の伝達はレベルが違うと論じている．ここでも私的表現と公的表現の区別が非伝達的と伝達的の区別だけで定義されているが，公的表現には，次の話し手より未来の話し手に向けた語りもあり，協調的と非協調的という区分も加わるという表現の重層性が論じられていない．

　非伝達的な私的表現は，定義からも用例からも表現の種類が強く限定される．非伝達的な表現は，他者と対面した発話と，対面の発話を模擬的に再現した書面，メディア，言語芸術などの範囲外にある．その結果，非協調的だが伝達的な表現の諸相は公的な部類に属し，私的表現から外れると見込まれる．今後は，語りをはじめ，会見，発表，声明，宣言など公的表現の諸相を参加者の役割と下位役割の組み合わせを細分化することで，それぞれの役割交替モデルを明らかにしていきたい．

7.　結論

　本論では役割交替モデルを提唱しつつ，主に次の3点を論じた．第一に，英語の三人称代名詞について対話者の対話者の用法を記述し，現在の話し手の間接話法から次の話し手が直接話法を再現する過程で，三人称代名詞に二人称相当の読みが与えられることを明らかにした．第二に，代名詞を経由した対話の再現方法の有無で英語と日本語の違いを明らかにし，それが直示表現における報告者の役割の有無から導かれることを示した．廣瀬の三層モデルとの関連で言うと，英語で状況把握と状況報告が一体化していることは，報告者という下位役割が人称代名詞や直示表現などの閉じた語類の文法に入っており，それらの表現が状況把握に必要な指示を担うことから導かれる．

　第三に，公的自己による話し手概念を拡張し，聞き手概念を再編した．その結果，聞き手は発言の機会の有無により，現在の話し手と対等に公的自己として対話の次の話し手の役割を担うものと，本当の聞き手として，ことばが伝達されても発言権が与えられない役割に下位区分されることを示した．本当の聞き手は，話し手が語り手として聞かせてはいるが話しかけてはいない人たちが該当し，次の話し手が不在の不完全な役割交替を伴う．さらに語り手が遂行する伝達行為に関連して，非協調的な伝達の主体も公的自己に含まれるという新しい論点を提起した．

参考文献

Benveniste, Émile (1971) *Problems in General Linguistics*, Translated by Mary Elisabeth Meek, University of Miami Press, Coral Gables.

Clark, Herbert H. (1993) *Arenas of Language Use*, University of Chicago Press, Chicago.

Clements, George N. (1975) "The Logophoric Pronoun in Ewe: Its Role in Discourse," *Journal of West African Languages* 2, 141-177.

藤田保幸 (2000)『国語引用構文の研究』和泉書院, 大阪.

Ginzburg, Jonathan (2012) *The Interactive Stance: Meaning for Conversation*, Oxford University Press, Oxford.

Goffman, Erving (1981) *Forms of Talk*, University of Pennsylvania Press, Philadelphia.

Grice, H. Paul (1975) "Logic and Conversation," *Syntax and Semantics 3: Speech Acts*, ed. by Peter Cole and Jerry L. Morgan, 41-58, Academic Press, New York.

Hasegawa, Yoko (2010) *Soliloquy in Japanese and English*, John Benjamins, Amsterdam.

Hirose, Yukio (1986) *Referential Opacity and the Speaker's Propositional Attitudes*, Liber Press, Tokyo.

廣瀬幸生 (1997)「人を表すことばと照応」『指示と照応と否定』, 中右実 (編), 1-89, 研究社, 東京.

Hirose, Yukio (2013) "Deconstruction of the Speaker and the Three-tier Model of Language Use," *Tsukuba English Studies* 32, 1-28.

井出祥子 (2006)『わきまえの語用論』大修館書店, 東京.

今野弘章 (2012)「イ落ち：形と意味のインターフェイスの観点から」『言語研究』141, 5-31.

神尾昭雄 (1998)「情報のなわ張り理論：基礎から最近の発展まで」『談話と情報構造』, 中右実 (編), 1-111, 研究社, 東京.

Kuno, Susumu (1972) "Pronominalization, Reflexivization, and Direct Discourse," *Linguistic Inquiry* 3, 161-195.

久野暲 (1978)『談話の文法』大修館書店, 東京.

Levinson, Stephen C. (1983) *Pragmatics*, Cambridge University Press, Cambridge.

Levinson, Stephen C. (2000) *Presumptive Meanings: The Theory of Generalized Conversational Implicature*, MIT Press, Cambridge, MA.

Longman Dictionary of Contemporary English, 6th ed. (2014) Pearson Education, Harlow.

Lyons, John (1977) *Semantics, Volumes 1-2*, Cambridge University Press, Cambridge.

三宅知宏 (2010)「日本語の疑似条件文と終助詞」日本語文法学会第 11 回大会研究発表,

2010 年 11 月 7 日，就実大学.

Nishida, Koichi (2013) "Logophoric First-person Terms in Japanese and Generalized Conversational Implicatures," *BLS* 37, 287-299.

Nishida, Koichi (2014) "Accessibility and the Reader-Oriented Use of English Pronouns," a paper read at 2nd International Conference of the American Pragmatics Association, UCLA.

Nishida, Koichi (2017) "Oblique-Referential Descriptions and Third-Person Pronouns in English," a paper read at The English Linguistic Society of Japan 10th International Spring Forum, Meiji Gakuin University.

滝浦真人 (2017)「定延利之『コミュニケーションへの言語的接近』」書評論文，『語用論研究』18, 102-112.

Roberts, Craige (2003) "Uniqueness in Definite Noun Phrases," *Linguistics and Philosophy* 26, 287-350.

Ross, John R. (1970) "On Declarative Sentences," R*eadings in English Transformational Grammar*, ed. by Roderick A. Jacobs and Peter S. Rosenbaum, 222-272, Ginn, Waltham, MA

定延利之 (2016)『コミュニケーションへの言語的接近』ひつじ書房，東京.

Vandelanotte, Lieven (2004) "Deixis and Grounding in Speech and Thought Representation," *Journal of Pragmatics* 36, 489-520.

柳父章 (1982)『翻訳語成立事情』岩波書店，東京.

山口治彦 (1998)『語りのレトリック』海鳴社，東京.

山口治彦 (2009)『明晰な引用，しなやかな引用：話法の日英対照研究』くろしお，東京.

山口美知代 (1998)「自由間接話法と情報の伝達構造：話法・引用の対照研究のために」『京都府立大学学術報告：人文・社会』50, 61-74.

第9章

ことばの研究における自己観と社会思想
──場の理論からの展望──*

井出　里咲子

筑波大学

要旨：ことばの研究における自己について，その概念がいかに欧米の社会哲学思想の中に構築されてきたかを考察する．また言語人類学の分野で指摘されてきた欧米的自己像が内包する意図の解釈の問題について論じる．さらに日本の自然科学分野から生まれた「場の理論」における二重生命としての自己の捉え方について概説的に導入し，今後のことばの研究の進む方向性について展望する．

1. はじめに

　言語使用の三層モデルでは，公的自己・私的自己という話し手の自己概念が重要な役割を果たしている．しかし，より広い観点からの自己概念そのものの検討は十分に行われているとは思われない．本章は三層モデルそのものではなく，筆者の専門である言語人類学の視座から，ことばの研究における自己観の変容について，社会思想の系譜を振り返りながら論じるものである．

　西洋の言語を代表する英語に対し，その文法構造も使用も大きく異なる日本語は，言語学，語用論，社会言語学の分野において英語に次いで広く，また多角的に研究されてきた言語である．これまでに英語と日本語の対照研究は，英語と日本語が世界や社会をどのように把握するかといった認知的異同を明らかにしてきた．その研究成果は，英語が〈客観的／スル的〉事象の捉え方をする傾向にあるのに対し，日本語が〈主観的／ナル的〉な視点を取りがちである，

---

　* 本章の考えの一部は 2017 年 3 月にポートランド州立大学応用言語学科で行った公開口頭発表（Ide（2017））が元となっている．場の理論の今後の展望については，Steven Thorne 教授，Keith Walters 教授らとの討議から得た見解が多い．またキリスト教社会について，オレゴン州ヒルズボロ市 Sonrise 教会の James Gleason 主任司祭，Keith Daugherty 牧師との対話から多くを学んだ．また本書編集委員の皆様には，執筆に際し貴重な助言を頂戴した．ここに記して感謝いたします．

というメタ言語的な言語観の把握を促進してきた．一方，こうした異なる言語的特徴には，英語と日本語それぞれの世界において，歴史社会的に構築されてきた自己観，そして主体の捉え方が関与している．言語が異なれば，その言語が拠って立つ思想も大きく異なるものだが，その思想としての自己の概念は，英語と日本語世界においてどのようなものとして捉えられてきたのだろうか．

　これまでの語用論的な知に関して，Hanks et al. (2009) はそれが欧米発祥の理論を非欧米社会へと当てはめる「一方的な流れ」により構築されてきたこと，またその結果として，「異なる非西洋の言語が，決定的に西洋的なメタ言語と比較され，並列されてきた傾向にある」ことを指摘する (Hanks et al. (2009: 2))．このことは，実際には多種多様な思考や世界観を内包する言語文化を，個人主義，合理性，市場経済といった西洋的概念のフィルターを通して理解しようとすることにほかならない (ibid.: 1)．たとえば「自己」(self) や「主体」(agency) という考え方は，そのものが従来西洋的な価値前提であり，あくまでも欧米の歴史社会的な文脈の中で構築されてきた，いわば偏狭の概念である．こうした理解を前提に，本章では，長らく言語研究を含む人文社会学の礎となってきた社会的理論としての自己の概念の成り立ちについて概観する．一方，欧米の自己観に対峙させる形で，日本社会における「場」の概念とともに，生命関係学者の清水博によって提唱された「場の理論」(theory of *ba*) からみた自己観について紹介する．アメリカ社会に代表される欧米社会において，自己はあくまでも自律的で自由意思を持つ「個」の存在を前提とする．これに対し，複雑系や量子力学の発想をもとに生まれた「場の理論」(清水 (2003, 2004, 2016)) において，自己は自律的自己と場所的自己という二領域を同時に生きるはたらきとして捉えられている．本章では「場の理論」における二重生命的自己について説明した上で，今後コミュニケーション現象としてのことばの研究が進む中で，場の理論がもたらす可能性について考えてみたい．

　これに先立ち次節では，これまでの日英語対照研究から明らかにされてきた英語と日本語の世界観について，概略的に振り返ることとする．

2.　日本語世界と英語世界の異なり

　池上は，個別言語を対象とした全体論的類型について語る際，その「表現の構成の仕方に関して，人間の認知的な営みに由来する制約が課せられるものの，その中に別々の言語ごとの何か好みの傾向のようなものがある」(池上 (2006: 3)) とした．主に文を単位とする文法と語用の視点から日英語の構造的，語用的な「好みの傾向」を探ってきた対照研究は，日本語が〈主観的／ナ

第9章　ことばの研究における自己観と社会思想　　181

ル的〉視点をとる傾向にあるのに対し，英語が〈客観的／スル的〉視点をとる
傾向にあることを解き明かしてきた．以下に代表的な用例を用いながら，主観
／客観，ナル的／スル的の視点からの日英語世界の異なりについて概観する．
　日英語の言語類型論的な視点の異同を明らかにする研究の1つに，モダリ
ティの研究がある．モダリティとは，外界の事態に対する話し手の心的態度を
表すものだが，益岡（1991, 1997），井出（2006）などに詳しいように，日本
語は英語に比べてモダリティ表現が発達した言語とされる．たとえば多くの言
語学者が事例として用いてきた川端康成の『雪国』冒頭の一文がある．日本語
の原文（1）は，列車に座る主人公の島村による外界の見えが内側から言語化
される，いわば主観的把握である．これに対し，サイデンスティッカー（E.
Seidensticker）による英語訳（2）は，トンネルを抜ける列車を上から見下ろし
た，鳥瞰図的視点がとられ，「神の視点」とも言われる客観的把握への志向性
が浮かび上がる（井出（2006），池上（2007），森山（2009: 148））．

(1)　国境の長いトンネルを抜けると雪国であった．("Having gone
　　　through the long tunnel at the border, (it was) snow country")[1]
(2)　The train came out of the long tunnel into the snow country.

　森山（2009）は，言語が「自身の思考の手段」としての認知的道具としての
側面と，「他者とのコミュニケーション手段」としての社会的道具の二側面を
もち，自身からの見えをそのまま言語化する前者の側面では「主観的把握」が
用いられる一方で，他者からもわかりやすい社会的道具，および中立的視点か
らは「客観的把握」が取られる傾向にあるとする（森山（2009: 148））．この見
解に則すと，日本語は自らの思考としての見えを中心とした主観的把握を基盤
とし，言語表現として優先する習慣性がある．その一方で日本語と比較しての
英語は，他者とのコミュニケーションを言語表現のベースとし，自らも含めて
外からの視座から客観的把握をする傾向にあるといえる．
　この主観／客観の視点とは別に，日英語を行為者としての主体の概念に基づ
く比較で捉える方法がある．ここでの「主体」（agent）とは，行為者として何
らかの意思や意図をもって行為を促し，ほかに作用を及ぼすものであり，個人
であれ組織的集団であれ，事物を構成する中心的概念と見なされる．この日英
語の志向性の異なりについて池上（1981）は，英語が主体の行為を中心とした
「スル」的言語（do-language）なのに対し，日本語はその行為が自然発生的に
成される「ナル」的言語（become-language）だとして，その違いを鮮やかに

---

[1] 日本語の用例に付随する英訳は，より原語のニュアンスを反映した英訳として掲載する．

描き出した．たとえば (3) と (4) の比較において，日本語が結婚という出来事の全体を捉え，事の成り行きという状況的な視点から事態を把握する志向性をもつのに対し，英語は出来事に関与する主体しての行為者，動作主を明文化し，それを際立たせる表現をとる．

(3)　結婚することになりました ("The fact comes to the situation in which marriage is taking place")

(4)　I am / We are getting married.

もちろん日本語でも「私（僕／あたし／私たち），結婚します」と発話する状況は多々あるが，むしろこれは話し手の意図を顕在化させた「宣言」や「告知」として受け取られる，発話主体が明確に伝達された表現様式である．その一方，(3) の表現における話し手としての主体の在り処は，その話し手のいる状況に埋め込まれているといえる．また「自己」という視点から見ると，上記の例は「状況に埋没した自己」(3) と「働きかける行為者としての自己」(4) という異なる自己観を表している．この用例からも，自らをも含めた事象を内在的な主観の視点から捉える日本語に対し，英語は自らの状況を外からの客観的視点で捉える視点の違いが明らかだろう．[2]

　上記の例のような「好みとしての志向」とは，言語構造であると同時に，言語使用の過程の中で変容を経ながらも，日々習慣的に反復され，積み重ねられてきた累積としての歴史的，社会的産物である．たとえば日本語の「ありがたい」や「すみません」といった慣習的な挨拶表現は，話し手から聞き手への働きかけや，話し手の意図の顕在化というよりは，語源的には「滅多にないこと（有難い）」や「気持ちがおさまらない（済まない）」といった，話し手の置かれた心的状況への言及が形式化したものである．これに対する英語の慣習的挨拶表現としての "(I) thank you" や "(You) have a good day" は，話し手 (I) から聞き手 (you) へ向けられた直接的な働きかけを明示化した表現だといえるだろう．

　では，こうした日本語と英語の志向性の違いは，どこから生じてきたのだろうか．次節では，英語世界の志向性を形作ってきた自己の概念に焦点を当てて，それを育んできた社会思想の側面から論じる．

---

[2] 三層モデルにおける主観的把握・客観的把握の説明については，Hirose (2013) あるいは廣瀬 (2016) を参照．

3. 英語世界における自己と社会思想

3.1. はじめにことばあり

　英語世界における自己とはどのようなものであろうか．これを論じるに当たり，意味論・語用論学者の山本（2008）による「言語研究の底を流れる思想を考える」と題された論文から，西洋哲学としての「実存」の捉え方について紹介したい．山本（2008）は，チョムスキーの生成文法やスペルバー＝ウィルソンの関連性理論を支える演繹的推論様式と，合理的かつ効率的な意味伝達について論じつつ，それがいかに伝統的西欧哲学における「実存（する）」の考え方に拠るものかを著している．山本によれば，西欧哲学における実存とは，五感に触れる領域の外，つまり「超（meta）自然（physics）の域」（metaphysics）にあり，実際に目に見えたり，触れたりするものは，形の定まらぬ流転状態の幻想でしかない．真実として実在するものは，この世界を超えたところにある「普遍的」なものであり，それらの超自然的原理は，プラトンの「イデア」，アリストテレスの「形相」，デカルトの「理性」，ヘーゲルの「精神」，またキリスト教神学の「神」などと呼ばれてきたという（山本（2008: 56））．ここで自己についての概念を，キリスト教における神と人との関係性，および近代合理主義哲学の祖であるデカルトの考えた「個」の概念から概観してみたい．

　新約聖書「ヨハネによる福音書」1章1節によれば，創世は神の言葉としてのロゴスから始まり，ロゴスは思考であり，論理であり，すなわち神であるとされている（"In the beginning there were words"）．近代以前の西洋キリスト教世界において，人間を含めた森羅万象はすべて絶対的な存在としての神の被造物と見なされていた．そして人は，神の神聖なる目的遂行のための道具であり，主に従ずる奴隷として位置づけられていた．神が五感に触れず，目にも見えない精神としての絶対的な真理であるのに対し，肉体としての人は，生まれ持って罪を負い，その罪を義認し，神への救済を求める行為を通してのみ贖罪される，下位的な存在とされていた．

　中世の絶対的な権威としての神にとって代わったのが，デカルト哲学であり，その人間観は，自然科学の急速な発展の礎となり，社会の近代化を推し進めた．西洋哲学史の上村（1986）によれば，デカルト哲学は「神に拠るところのない人間の独立的，完結的な存在の論理的可能性を提示し」，自らの存在条件を神ではなく，コギト（cogito）に置いた．「私は考える，それ故に私は存在する」，つまり「あらゆる存在を疑っても，疑っている自分の存在は疑いえない」とする私＝「個」としての人間（上村（1986: 85））の誕生である．このデカルトの個の考え方は，心と身体とを切り離し，主観に伴う感情を排除した心身二

元論を基盤に，近代科学発展の原動力となった．同時に，近代における個の発見は，創造者としての神への絶対的服従，そして神の後見から人々を解放した（ibid.）．

　しかしながら，上村も指摘するように，デカルト的近代哲学思想のみならず，中世のキリスト教共同体における実践行為においてもまた，西欧社会における「個」の概念は習慣的に形作られてきたと考えらえる．キリスト教社会における共同体は基本的に「誓約集団」であるが，その信仰はおおよそすべてが，「個」と「神」との対話においてなされている（ibid.: 86）．媒介となる教会組織などの共同体は存在しても，キリスト者となることは，個人が神に罪を認め（admit），祈り（pray），告白し（confess），救済を求める（ask）といった，神への直接的語りかけ，働きかけを基軸として成される．この個人の語りかけに対し，神は願いを聞き入れ，許しを与え，魂を救済する．つまり主従関係にありながらも，「個人」（I）と「神」（thou）との対話（dialog）という実践行為が，キリスト教世界における「個」を浮き上がらせてくるのだ．

　キリスト教においてもデカルトの心身二元論においても，心と体とは切り離された対象として扱われ，肉体が幻想であるのに対し，ロゴスとしての理性は普遍的真理として扱われてきた．しかしながら哲学者の木田（2007）は，デカルトの考える理性も，もともとは神によって人間に与えられたものとして解釈されていたという．そして人間の理性について，「それを正しく使えば，つまり人間のもつ感性のような自然的能力によって妨げたりせずに，それだけをうまく働かせれば，すべての人が同じように考えることができるし（中略），世界の存在構造をも知ることができる，つまり普遍的で客観的に妥当する認識ができる」と考えられていたと論じる（木田（2007: 45））．

　このように，近代までの西欧社会において，神から人に分け与えられた理性は，超自然的な域としての心や精神と同格とされてきた．その中でデカルトは「存在するために他のいかなるものをも必要とせずに実存するもの」を「実体（substantia）」と呼び，「考える私」（コギト）をその実体とした（木田（2007: 160））．この「それ自体で存在するもの」，という意味での実体（substantia）という言葉は，近代語としての英語の subject という言葉に受け継がれ，「主観」という概念創出の土台となった（ibid.: 161-162）．人間の理性は，「それ自身は他のもののように自然のうちに存在するとはみなされない超自然的な」存在（subeictum）になり，しかもその役割を認識の働きによって果たすところから，やがてそこに「主観」という意味が生じてきた．そしてこの理性としての主観が明確に，対象として認識することができるものが，「真に存在する」もの（obeictum）として認められることになり，そこからいわゆる「主観／客

観」の体制が成立したと木田は論じている（ibid.: 164-165）．

　これに対して日本人，そして日本文化の思想の中には，超自然的な域は存在せず，人は心と身体との分け隔てなく，自然の一部であると見なされてきた．このことから日本語においては，五感を通じて得られた目の前の感覚が，そのままことばとして受け入れられる傾向があると山本は論じる（山本（2008））．この日本語の事象の捉え方については4節で論じることとして，次に近代以降の自己観について，アメリカの社会哲学者ミードによる社会的自己観から考える．

3.2. ミードの社会的自己

　象徴的相互行為論で知られる社会哲学者のミード（G. H. Mead）は，アメリカのプラグマティズム[3]の系譜において，自己の概念を探求した一人である．ミードは実存としての「実体」（substance）ではなく，人と人との「関係性」に自己の在り処を見出し，自己を独立した個人としてではなく，常に他者という存在を介して意識される，社会的自己（social self）として捉えた（Mead（1962 [1934]））．またミードは，個人や自我の意識について，それが社会的な実践としての「コミュニケーション」を通してはじめて出現するとし，実践行為としてのコミュニケーションに自己の在り処を見出し，自我が実体ではなく，「過程」であると主張した．

　ミードの考える自己とは，個人としての「I」（エゴ）と，社会としての「me」（他者）という2つのカテゴリーの間を行き来する，個人内での「対話」を通して，内省的に，反復的に，そして再帰的に構築されるものである．「I」とは，自発的，創造的な個人としての主体であり，新規の反応を伴う，予測不可能な自由意思の持ち主である．一方で「me」は，社会的，組織的に内在化された規範性に則った自己であり，習慣的，そして儀礼的な義務として社会の中で習得されるものとされる．日本哲学における自己観と，アメリカのプラグマティズムにおける自己観とを比較した Odin（1992）は，ミードの「I」が「本音」であるのに対し，「me」は「建前」であり，他者（社会）の期待が内面化されたものだと説明する（Odin（1992: 489））．つまり「me」は，自身もが構成員である「一般化された他者」（generalized other）であり，それに対する「I」は，

---

[3] 実用主義としても知られるプラグマティズムは，科学により現代を知り，環境を改善，変容させることにより，人々の暮らしをよりよくしようとするアメリカ発祥の思想である．プラグマティズムの起源はピューリタン（清教徒）の開拓者精神にあるとされるが，一般的に当てはまる概念は，頭の中で考えるのではなく，人々の行為や実践の結果から見つけられるべきだとされた．

「他者たちのパースペクティヴから見た自己（他者たちの構え・役割をとる自己）「me」に対する行動の構え」と位置付けられている（椎名（1978: 47））．そしてこの二極化された自己は，統合された自己の表出において，その双方が必要不可欠とされている．

　ミードの社会的自己は，次の点において新しい自己の見方をもたらした．それは自己が実体として先験的にあるものではなく，あくまでも「一時的」（temporal）な性質のものであり，創造的な過程を通して創出（emerge）される，「成り立ちのプロセス」（process of becoming）そのものであるという視点である．[4] つまり，社会的自己とは所与のものではなく，コミュニケーションという記号的過程を経た「到達」（achievement）であり（Odin（1992: 486）），個人と社会との相互作用の動的過程から生まれ出てくるという捉え方である．

　　　　「自我にたどりつくとは，ある種の行為にたどりつくこと，つまりさま
　　　　ざまな個人たちの相互作用をふくみ，ある種の協同活動に従事している
　　　　個人たちをふくんでいるような社会過程にたどりつくことである．こう
　　　　した過程のなかで，… 自我は発生する．」　　　　（Mead（1934: 177））

　このようにミードは自己を「I」と「me」の中間（inbetweeness）に位置づけ，それが個人（I）と他者（you）の関係性であれ，個人（I）と神（thou）の関係性であれ，自己は他者とのかかわりあいからのみ生まれるものであるとした．ドイツの社会哲学者ハーバマスは，ミードの社会的自己論について，それがデカルト的な主体（ego-self）による主観主義的理論（subjectivist theories）から，間主観主義（intersubjectivity）へのパラダイムシフトを起こしたとして高く評価した（Odin（1992: 489））．この「関係」（relational）として，また「一時的」（temporal）なものとしての社会的自己像は，ハーバマスのコミュニケーション理論に多大な影響を与え，またパースやジョン・デューイに引き継がれる間主観的コミュニケーションモデルへと結晶化したとされる（ibid.: 485）．

　しかし自律的存在としての主観的自己観から脱却し，間主観主義をもたらしたとされるミードの社会的自己観もまた，欧米の社会歴史的文脈の影響を色濃く反映しているといえるだろう．なぜなら倫理的言説のレベルにおいて，「I」という概念は自由主義社会[5]において支持され，擁護される「唯一無二の存在

---

[4] Odin（1992: 486）は，この点において，ミードがイギリスの哲学者ホワイトヘッドによる創発的進化（emergent evolutionism）の概念から影響を受けているとする．

[5] 自由主義（liberalism）とは，人間が理性に基づく自己決定権をもち，社会的，政治的に制約されることなく従来の権威から自由であるとする近代思想であり，国民主権の民主主義，また私的所有権と自由市場に基づく資本主義の基となった思想である．

としての個人」(unique individual)，そしてその個人の自由を護るという必要条件の上に成り立っているからである．その一方，「me」の概念には，共同体主義[6]に基づく，市民としての社会的義務，そして道徳的責務が課せられている (ibid.: 487)．このようにミードの社会的自己論は，自己の拠り所を，いわば人と人との間にある間主観性の中に位置づけたことが評価された．しかし，同時にそこで前提とされているのは，自発的で自由意思をもつ個人と，保守的で規範的な公的空間（社会）における個人とがせめぎ合う，極めて西洋的な世界だともいえるだろう．

　ここまで論じてきたように，欧米社会における自己の概念は，変遷を経ながらも，その社会思想的背景を反映しつつ構築されてきた．しかし冒頭にも述べたように，こうした自己観は，あくまでもある特定の文化社会史の中に築かれてきた特定の概念である．そのため，その特定の概念を，普遍的一般論として欧米以外のことばの研究に当てはめることは危険性を伴う．次節では，言語人類学者が指摘してきた，西洋的自己としての主体の問題について，意図の概念を中心に概説する．

3.3.　西洋的自己観と意図の問題

　西洋社会における自己観は，理性を司る主観としての自己，そして思考するもの，行為するものとしての主体的自己の概念を中心に成り立ってきた．[7] その思考・実行する主体としての自己には，自明の理として，何かしらの目的を遂行しようとする「意図」の概念が共在している．

　語用論学者の Haugh (2008) は，語用論分野での「意図」(intention) の解釈のされ方を，二派に分けて論じている．そしてグライスの協調性原理に代表されるアメリカ（Anglo-American）の認知哲学的語用論（Cognitive-Philosophical pragmatics）が，「話し手は自身の意図を表現し，そして聞き手は話

---

　[6] 共同体主義 (communitarianism) とは，20世紀後半のアメリカ社会において発展した共同体の価値を重んじる思想であり，歴史的に構築されてきた共同体の中でこそ，個人は人として完成するという見方を取る．

　[7] 言語人類学者のシルヴァスティンは，ヨーロッパ的発想のもとに言語を普遍的論理（理性）の道具と見なす言語観が生まれ，その中核に「主語」(subject) の概念があるとする．シルヴァスティンは特に，近代欧米諸国の言語イデオロギーが，意味論次元の「主格」(normative case) と，ディスコース次元の要素である「主題」(topic) とを「一緒にしてしまった概念」として「主語」が生まれ，またその際，社会文化的な次元に属する話し手までも「語る主体」(speaking subject) と捉えられてきたことを指摘する．そしてこのことを「近代的な主体という近代社会文化に特有な虚構，すなわちデカルトの言う「コギト」の体制の構築だとしている（シルヴァスティン・山口 (2007: 9-10)）．

し手に，意図を帰属させる」(speaker expressing their intensions, and hearers attributing intensions to those speakers) というコミュニケーション観に基づくとし，意図をコミュニケーションの中心概念に据えたとする．この「意図の推測」としてのコミュニケーション観は，レビンソンが人間の社会性の起源として提唱した「インターアクティブ・エンジン」の概念 (Levinson (2006)) を底支えしていると Haugh は考えた (Haugh (2008: 99))．一方，欧州思想の流れを汲んだ，社会的相互行為語用論 (Socio-cultural-Interactional pragmatics) においては，コミュニケーションは常に意図を拠り所にしているわけではないとされる．ここでのコミュニケーションにおける意図の在り処はむしろ曖昧で，実際の発話に対し後付的，遡及的に解釈される問題だとして，意図の帰属先は深く追及されてはいない (Haugh (2008: 100-101)).[8] このように，語用論分野での意図に関する解釈が二手に分かれる一方で，ことばとコミュニケーションを文化社会的な実践行為と位置付ける言語人類学の分野では，意図の取り扱いは，さらに問題意識を持って議論されてきた．

　文化人類学，そしてコミュニケーションの民族誌的記述を追求した言語人類学分野において，意図について論じることは，基本的に解釈の問題だとして避けられてきた．これは観察者，フィールドワーカーとしての研究者が，自らも民族誌の中に埋め込まれている状況において，他者と関わる主体としての己を外の視点からみることは不可能だという考えに基づく．そこで，客観的な科学者と異なり，主観に縛られた研究者の視点には偏りがあることを認めた上で，観察される人々が解釈を行うコンテクストを可能な限り忠実に記述し，また多様な視点を取り込むことが目指された (飯田 (2012: 108)).[9]

　しかし力関係や権威の存在する現実社会において，自己としての主体と意図との問題は，実際には切り離して扱うことができない事象である．こうした中で，ネパールをフィールドに，言語使用と社会変容について研究してきた言語人類学者の Ahearn は，「主体」(agency) について暫定的に「社会文化的に媒介された行為能力」(socioculturally mediated capacity to act) と定義した上で (Ahearn (2012: 278))，この概念が西欧的自己観の基盤にある「意図」としての「自由意思」と，同義に使われることの危険性を指摘する．主体の捉え方や主体の行為に，異なる文化社会が与える影響は計り知れない．その中で研

---

[8] エスノメソドロジーとしての会話分析も，意図については基本的に社会的相互行為語用論と同じ立場を取っている．

[9] またその一方で，文化人類学では，対象を「他者化」することそのものが問題視されてきた (飯田 (2012: 110))．

究者が内省することなしに，「自由意思」としての「意図」を個人のみに帰属させることにより，見落とされてしまう大きな社会的過程があるからである（Ahearn (2012: 278-279))．[10]

サモアを主なフィールドとする言語人類学者の Duranti は，「意図の社会的存在性の本質」(The social ontology of intentions) と題された論文の中で，西欧社会の「意図」(intention) に一致する概念が，サモア語社会にはないことに注意を寄せる．そして，現代の認知的アプローチが前提とする西欧的な意図の考えが「概念的に擬似的」で，「経験的にも脆弱」(empirically fragile) であるとしている (Duranti (2006: 32))．[11] しかし，その一方で Duranti は，人間の行為には，その言語文化的背景にかかわらず，何らかの普遍的な感覚としての「意図性」(universal sense of intentionality) の存在を認めざるを得ないとする (Duranti (2006: 32))．

この意図性とは，狭義としての西洋的な意図の概念に比べ，「ゆらぎ」，そして「方向性」としての概念である．現象学のフッサールやメルロ＝ポンティを引きながら，Duranti は常に「完全なる思考」の結果として行動が生じるのではないように，ことばというものも，完全なる思考を常に伴って生じるものではないことを指摘する．このことは，たとえ心の中で具体的な「何か」を意図していなかったとしても，身体の向きや視線といった身体レベルにおいては，何らかの「意図性」が，投射されることがあることからも明らかだろう．[12] こうしたことから Duranti は意図性について，「我々の心理的そして身体的活動の〈ゆらぎ〉」であるとし，またそれが「想像し，見，聞き，触わり，嗅ぎ，思い出し，省みられる何かに自ずから向けられる思考，そして具現化された活動」(the 'aboutness' of our mental and physical activity, that is, the property that our thoughts and embodied actions have to be directed towards something, which may be imagined, seen, heard, touched, smelled, remembered, or maybe a state of mind to be reflected upon. 下線部は筆者による）である

---

[10] Ahearn は，言語人類学者の Hill and Mannheim (1992) の言葉を借りながら，言語と主体概念の関係性を読み解く上で，人々が半ば無意識に，義務的，習慣的に用いている文法化された様式の中に，社会文化的カテゴリーとしての主体概念（もしくはその概念のなさ）が生成，再生され，伝播される過程を考察に入れる必要性を説いている (Ahearn (2012: 281))．

[11] Duranti はまた，非西欧圏の文化社会を研究してきた他の数々の言語人類学者と同じく，発話行為理論における意図が「過剰評価」(overrated) されてきたことを指摘する (Duranti (2006: 35))．

[12] たとえば何気なく向けられた視線でも，状況によっては誰かに「要求」という「意図」として受け止められることも考えられるだろう．こうした視線は緩やかな方向性として「意図性」を内包している．

と定義している（ibid.: 36）．この説明にあるように，方向性としての意図性は，常にコギトとしての理性的，頭脳的意図を常に拠り所にしているのではなく，五感に頼り，また身体性を拠り所にコミュニケーションの中にゆらいでいると解釈できる．この意図と意図性の相違は，2節でみた「スル」的言語としての英語的志向，そして「ナル」的言語として日本語的志向にも相通ずるものがあり，前者が主体としての自律的自己を拠り所にするのに対し，後者は個人の主観としての自己ではなく，無意識レベルでの身体的ふるまいを含めた状況的自己といえるだろう．

　これまでのことばの研究を鑑みて，Duranti は（主に）西洋哲学のアプローチから構築されてきた「普遍的とされる概念」について，（主に）非西洋の解釈的な事例や実践事例を突き合わせ，その普遍性に疑問を呈する方法論が取られてきたと述べる．しかしそれと「逆のやり方」は，いまだにされていないとする（ibid.: 32）．その逆のやり方とは，西洋的な既成概念としての枠組みではなく，人類学者が各地から持ち寄った「ローカルな理論」の中から，どんな言語的文化的な実践事例にも応用可能な，「普遍的なレベル」での「意図性」への共通認識を見出す試みである（ibid.）．

　次に紹介する「場の理論」および「二重生命」としての自己観は，人間のコミュニケーション上のふるまいについて，新たな理解を提供する普遍的レベルでの理論である．生命関係学者の清水博が提唱した二重生命としての自己は，自己の生成に「自己組織化」が作用していることを明らかにした．この自己組織化とは，相対性理論，量子理論と並ぶ 20 世紀の三大発見とも評される複雑系の科学を支える中心概念の 1 つである（堀田（2004: 295））．次節では，まず場の理論における二重生命としての自己観について概説した後，Duranti が提唱するように，欧米社会という限定された枠組みではなく，普遍的な人間のコミュニケーション行為を理解する上で，「場の理論」のもたらす見解について展望する．

4. 「場の理論」からみた自己

4.1. 日本語の思想としての場

　3.1 節で述べたように，欧米社会において普遍的実体として捉えられてきた理性が，五感を超えた超自然的な域に見出されていたのとは対照的に，山本（2008）は，日本人あるいは日本文化について，「目の前にある現実（世界）を素直に受け入れる傾き」（山本による野内の引用（2008: 56））があり，五感を通じて触れることができる事物をそのまま受け容れる傾向にあると指摘してい

る．2節の日英語の世界観の相違にみたように，英語は事象を常に客観的，かつ行為者の主体に注目した描き方をする．それに対して日本語の語用においては，話し手はその場の状況に埋没しており，行為者としての主体は，比較や強調のためでもない限り顕在化されない．このことをさらに深く理解する上で，〈主観的／ナル的〉な日本語の世界観のほかに，場の概念に則した〈場的〉な見方が有効である．

　岡（2016）は，用例（5）（6）の違いについて，（5）の日本語は雷鳴や稲妻といった外界の諸現象を，それが起きている場においてありのままに表現しているのであり，個別的な「私」の主観的体験を述べているのではないとする．

　　（5）　雷鳴が聞こえる．　　稲妻が見える．
　　（6）　I hear the thunder.　　I see lightening.

（5）にみられる表現は，雷鳴が鳴るその場の状況そのものを描写したものであり，そこに描写すべき「私」としての主体は文字通り存在しない．そこにあるのは「雷鳴が響き渡っている」という出来事だけで，敢えて言うならば「私」はその出来事が起きている「場所」であり，「私」と「雷鳴」は主客合一の純粋経験として言語化される（岡（2016））．こうした日本語に対し，英語の（6）は，あくまでも主体としての話し手を見え方（認識）の中心に据えた，客観的な事象の捉え方である．

　このように日本語では外界の諸現象は，自身の目や心に映る現象として，我が身の側から捉えられる．日本語の相互行為場面では，欧米社会でいうところの人称詞の欠如をはじめとして，主体が無標とされるが，日本語世界では外界が自身の五感にそのまま映し出され，我が身の側から捉えられることから，主語という概念の必要がないとされる（森田（1995: 55））．この自己と場が同一であるという考えについて，生命関係学者の清水博が提唱する「場の理論」から，二重生命としての自己のはたらきについて考えてみたい．

4.2.　二重生命としての自己と自己組織

　清水博が提唱した「場の理論」は生命関係学から発生した，科学理論であると同時に哲学的思想でもある．デカルト的近代科学がコギトとしての理性を自己として捉えていたのに対し，場の理論はコギト的な自己と，場所的な自己の「二重生命」の中に自己が生きていることを明らかにする．

　生物物理学者として生命関係学を開拓した清水博（2003, 2004, 2016）は，生命組織がいかに集団として共に「生きている状態」（doing-being-together）を保っているかを探求する中で，場の理論を生み出した．たとえば細胞は個別

のDNA情報を持つ個体として理解できるが，その個体が集まると，各機能の集合を超えた特定の集団的秩序が生成する．清水はこうした生命現象の働きを，個体同士の関係性としての場に見出し，個々の実在物が互いに引き込み合い，場を形成しながら自己組織化し，創発的なふるまいをすることを発見した．

清水の「場の理論」を構築する主要概念の1つに「二重生命」としての自己観がある．二重生命 (dual-mode of existence) としての自己は，意志的頭脳性を担う「自己中心的領域」と，情緒的な活きとしての身体性を担う「場所的領域」との二領域として，同時に，そして相補的に存在する．前者の「自己中心的領域」は，個としての人格や自律性をもつ，頭脳的・思考的な概念で，西洋で言うところの ego, self, そしてデカルトのコギトに近い．これに対し「場所的領域」は，生命としてほかの生命と相互に関係し合い，依存し合う，五感を拠り所とした身体感覚に基づく領域である．

この概念を説明する上で清水はしばしば「卵のモデル」を用いてきた (清水 (2016))．図1にみるように，1つの器に複数の卵を割り入れると，「自己中心的領域」としての黄身は，互いに独立してその形態を保っている．一方，「場所的領域」としての白身の部分は，互いに溶け込み合い融合して，器いっぱいに遍在的に広がっている (清水 (2016: 222))．この白身同士が交わる際に，自己組織化 (self-organization) を通して1つの全体的秩序 (coherency) が形成され，そこで初めて複数の黄身の間で場の共有がされると清水は考える．

図1　卵のモデル (清水 (2016))

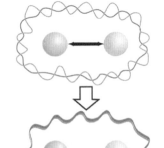

場所的領域の自己組織的融合は，Condon (1982) により提唱され，E. T. ホールが広めた引き込み (entrainment) を通して行われる．図1上の卵のモデル図における白身としての外側の2本線は，それぞれの個体の場所的領域を示

第 9 章　ことばの研究における自己観と社会思想　　　193

すが，それらの領域は，次第に引き込み合いを通して融合することが，図 1 の
下の卵のモデル図での白身の外郭線が重なり合う様子から示されている．
　異なる個体間の引き込みは，振り幅の異なる複数の振り子やメトロノームが
次第に同期するリズム現象，ホタルの明滅の同期，また心理学実験のラバーハ
ンド錯覚などの現象を説明する作用として，立証されてきた．たとえばラバー
ハンド錯覚は，視覚的に隠された自分の手と目の前に置かれたゴム製の手と
が，同時にくり返し触られると，ゴム製の手が自分自身の手のように感じられ
る脳の錯覚現象である．この視覚と触覚認知の織りなす身体感覚の統合につい
て，仲田は主観的意識を超えたところで身体が拡大し，ゴム製の手と自分の手
とが相互作用的に引き込みを起こして融合する，自己の二重レベルでの働きだ
と説明する（仲田（2014: 7））．[13] このように人や物，環境の間には，主観的意
識としての自己中心的領域を凌駕し，身体性を介して自己と他者とが融合する
場所的領域が存在する．また白身同士の引き込みは，お互いが場の共有を通し
て内的な時間を共有し，感覚や感情の共有を可能とし，秩序だった関係の生成
に付随する基本的な条件となっている（三輪（1995: 55））．
　ここで異なる個体同士が，場を共有する上で生じる自己組織についてもう少
し考えてみたい．卵を器に割り入れた際に，白身同士が引き込みを起こす際の
自己組織とは，ランダムな状態にある諸要素が，相互作用を通して自発的に特
定の秩序を生成する現象を指す．堀田（2004）は，自己組織を「構成要素が結
びつき，その結果できあがる秩序ある構造」と定義した上で，分子レベルの世
界を始めに，細胞組織，社会現象に至るまでのものが，自己組織化の概念で説
明できることをについて言及する（堀田（2004: 307））．[14] その上で，言語が複

---

　[13] この現象は，「心」とされてきたものが脳に代表される身体の内部だけにあるのではなく，
外部環境を含めた統合的なシステムの中で循環的に成立しているとするエコロジカルセルフ
（河野（2011））の考え方にも通じる．
　[14] 堀田（2004）は細胞レベルから社会レベルでの自己組織の動きの中に，人間の言語活動
を位置づけ，また生成された文が，ディスコースレベルにおいてさらに自己組織化していく様
子について以下のように述べている．
　　「生物は，細胞同士の自己組織化現象の結果できあがるものであるが，このように形態
　　生成が収束すると，自己組織化も当然収束する．しかし，これは「成長」というレベル
　　での自己組織化を終了するのであって，成長の結果できあがった個体は，当然その生物
　　の社会での自己として機能し，生物社会の秩序を形成する．そしてその生物社会そのも
　　のが，より上のレベルで一つの自己として機能し，新たな構造を形成する．このように
　　自己組織化というのは果てしなく続いて行くのである．同様に言語においても，文が生
　　成されると，文レベルでの形態の生成は終了するわけであるから，自己組織化も収束す
　　る．しかし，実際には，その生成された文は別の文とディスコースというレベルで自己
　　組織化を続けて行く，さらにその会話，またはコミュニケーションという活動自体が，

雑系であるということ，そしてその系を作り出している原理が自己組織化であることを論じつつ，文法理論が多元的な自己組織化から構成されることを論じている．言語習得の場面においては，音韻の言語獲得のプロセスに自己組織が関与することが知られている．たとえば母語習得の場面は，断片的で不完全な音や文としての刺激との接触の積み重ねであるが，こうしたランダムな要素は次第に，その形式と意味，使い方が自ずと分類され，秩序だった音韻や文法体系として獲得されることが，最近の研究から明らかになりつつある．

5. おわりに ―― 場の理論の展望

　場の理論がその一部を成す複雑系の科学について，堀田はそれが「新しい科学の一分野やパラダイムというよりは，特に人文科学や社会科学においては，分析対象に「新しいものの見方」を提供する科学哲学的なムーヴメントであると考えるべき」だとする（堀田（2004: 295））．筆者もその提案に全面的に賛成するものである．これまでのコミュニケーション研究やことばの研究においても，ことばと身体性は伝統的に切り離されて考察されてきた経緯があるが，二重生命としての自己はそこに新しい見方としての自己観を提示してくれる．

　『場所の哲学』を著した社会哲学者の大塚によれば，近代のフレームワークとしての「個物と因果関係」という見方は，「場と相互作用」のフレームワークに転換する必要性がある（大塚（2013））．このことは身体の細胞レベルでのふるまいも，どこの部位にある細胞がどのような細胞に分化していけばいいのかの情報が全体として与えられ，その全体的な場を前提として，自己組織が起きていることから当然の流れとなってきている（大塚（2014: 7））．また自己組織化の過程は「構成要素が組み合わさり，互いに作用しあい，構成要素の個々の性質からは予測不可能な新しい性質が生まれる」（堀田（2004: 306））創発的な現象であり，人の個人的，そして社会的能力としてのことばの創発性も，この自己組織のフレームワークを得ることにより，新たな見方が拓かれると思われる．

　場の理論によることばの研究への新しい視点は，言語学の新しい潮流とも合

　　　生活というレベルにおいて新たな「自己」になり自己組織化を続けその個人の生活というものを形成し，またその個人の生活というものが社会というレベルにおいて新たな「自己」となり自己組織化を続けて社会を形成する．（中略）この点で，人間の言語活動そのものが人類の生命活動という自己組織化の一端を担っていることがわかる」（堀田（2004: 308））．

第9章　ことばの研究における自己観と社会思想　　　195

致する．昨今の認知科学分野の発展は，西洋，東洋の違いを問わず，言語研究
とそれに付随した言語観に地殻変動を起こしつつある．音声やビデオデータの
多層的な分析をもとに相互行為がマルチモーダルに実践される過程が詳らかに
される中，コミュニケーションは，伝統的な個人としての自己という枠組から
解放され，身体や状況，環境を通して主体が拡張され，「協働する主体」（co-
acting agents）と見なされる流れが盛んだ．つまり身体を，状況に埋め込まれ
た対面での相互行為としての表象とし，人間の根源的なコミュニケーション
モードとして捉える流れが主流となりつつあるのだ．もはや対面相互行為とし
ての言語活動は，個人や社会的知識として内在する，抽象的で閉じられた記号
体系としては捉えられていない．むしろそれは，人，心，社会，環境に分配し
て配置された（distributed），マルチモーダルな開かれた活動として理解されつ
つある（Cowley（2007, 2011），Thibault（2011））．自己をも含めた「個」を
「場」の一部と捉えるこうした新しいものの見方は，伝統的な「個」（self）を巡
る研究とは別に，今後分野を跨いでますます盛んになるのではないだろうか．
　本章では，ことばの研究において多大な影響を与えてきた欧米社会の自己の
概念について，その社会思想としての背景に触れながら概略的にまとめたもの
である．そしてその西欧的な自己像に対峙する形で紹介したのが，場の理論と
二重生命としての自己像である．二重生命としての自己像もまた，1つの時代
の思想であると考えられるが，それがより普遍的な思想として理解され，非西
洋の，そして西洋社会のことばやコミュニケーション研究を新たに推し進める
ことが期待される．

参考文献

Ahearn, M. Laura (2012) *Living Language: An Introduction to Linguistic Anthropol-
　ogy*, Wiley-Blackwell, Malden, MA.
Condon, S. William (1982) "Cultural Microrhythms," *Interaction Rhythms: Periodicity
　in Communicative Behavior*, ed. by M. Davis, 53-76, Human Sciences Press, New
　York.
Cowley, J. Stephen (2011) "Taking a Language Stance," *Ecological Psychology* 23(1),
　1-25.
Cowley, J. Stephen (2007) "Language and Biosemiosis: Towards Unity?" *Semiotica*
　162, 417-443.
Duranti, Alessandro (2006) "The Social Ontology of Intentions," *Discourse Studies* 8
　(1), 31-40.
Hanks, William F., et al. (2009) "Introduction: Towards an Emancipatory Pragmatics,"

Journal of Pragmatics 41, 1-9.

Haugh, Michael (2008) "Intention in Pragmatics," *Intercultural Pragmatics* 5(2), 99-110.

Hill, Jane, and Bruce Mannheim (1992) "Language and World View," *Annual Review of Anthropology* 21, 381-406.

Hirose, Yukio (2013) "Deconstruction of the Speaker and the Three-Tier Model of Language Use," *Tsukuba English Studies* 32, 1-28.

廣瀬幸生 (2016)「主観性と言語使用の三層モデル」『ラネカーの(間)主観性とその展開』, 中村芳久・上原聡(編), 333-355, 開拓社, 東京.

堀田秀吾 (2004)「多元的自己組織化と文法理論」川上勉教授退職記念論集『ことばとそのひろがり (2)』, 295-313, 立命館大学法学会, 京都.

Ide, Risako (2017) "Why Laugh When Things Aren't Funny?: Understanding Japanese Discourse from the Perspective of *ba*," Departmental talk presented at the Dept of Applied Linguistics, March 3, 2017, Portland State University.

井出祥子 (2006)『わきまえの語用論』大修館書店, 東京.

池上嘉彦 (1981)『「する」と「なる」の言語学──言語と文化へのタイポロジーへの試論』大修館書店, 東京.

池上嘉彦 (2006)「日本語は〈悪魔の言語〉──個別言語の類型性の可能性」<ccoe.coco-log-nifty.com/news/files/ikegami.pdf>

池上嘉彦 (2007)『日本語と日本語論』筑摩書房, 東京.

飯田未希 (2012)「文化人類学における「日本的自我」を読みなおす──文化ナショナリズム批判を超えて──」『政策科学』第19巻4号, 103-125.

河野哲也 (2011)『エコロジカル・セルフ』ナカニシヤ出版, 東京.

木田元 (2007)『反哲学入門』新潮文庫, 東京.

Levinson, Stephen (2006) "On the Human 'Interactive Engine'," *Roots of Human Sociality: Culture, Cognition, and Interaction*, ed. by Nick Enfield and Stephen Levinson, 39-69, Oxford University Press, Berg.

益岡隆志 (1991)『モダリティの文法』くろしお出版, 東京.

益岡隆志 (1997)「表現の主体性」『視点と言語行動』田窪行則(編), 1-11, くろしお出版, 東京.

Mead, H George (1962 [1943]) *Mind, Self, and Society*, ed. by Charles W. Morris, University of Chicago Press, Chicago.

三輪敬之 (1995)「樹木群の場所的コミュニケーション」『月刊言語』第24巻8号, 54-61.

森田良行 (1995)『日本語の視点──ことばを創る日本人の発想』創拓社, 東京.

森山新 (2009)「日本語の言語類型論的特徴がモダリティに及ぼす影響」『御茶ノ水女子大学比較日本学教育研究センター研究年報』第5巻, 147-153.

仲田誠 (2014)「比較思想的観点から見たロボット倫理・情報社会研究──「主格二元論」を超える視点からの探求」『筑波大学地域研究』第35巻, 1-20.

岡智之 (2016)「場の観点から言語の主観性を再考する」日本認知言語学会第 7 回大会
　ワークショップ『場の言語学の展開 ── 西洋のパラダイムを超えて ──』口頭発表，
　明治大学中野キャンパス.

Odin, Steven (1992) "The Social Self in Japanese Philosophy and American Pragma-
　tism: A Comparative Study of Watsuji Tetsuro and George Harbert Mead," *Phi-
　losophy East and West* 42(3), 475-501.

大塚正之 (2013)『場所の哲学 ── 近代法思想の限界を超えて』晃洋書房，東京.

大塚正之 (2014)「場の理論と言語についての考え方の基礎について」2014 年 4 月場の
　言語学研究会，報告.

椎名信雄 (1978)「G.H. ミードの社会心理学 ── 主体と客体の動的過程としての自我 ──」
　『ソシオロゴス』第 2 巻，44-55.

シルヴァスティン，マイケル・山口明穂 (2007)「対談：「言語学」をこえて(下)」『月刊
　言語』第 36 巻 6 号，8-15.

清水博 (2003)『場の思想』東京大学出版会，東京.

清水博 (2004)『自己に関する科学的研究 ── 場の研究所文庫 Vol. 3』場の研究所，東京.

清水博 (2016)『〈いのち〉の自己組織 ── 共に生きていく原理に向かって』東京大学出版
　会，東京.

Thibault, J. Paul (2011) "First-order Languaging Dynamics and Second-order Lan-
　guage: The Distributed Language View," *Ecological Psychology* 21, 1-36.

上村祥二 (1986)「「抑圧」された近代人と身体論」追手門学院大学紀要『東洋文化学年
　報』第 10 巻，85-90.

山本英一 (2008)「言語研究の底を流れる思想を考える ── 推論様式を手掛かりとして
　──」『関西大学外国語教育研究』第 16 巻，47-61.

第 10 章

「自己表現」の日本語史・素描

森　雄一

成蹊大学

要旨：廣瀬（1997）などによって示された自己表現論の枠組みのもと，中古・中世・近世・明治前期の日本語における自己表現の使用状況を見る．各時代の日本語を通じ，「われ」，「おのれ」，「自分」の 3 語によって私的自己がどのように表されていたか，また，公的自己を表す多様な形式がどのように変遷していったかが本稿の主テーマである．加えて「視点的用法」に見られるスイッチング現象について扱い，廣瀬「自分」論の展開を試みる．

1.　はじめに

　筆者は，森（2008）において，『源氏物語』を資料として中古日本語の自己表現について分析を行った．そこでは，この時代の代表的な自己表現を表す語である「われ」と「おのれ」が，現代語「自分」と同様に，心内文中自己指示，視点的用法，再帰的用法，会話文中の自己指示にまたがる用法分布を示していることから，私的自己を表すことを中核的な用法とする語であることを示した．それをもとに，中古日本語と現代日本語の自己表現について次のような対照を行った．

	中古日本語	現代日本語
私的自己形式	われ・おのれ	自分
公的自己形式	（われ・おのれ）・まろ・なにがし・ここに	わたし・ぼく・おれ・わたくし・（自分）
特徴	複私的自己言語，私的自己の優位（公的自己の未熟）	単私的自己言語，公的自己の成熟

表 1　中古日本語と現代日本語の自己表現

　また，森（2010）では，『浮雲』を資料として，明治前期日本語における自

己表現の分析を行った．言文一致を試みた実験的な文体を持つ作品である『浮雲』においては，会話文の自己表現は，当時の話し言葉を反映し安定した使われ方をしていた．それとは対照的に地の文（語り）においては，編を追うごとに複雑な変容が見られた．第一編が現代語に最も近似した使い方で，第二編においては新しい話法が導入されると同時に「自分」と「うぬ」のスイッチングがなされている．第三編においては，「おのれ」を基調とした近世的な話法が復活されるとともに，第二編で導入された新しい話法がさらに複雑化されていた．

　本章は，その2論考をつなぐ試みである．その試みには2つの側面がある．1つは，時代的に両論考の対象とする時代の中間，中世後期と近世後期を扱うことである．中世後期においては『天草版平家物語』を，近世後期においては『浮世風呂』を主たる題材にした．それぞれの時代の網羅的な調査とは程遠いが，中古日本語において自己表現を表す中心的な語であった「われ」と「おのれ」の使用状況がどのように変容していったか，その一端は示すことができたと考える．もう1つの側面は，2論考にともに見られた，私的自己を基底とする「視点的用法」「再帰的用法」に見られるスイッチング現象についてまとめて扱うことである．廣瀬（1997）で提示されている私的自己を基底とする諸用法間をつなぐモデルに新たな視点を提供することになろう．

　以下，2節では廣瀬（1997）などによって示された「私的自己」／「公的自己」の枠組みの概略を述べ，続く3節で，現代日本語において「私的自己」を表す形式である「自分」の諸用法のつながりについてみる．4節では森（2008）をもとに中古日本語における自己表現の使用状況をおさえる．それを承けて，5節では『天草版平家物語』，6節では『浮世風呂』の自己表現について考察し，7節では森（2010）をもとにして明治前期の『浮雲』における状況を見る．8節では，「視点的用法」に見られるスイッチング現象について扱い，9節でまとめを付すこととする．

2. 「私的自己」と「公的自己」

　本稿では，廣瀬の一連の研究をふまえ，「私的自己」「公的自己」を次のように規定する．

> 私的自己とは，話者の心中のなかに現れる自己を表現したものである．公的自己とは，聞き手を意識した伝達のために自己を表現したものである．

　廣瀬（1997: 11）では，今まで誰も解くことができなかった数学上の大問題

を完全に解くことができたという状況にある場合に心中で自己をどう表現するか考えたとき,「自分は天才だ」という表現で意識されやすく,「(私／俺) は天才だ」という表現は,人や自分に対して言い聞かせている感じがするということを指摘し,現代日本語で,「私的自己」に対応する形式は「自分」であり,「公的自己」に対応する形式は,「私」「俺」「僕」などの諸形式であることを述べる.また,この対応を次のような言語データをもとに裏付けする(ここではより簡潔に提示されている廣瀬 (2002) のデータを使用する).

(1) a. 自分は天才だという意識
   b. {ぼく／わたし} は天才だという意識
   c. {ぼく／わたし} が,{ぼく／わたし} は天才だという意識をもった
      のは,ちょうどその時でした. (廣瀬 (2002: 726-727))

この場合,(1a) はそれ自体が自己完結的な表現で「自分」は当該意識の主体を指すのに対し,(1b) は適切な文脈がないと落ち着かず,(1c) のように話し手が意識した内容を他者に伝えるという伝達的な状況でのみ用いられる.また,(2) で示されるように,日本語では話し手が誰であっても「私的自己」は「自分」で表される.

(2) {ぼく／きみ／あの人} は,〈自分は速く走れない〉と言った.
                                                    (廣瀬 (2002: 729))

廣瀬 (1997) では,このような事実などから,「日本語には私的自己を表す固有のことばとして「自分」があるが,公的自己を表す固有のことばはないため,誰が誰に話しかけているかという発話の場面的な要因に左右される様々なことばが代用される (廣瀬 (1997: 19))」と考え,日本語の私的自己優位性を説く.また本章では詳述できないが,「英語には公的自己を表す固有のことばとして I があるが,私的自己を表す固有のことばはないため,当該私的表現が誰のものか,つまり一人称のものか,二人称のものか,三人称のものかにより,本来的には公的な人称代名詞が私的自己を表すのに転用される (廣瀬 (1997: 19))」と述べ,英語の公的自己優位性が主張される.

3. 「自分」の諸用法

2 節でみた「私的自己」「公的自己」論の概略を承け,本節では,廣瀬 (1997) をもとに,私的自己を表す「自分」と他の用法の関係を提示する.「自分」には典型的な「私的自己」を表す用法と考えられる,話者の心中における「自己」

を表す用法（例文 (3)）から派生したと考えられる「客体的自己」を表す用法
もある（例文 (4)）.

(3) ぼくは，自分はさびしいと思った.（私的自己）　　（廣瀬 (1997: 49)）
(4) ぼくは，自分はさびしがっていると思った.（客体的自己）
　　　　　　　　　　　　　　　　　　　　　　　　　　（廣瀬 (1997: 49)）
(5) この絵ではぼくはさびしがっている.　　　　　　（廣瀬 (1997: 48)）

(4) においては，通常の「私的自己」用法では，「自己」に対して用いられない
「がる」形式が使われており，自己の他者化，即ち客体化がされている. そし
てそれは，(5) のように絵の中の自分を表す表現と同様の操作がなされている
と廣瀬 (1997) は述べる. このように，「私的自己」を客体的に述べているの
が「客体的自己」としての「自分」である.　上記の「私的自己」「客体的自己」
としての「自分」は，その性質上，引用節内において生じるものであった.「自
分」には，それらから派生したと考えられる，引用節外に生じる「視点的用法」
「再帰的用法」も存在する.

(6) 太郎は自分の部屋で勉強している.（視点的用法）（廣瀬 (1997: 36)）
(7) 太郎は自分を責めた.（再帰的用法）　　　　　　（廣瀬 (1997: 74)）

(6) の例に見られる「視点的用法」は，話し手の「私的自己」が言語主体と
しての話し手から切り離されて「客体化」され話し手が観察する状況の主体に
投影されたもの（廣瀬 (1997: 3)）である.「視点的用法」では，状況を観察す
る話し手の客体的自己が問題になるのに対して，(7) の例に見られる「再帰的
用法」では状況の主体自体が当該出来事において自己を「客体化」する. すな
わち，再帰的「自分」は状況の主体から切り離された自己を表すということに
なる（廣瀬 (1997: 4)）. いずれも，「客体的自己」に対してさらに別の操作を
付け加えていると考えられる.

4.　『源氏物語』における自己表現

本節では，森 (2008) をもとに，11 世紀はじめ頃の中古語資料として，あ
る程度まとまった用例が採集できる『源氏物語』における自己表現の状況を概
観する.[1]

---

[1] 『源氏物語』のテキストは，岩波新日本古典文学大系（岩波書店）により巻・頁・行を示し
た. ただし，仮名遣いは歴史的仮名遣いに一致するように修正を行った.

『源氏物語』においては，「われ」と「おのれ」という2語が自己表現としては中心的に使われているが，これは，現代語「自分」とほぼ同様の用法を持っていたことが確認できる．以下に用例を見ていこう．

I　心内文中自称指示の「われ」「おのれ」
　（思考の主体を用例の前に示す）
　（8）　［光源氏］「（前略）われはさりとも，心長く見はててむ」とおぼしなす御心を知らねば（1. 220. 8）4［「この自分はいつまでも見捨てずに，最後まで世話してやろう」とお考えになっているお気持ちを知らないので］
　（9）　［御息所］「おのれ一人しも心を立てもいかゞは」と思ひ寄り侍しことなれば（後略）」とつぶ〳〵と泣き給ふ（4. 118. 5）［「『自分ひとりだけ我をはってもしかたがない』と思ったわけなのですけれど」としくしくと泣きなさった．］

「私的自己」としての典型的用法である，心中の自己指示は，基本的に「われ」によって担われ，「おのれ」の確例は，（9）の一例のみであった．この（9）の用例は，興味深いことに，セリフの中に示された，心中の自己指示である．つまり，心中の自己を他者を意識して表現するにあたって，謙遜等の気持ちからスイッチングが行われていると考えられる．
　次に視点的用法で用いられる「われ」「おのれ」である．誰（何）の「視点」かを例文の前に示す．その文を語っているのは，（14）を除いて，物語の語り手であり，（14）は，式部卿北の方である．

II　「視点的用法」で用いられる「われ」「おのれ」
　（10）　［命婦］若ううつくしげなれば，われもうち笑まるゝ心ちして（1. 221. 10）［若々しく愛嬌をたたえているので，自分もつい笑みが誘われる気持ちがして］
　（11）　［光源氏］なほわれにつれなき人の御心を（1. 290. 3）［やはり自分につれない方のお心を］
　（12）　［惟光］見たてまつる人もいとかなしくて，おのれもよゝと泣きぬ（1. 127. 13）［拝見する人も悲しくなって，自分でもおいおいと泣いた］
　（13）　［光源氏］殿はあいなく，おのれ心げそうして，宮を待ちきこえたまふも（2. 428. 5）［大臣は勝手にご自分ひとり心をときめかし，兵部卿宮をお待ち申しあげていらっしゃる］
　（14）　［光源氏：式部卿北の方が憎みののしる場面］ましてかく末に，すず

ろなる継子かしづきをして，おのれ古し給へるいとほしみに，（後
略）」と言ひつゞけのゝしり給へば（3.128.5）［「それどころか近ご
ろになって，わけの分からぬ継子をもてはやし，ご自分があきるまで
もてあそばれて」と声を荒げて悪口を言い続けておられるので］

(15) ［松の木］（橘を）うらやみ顔に，松の木の，おのれ起きかへりて（1.
226.15）［橘をうらやましそうな顔で，松の木は自分も起きかえると］

(16) ［向日葵］心もて光にむかふあふひだに朝をく霜をおのれやは消つ（3.
103.15）［自分から日の光に向かう葵でさえも朝置く霜を自分で消す
でしょうか］

「われ」は (10) のような侍女から (11) のような光源氏まで広い階層で使わ
れている．それに対して「おのれ」は (12) の惟光（光源氏の従者）のように
物語の語り手から見て同等程度か，あるいは，(15)(16) のような植物に対し
て使うのが基本的な用法で，[2] (13)(14) のように，光源氏に対して使ってい
るのは非常に特異な例といえる．この場合，「われ」から「おのれ」にスイッチ
ングが起きているのは，(13) は，「大臣は勝手にご自分ひとり心をときめか
し，兵部卿宮をお待ち申しあげていらっしゃる」，(14) は「それどころか近ご
ろになって，わけの分からぬ継子をもてはやし，ご自分があきるまでもてあそ
ばれた」と皮肉めいて「ご自分」と訳すのがふさわしいような語り手から非難
の目が向けられている場面であるからと考えられる．「視点的用法」は8節で
述べるように，主体の「客体的自己」とそれを捉える語り手の態度が融合した
ものであった．「客体的自己」の表現としては無標の「われ」が想定されるが，
その「客体的自己」に対して，語り手が，植物等も含め自分と同等以下である
と見下して捉える場合や非難の気持ちをこめる場合に，「おのれ」へとスイッ
チングが起こると考えられる．III の「再帰的用法」は，「視点的用法」に比べ，
用例には出にくいものであるが，「われ」には (17) のような例がある．「おの
れ」は，確例は存在しなかった．

III 「再帰的用法」で使われる「われ」

(17) ［源氏］「（略）」とわれぼめし給ふ（3.162.4）［自分をおほめなさっ
た］

---

[2] Whitman (1999: 374) では，'Onore in (25) refers to flowers, and in Appendix (2) all
examples refer to inferiors of the speaker or protagonist. Onore is thus presumably
unavailable to refer Genji in (26) and (27).' と述べている．これに対して，本章の立場から
は，上位者には，通常「われ」が用いられるが，語り手が，その人物に対して非難の立場を
とった場合には，「おのれ」を用いることもできると論じるものである．

中古語においては，私的自己を表す「われ」「おのれ」が会話中文の自称指示としても活発に使われている．現代語と異なって，この時期には，「公的自己」を表す形式が，後述するように，現代語に比べ未成熟だったため，「私的自己」を表す形式を転化して用いていたと考えられる．以下，IV として用例をあげる．例文の前に［話し手→聞き手］の形で，話し手と聞き手を表示する．

IV　会話文中自称指示の「われ」「おのれ」

(18)　［源氏→夕顔］「われにいま一たび，声をだに聞かせ給へ．（後略）」と声もをしまず泣き給ふこと限りなし．（1. 133. 15）［「わたしにもう一度せめて声だけでも聞かせておくれ」と大きな声で泣き続けなさった］

(19)　［大監→玉鬘の乳母］「いみじきかたはありとも，我は，見隠して持たらむ」（2. 337. 4）［「たとえどんなにひどい不具であってもわたしは見ぬ振りをして見捨てぬつもりだ」］

(20)　［右近→三條］「なほ，さしのぞけ．われをば見知りたりや」（2. 347. 14）［「もっとよくのぞいてごらん．わたしに見覚えはありますか」］

(21)　［朱雀院→女三宮の乳母］「（前略）われ女ならば，おなじはらからなりとも，かならず，むつび寄りなまし．（後略）」と，の給はせて（3. 214. 2）［「わたしがもし女であったら，実の兄妹であっても，きっと言い寄って睦まじい仲になっていただろう」とおっしゃって］

(22)　［叔母→末摘花］「故宮おはせし時，おのれをば「面伏せなり」とおぼし捨てたりしかば（後略）」など語らへど（2. 142. 7）［「故宮がご存命のとき，このわたしを不名誉なものと思い捨てになられたので」など話したが］

(23)　［髭黒北方→子］「（前略）姫君は，となるともかうなるとも，おのれに添ひ給へ（後略）」と泣き給に（3. 126. 7）［「姫たちはどうなるとも私についていらっしゃい」とお泣きになって］

(24)　［浮舟母→浮舟乳母］「（前略）おのれは，おなじごと，思あつかふとも（後略）」（5. 136. 13）［「わたしは，分け隔てなく思って世話をしているのですが」］

(25)　［物怪→源氏］「（前略）おのれを，月ごろ，調じわびさせ給ふが，（後略）」（3. 371. 1）［「このわたしを幾月も祈り伏せて苦しい目にあわせなさっているのが」］

(26)　［物怪→僧都］「おのれは，こゝまでまうできて，かく調ぜられたてまつるべき身にもあらず（後略）」（5. 335. 10）［わたしはここまでまいってこのように祈り伏せられる身ではない］

第 10 章 「自己表現」の日本語史・素描　　　205

　それぞれ一例ずつ取り上げると，(18) は「自分にもう一度せめて声だけで
も聞かせておくれ」，(24) は「自分は分け隔てなく思って世話をしているので
すが」と訳すと違和感があり，ここは「公的自己形式」である「わたし」を使っ
て訳さざるをえないところである．

　ここでの使用例から考えると，「われ」は朱雀院・光源氏から侍女である右
近まで，広い階層の使用者，広い場面で用いられる無標の表現だったのに対し
て，「おのれ」は語り手から見て，それほど高い階層の人物でないものが身内
に対して使うケースと物の怪が使用するケースなどに特徴的に現れる有標の表
現であったと考えられる.³ 用例数の上でも，会話文中の一人称自称指示の「わ
れ」が71例であるのに対して，「おのれ」は16例にすぎない．

　中古語において「公的自己」をあらわすもの（心内文の自称指示用法，視点
的用法を持たず，聞き手を意識した伝達のための自己の表現として考えられる
もの）として「まろ」「ここに」「なにがし」のような形式があるが，その会話
文中における自称指示としての使用例は，「私的自己」形式からの転用と考え
られる「われ」が71例であるのに対して，「まろ」は37例，「ここに」は15
例，「なにがし」は29例と少数である.⁴ また，森野 (1971: 178) が述べるよ
うに，比較的中立に用いられるとされる「われ」に対して，いずれも特殊な表
現効果を持っていたとされる.⁵

(27)　[源氏→紫の上]「いまはまろぞ思ふべき人．な疎み給ひそ」(1. 185.
　　　8) [「今はこのわたしがあなたをかわいがってあげるのです．いや
　　　がったりなさらないで」]

(28)　[紫の上→源氏]「こゝにさへ，うらみらるゝゆゑになるが苦しきこ
　　　と（後略）」(3. 132. 6) [「このわたしまでもが恨まれることになるの
　　　はつらくて」]

(29)　[明石入道→源氏]「（前略）なにがし，延喜の御手より弾き伝へたる

---

　³ 会話での自称に「おのれ」を用いている人物には，若紫の父である兵部卿宮のほか，紫の
上の祖母（按察大納言の北の方），内大臣（昔の頭中将），鬚黒大将の北の方など，身分が高い
人物が含まれている．その一例，兵部卿宮は若紫相手に「おのれ」を用いているが，小学館新
全集の頭注は，「「おのれ」は同じ自称の代名詞ながら，源氏が子供相手にやさしく「まろ」と
言ったのとは対照的」（小学館新全集『源氏物語』第1巻二四九頁頭注一五）としている（以上，
木谷眞理子氏のご指摘による）．物の怪の使用と相俟って「おのれ」の使用には特殊なニュア
ンスも想定できるが，今後の課題としたい．

　⁴ いずれも「一人称単数」の用例に限定し，「われら」「まろら」「なにがしら」はカウントし
ていない．

　⁵ 森野 (1971) では，「ここに」も比較的中立に用いられるとされていたが，森野 (1975) に
おいては，「ここに」は「まろ」と似た表現効果を持って使われていたとされる．

事四代になんなり侍りぬるを（後略）」（2. 66. 4）［「拙者が，延喜帝
の御手から弾き伝えますこと四代にあいなりますが」］

　これらは以下の森野（1971, 1975）の記述に見られるように特別な表現効果
を持って使われていたと考えられる．

> 「まろ」——子供の発言部では他の語をはるかにひきはなしてもっとも高
> い使用率を示す点に特徴がある．（中略）夫婦間の対話内における「まろ」
> の使用率は夫にかたより，（後略）　　　　　　　　　　（森野（1971: 179））
> 「なにがし」——男性専用の，きわめて強い緊粛感を伴う語としてとらえ
> られていたと考えられる．　　　　　　　　　　　　　（森野（1971: 178））
> 「ここに」——夫婦間での発言を別にすると，「まろ」と微妙に重なるとこ
> ろが多いようである．畏まり改まった気持ちで応対しているという態度
> とは密着しないと思われる点で「まろ」と連続し，ゆるやかに括れば同
> 類をなす．しかし，親狎感という点となると，その度合いが淡く，「ま
> ろ」ほどには濃厚ではないといった態の自称であったと考えられる．
> 　　　　　　　　　　　　　　　　　　　　　　　　　（森野（1975: 77））

　以上をふまえると，中古語は，「私的自己」として「われ」「おのれ」の2つ
を持つ「複私的自己言語」で，本来，私的自己の形式である「われ」「おのれ」
が公的自己にも転用され，「まろ」「なにがし」等の公的自己専用形式は特異な
表現効果を持った形式にとどまるという私的自己が優位性を持つ言語であった
（「私的自己」内部では，「われ」が無標で「おのれ」が有標）のに対し，現代語
は「私的自己」を表す形式が「自分」のみの「単私的自己言語」で，「公的自己」
も成熟した形式を持ってきていると考えられ，1節の表1のように整理できる．

5．『天草版平家物語』における自己表現

　前節では，森（2008）をもとに，中古語（11世紀はじめ）における自己表現
の状況を見た．口語資料が残る中世後期（16世紀おわり）の自己表現の状況
を『天草版平家物語』をもとに見てみよう．[6] まずは，「われ」と「おのれ」の使
用状況である．心内文中の自称指示として「われ」が用いられていたのは次の
2例である．

---

　[6] 翻字本文は近藤政美・池村奈代美・濱千代いづみ編『天草版平家物語　語彙用例総索引
（1）影印・翻字編』（1999年・勉誠出版）による．頁数と行数は原文に対応している．

第 10 章 「自己表現」の日本語史・素描 207

(30) 大臣殿 (おほいとの) は右衛門の督が沈まば，われも沈もうと思はれ (345-2)

(31) 六月六日に都へ帰りお上りあるに，大名，小名われ劣らじと面々にもてなし奉れば (322-1)

視点的用法で用いられる「われ」には，次の例があった．

(32) [語り手→平家の兵] ここをば引いて尾張の墨俣を防げと言うて, 取るものをも取りあへず，われ先にと落ち行くほどに，余りにあわて騒いで，弓を取るものは矢を知らず，人の馬にはわれ乗り，わが馬をば人に乗られ (153-5)

再帰的用法の「われ」は用例がなく，会話文中自称指示の「われ」は，多数存在した．以下にそのうちの 2 例をあげる．

(33) われは君のお供に参るぞ．(343-20)

(34) 今はわれを思ひかくる者は奥の秀衡であらうずるか．(369-10)

「おのれ」に関しては用例が少なく，全体で 8 例しかなかった．心内文中自称指示・会話文中自称指示については例がなかった．6 例は次のように二人称としての用例である．

(35) もとよりおのれがやうな下臈の果てを君の召し使はれて，なさるまじ官職を下され (25-19)

視点用法の「おのれ」には次の用例があった．

(36) [語り手→雁] その中に雁一つ飛び下がって（原文は tobi agatte），おのれが翅に結びつけた玉章を食ひ切って落いたを (69-9)

4 節で見たように『源氏物語』における視点用法の「おのれ」は植物に対して使われていた．人間以外に対して使用されるという性質が『天草版平家物語』のなかにも残存していたと考えられる．

視点用法としては，(37) のように「わが身」が用いられている．

(37) [語り手→次郎兵衛] 乳母の紀伊の次郎兵衛は，養君の自害させられたを膝にひきかけ，わが身も腹かき切り重なって伏した．(406-1)

「わが身」と関連した表現である「身」は興味深い表現である．(38) のように心内文で私的自己として用いられるものもあれば，(39) のように再帰的用

法もある．（40）のように会話文における自己指示としても用いられている．ある時期の日本語では，「われ」「おのれ」「自分」と同様の用法分布をしていた可能性もあり，今後の探究が必要である．

- (38) 下る時もこれほどのことをなぜに身は申し受けぬぞといふふりで (72-12)
- (39) 戦場で敵に会うては身を忘るることでござる (148-10)
- (40) 身は一天の君に向かひまらし軍に勝つた上は主上にならうか法皇にならうか (223-22)

『天草版平家物語』の自称代名詞を調査した清瀬（1984）によれば，会話文中の自己指示表現には次のようなものがあり，それぞれに使い分けられていた．

わたくし〜目上の者に対してへりくだって言う語
わらは〜女性が用いる　上位者・下位者両方に用いる
拙者〜改まった語感　かしこまった語感
身〜下位者に対する自称詞
それがし〜もっぱら男性が用いる．下位者の上位者に対する自称として用いられている例が多いが，同輩や下位者に対して用いた例も見られる．
われ〜上位者の自称に用いられている場合が多いが，下位者の上位者に対する詞にも見られる．

公的自己に関しては，「わたくし」「それがし」などがこの時代には勢力を拡大していたが，それでも「われ」が84例であるのに対し，「わたくし」が17例，「それがし」が31例であり，本来は私的自己を表す語であった「われ」の優勢が続いていたと考えられる．

6. 『浮世風呂』における自己表現

前節で見た状況から，おおよそ200年が経過し，文化の中心が江戸に移った以後の19世紀初めの資料として『浮世風呂』の自己表現をみてみよう．[7] まずは，「われ」と「おのれ」の状況である．

「われ」は二人称が2例のみである．ぞんざいな語で，目下または人をののしるに用いられていた．

---

[7] 岩波新日本古典文学大系本により，頁数と行数を示した．

第 10 章 「自己表現」の日本語史・素描　　209

(41)　ナンダ，われはなんだ．正体をあらはせろ (48-13)

　もう少し後の時代の『春色辰巳園』（1833 〜 35）には，次のような心内文中の自己を表す用法もあるが，[8] 会話文中の自己指示を表す用法はこの時代には，ほぼ使われなくなっている．

(42)　どこやらあだな仇吉が，斯までわれをしたふかと，思へばひとしお不
　　　便になり (393-2)

　なお，『春色辰巳園』には，「われ」は 8 例用いられているが，上記の例の他は，「われながら」という固定化されたものが 4 例，唄のなかで用いられているものが 1 例，地の文や古風な口調で語っているなかに出現しているものが 2 例と生産的に使用されているとはいえない．18 世紀前半の江戸語資料のなかでは，(42) の例のような用法を除いてほぼすたれてしまっていたといえよう．久保（1984: 100）において「（滑稽本や人情本の）テクストはあくまでも会話やそれに伴う動作・状態，あるいはテクスト世界の物音などのような物理的要素から成り立っており，そこでは心理的な要素——叙述者が介入して登場人物の心情を述べるといったようなこと——は重視されない．」とあるように，この時期の資料には，心内文の描写が出にくいため，用例としては少ないのだが，心内文の自己指示用法が残存していたことがこの例からわかる．

　『浮世風呂』に戻り，「おのれ」の用例について述べると，二人称が 3 例，視点用法 3 例，一人称は 1 例のみあるが，注釈的に使われる文語文である．

　この視点用法については，(43)-(45) のように地の文で使われている．

(43)　[語り手→さいこく者] おのれがてぬぐひはしぼりて (36-9)
(44)　[語り手→ゆずのいち] おのれがくんだゆにいちれいをのぶる (63-2)
(45)　[語り手→義遊] おのれが床へ入ると (72-2)

　以上，「われ」と「おのれ」の状況を見た．「自分」は中世後期より用例が見られるが（遠藤 (1983)），「浮世風呂」には，視点用法として用いられる次の例のみである．

(46)　[きぢ→部屋親様] これを御自分の子のやうになすつて (101-5)

　視点用法を表す語には，ほかに「うぬ」と「てんでん」が出現する．

(47)　[語り手→ぶた七] うぬがかほをうつしてしばらく見てゐる (271-13)

_____

[8] 岩波日本古典文学大系本により，頁数と行数を示した．

(48) ［した→親めら］己が児ばつかり可愛がりやアがつて（118-6）

(49) ［した→亭主］おれがことを古狸だといふけれど，てん〳〵は狼だア
（116-4）

(50) ［お川→かみさんをこはがる亭主］なんぞの噺序にはてん〳〵の女房
を誉ちぎるも気障な奴さ（191-16）

「てんでん」については次例のように「めいめい」という意味でも用いられて
おり，この多義性がどのようにして発生したかは興味深い．

(51) 店の衆はてん〳〵に一冊づゝ持て居るよ（135-3）

視点用法を表す語の分布であるが，『浮世風呂』において，会話文は「自分」
「うぬ」「てんでん」を使用して「おのれ」は使用しない．それに対して，地の
文では，視点人物を見下したときに「うぬ」を使っているものも1例あるが，
残りは「おのれ」を使用している．

公的自己を専ら表す表現は，『浮世風呂』のなかで，「おれ」が66例，「わた
し」が47例，「わたくし」が41例，「おいら」が23例，「おら」が20例，
「わっち」が18例，「おらア」が16例，「おいらア」が10例である（池田
(1989)）．この時期には，「われ」の重要度が失われており，中世後期におい
て，それに次ぐ存在であった「わたくし」とその短縮形である「わたし」が優
勢になっている．

7. 『浮雲』における自己表現

本節は，明治前期の自己表現について森(2010)をもとに述べる．扱う作品
は『浮雲』である．[9]『浮雲』の自己表現については，会話文においては当時の
話し言葉を反映し安定した使われ方をしていた．それとは対照的に地の文（語
り）や心内文においては，編を追うごとに複雑な変容が見られる．第一編が現
代語に最も近似した使い方で，第二編においては新しい話法が導入されると同
時に「自分」と「うぬ」のスイッチングがなされている．第三編においては，
「おのれ」を基調とした近世的な話法が復活されるとともに，第二編で導入さ

---

[9]『浮雲』の引用について，初出の復刻である，名著復刻全集近代文学館『浮雲』（日本近代
文学館）（第一編・第二編）もととし頁数と行数を記した．また，適宜，『二葉亭四迷全集　第
1巻』（筑摩書房）を参照した．変体仮名は現行の字体とし，漢字については一部に字体を改
めた．ルビは取捨選択したが，「じぶん」「おのれ」「われ」「うぬ」「おれ」についてはすべて
初出のままとした．

れた新しい話法がさらに複雑化されている．本章では第一編について主に述べる．第二編と第三編の様相については森（2010）を参照されたい．

第一編の心内文では次のように「私的自己」を表す「自分」「われ」と「公的自己」を表す「おれ」が使い分けられている．いずれも思考の主体は文三である．

(52)　イヤ〳〵是れも自分が不甲斐ないからだと思ひ返してヂット辛抱
　　　　　　　　　　　　　　　　　　　　　　　　　　（第2回）(27-2)

(53)　考へてみれば，笑ふ我と笑われる人と餘り懸隔のない身の上
　　　　　　　　　　　　　　　　　　　　　　　　　　（第2回）(28-8)

(54)　「（前略）我が免職になツたと聞たら（中略）自惚ぢャァないが我だッて何も役に立たないといふ方でもなし（中略）それだから我は馬鹿だそんな架空な事を宛にして（中略）ア，頭が亂れた……トブル〳〵と頭を左右に打振る」
　　　　　　　　　　　　　　　　　　　　　　　　　　（第4回）(73-7)

なお，小林（1976: 65-68）で指摘されているように，文三が会話で用いる公的自己表現は「わたくし」「わたし」「僕」であり「おれ」は出現していないが，自己が聞き手であれば当時の男性としてもっともリラックスした場面で使われたであろう「おれ」が出現するのは当然のことと考えられる．

第一編の会話部分では次のように「視点的用法」の「自分」が用いられている．話し手を矢印の前に，誰の視点かを矢印の後に示す（「視点的用法」，「再帰的用法」に関しては以下同様）．

(55)　[文三→課長] 自分が不條理なことを言付けながら　（第1回）(6-11)

(56)　[文三→お勢] お勢さん貴嬢は御自分が潔白だから　（第3回）(51-4)

(56) では聞き手でもある視点人物への敬意によって「自分」が「御自分」へと切り替えられている．第一編の地の文においては，第二編以降に見られるような語り手と登場人物の内面が混淆するような現象は頻繁にはおきていない．「自分」などの使用においては，あくまでも語り手が外側から状況主体の自己を捉えている例ばかりであり，ここで問題になるのは「自分」と「われ」の使い分けである．以下に例をあげる．[10]

(57)　[語り手→文三] お勢の歸宅した初より自分には氣がつかぬでも
　　　　　　　　　　　　　　　　　　　　　　　　　　（第2回）(38-8)

---

[10] (57) (63) の頁数に森（2010）では誤りがあったため，本稿において訂正した．

(58) [語り手→お政] 歴とした士族の娘と自分ではいふが

(第2回)(22-8)

(59) [語り手→文三] 自分一個の爲而已でない事を想出し

(第5回)(121-10)

(60) [語り手→文三] 何故虚言を言ツたか自分にも解りかねる

(第5回)(125-8)

(61) [語り手→課長] 御同僚方の尊大の風を御誹謗遊ばすが御自分は評判の氣六ヶ敷屋で

(第6回)(142-8)

(62) [語り手→昇] 果ては自分の胸の痞も押さげたといふ

(第6回)(146-6)

(63) [語り手→文三] 或時我を疑ツて覺えずも顔を赧らめた

(第2回)(38-6)

(64) [語り手→文三] 我にも解らぬ出鱈目を句籠勝に言ツて

(第5回)(100-1)

(65) [語り手→文三] 今までの我を怪しむばかり心の變動

(第5回)(123-3)

(66) [語り手→文三] ト我知らず言ツて文三は我を怪んだ

(第5回)(125-8)

　(63)(65)(66)に見られるように「再帰的用法」は「われ」に集中している.(57)(60)(64)の,「自分には気がつかぬ」「自分にも解りかねる」「我にも解らぬ」はほぼ同様の使い方であり,この部分に関しては第一編のなかでも揺れがあったといえよう.(61)は,語り手から課長に向けた皮肉っぽい調子が「御自分」という表現に現れている.

　以上,第一編における「自分」とその類似形式をみたが,地の文における「再帰的用法」に「われ」を用いることを除いて,私的自己を表す言葉として「自分」が定着し,現代語とそれほど変わらない使用システムが成立しているといってよいであろう.

　会話における自己指示についても,現代語と様相がかなり接近し,多様な表現が使い分けられている.小林(1976)の調査によれば,若い男性において用いられ,江戸語において一般的に用いられていなかった「僕」「吾輩」と江戸語から引き続いて用いられ,男性女性ともに用いられる「わたくし」「わたし」「あたし」という2系列に分けられる.「吾輩」と男性における「あたし」の使用を除けば,現代語と同一のシステムといってもよいであろう.

8. 「私的自己」「客体的自己」と「視点的用法」「再帰的用法」との相違とスイッチング

さきに3節で「私的自己」「客体的自己」と「視点的用法」「再帰的用法」との関連について次のように述べた.

(67) 太郎は自分の部屋で勉強している. (＝(6)) (視点的用法)

(廣瀬 (1997: 36))

(68) 太郎は自分を責めた. (＝(7)) (再帰的用法)　　　(廣瀬 (1997: 74))

(67) の例に見られる「視点的用法」は，話し手の「私的自己」が言語主体としての話し手から切り離されて「客体化」され話し手が観察する状況の主体に投影されたもの (廣瀬 (1997: 3)) である.「視点的用法」では，状況を観察する話し手の客体的自己が問題になるのに対して，(68) の例に見られる「再帰的用法」では状況の主体自体が当該出来事において自己を「客体化」する. すなわち，再帰的「自分」は状況の主体から切り離された自己を表すということになる (廣瀬 (1997: 4)). いずれも，「客体的自己」に対してさらに別の操作を付け加えていると考えられる.

この別の操作が付け加えられていることから生じた「視点的用法」「再帰的用法」と「私的自己」「客体的自己」との相違について筆者の観点から以下に考える.

「自分」を「ご自分」という表現に変換可能かどうかをみると (69) (70) では許容されないのに対し，(71) (72) では許容される.

(69) 山本先生は「(自分／？？ご自分) はもう長くない」と思った.

(私的自己)

(70) 山本先生は「(自分／？？ご自分) はさびしがっている」と思った.

(客体的自己)

(71) 山本先生は (自分／ご自分) の本を大切にしていらっしゃる.

(視点的用法)

(72) 山本先生は (自分／ご自分) がいやになっていらっしゃっている.

(再帰的用法)

つまり (69) (70) では，状況主体 (山本先生) から見た「自己」だけが表現されているのに対して，(71) (72) は，状況主体 (山本先生) から見た「客体的自己」と話し手から捉えられたその「客体的自己」という観点がまじりあっていると考えられる. つまり，「視点的用法」「再帰的用法」とも話し手から捉

えられた「客体的自己」（あるいは「私的自己」）という観点が必要となるのである。「再帰的用法」については，前述の廣瀬 (1997: 4) では，「状況の主体自体が当該出来事において自己を「客体化」する」と説明されていたが，(72) のような現象を考えると，それをさらに話し手から捉えているという観点も必要になるということである。以上のような観点は，前節までに見たように視点用法を表す形式が複数あった時代の日本語では特に重要である。

たとえば，中古語では，次のようなスイッチングが起きている。

(73) ［光源氏］なほわれにつれなき人の御心を (1. 290. 3)［やはり自分につれない方のお心を］(= (11))

(74) ［光源氏］殿はあいなく，おのれ心げそうして，宮を待ちきこえたまふも (2. 428. 5)［大臣は勝手にご自分ひとり心をときめかし，兵部卿宮をお待ち申しあげていらっしゃる］(= (13))

(73) では通常の用法として「われ」を使用しているのに対し，語り手からの見くびりの気持ちが入る (74) では「おのれ」が使用されている。

「おのれ」と「うぬ」の 2 形式が地の文での視点用法を持った近世語では，次のようなスイッチングが起きている。(76) においては語り手の視点人物に対する見くびりの気持ちが入っている。

(75) ［語り手→義遊］おのれが床に入ると (72-2) (= (45))

(76) ［語り手→ぶた七］うぬがかほをうつしてしばらく見てゐる (271-13) (= (47))

私的自己の表現に関し，現代語とほぼ変わらない『浮雲』第一編では次のように「自分」と「御自分」の間でスイッチングがみられた。この場合，(78) は話し手が視点人物を敬意を持ってとらえていることが反映されている。

(77) ［文三→課長］自分が不條理なことを言付けながら

(第 1 回) (6-11) (= (55))

(78) ［文三→お勢］お勢さん貴嬢は御自分が潔白だから

(第 3 回) (51-4) (= (56))

このような例は，いずれも状況主体から見た「客体的自己」という観点だけでは説明できず，話し手から捉えられたその「客体的自己」という観点も必要になっている。廣瀬 (1997) で示された「自分」の多義性の捉え方に 1 つの修正をもたらすものと考えられる。

第10章 「自己表現」の日本語史・素描 215

9. おわりに

　以上，1〜3節を承けた4〜7節では，中古，中世後期，近世後期，明治前期の4つの作品における自己表現のあり方を見た．長い日本語の歴史を通じても私的自己を表す言葉が「われ」「おのれ」「自分」という3語によって中心的に担われてきたのに対し，公的自己を表す表現が時代によって多様に変遷し同時代においても多種の表現が用いられていることは，廣瀬 (1997) の説く日本語の私的自己優位言語の反映であると考えられる．「おのれ」の私的自己表現としての使用は中世後期には衰退していたが，「われ」は近世後期や明治前期においても私的自己表現として残っていた．「われ」と「自分」の交代がどのような形で起こっていたかは今後の重要な課題であろう．永澤 (2010: 209-211) は，近世・近代の複合語において「自分」が表す意味には，「〈1〉「公」に対する「私」あるいは「家 (いえ)」を表す用法，〈2〉「テリトリー内にあること (所有，裁量の自由等)」を表す用法，〈3〉「他者の手が加わらない」ことを表す用法」の3つがあり，「こうした「自分」の用法は，いずれも，テリトリーとも言い得る「主体 (自己) の領域」の内と外とを心的に区別する発想からきているといってよいだろう．そのような，当時「自分」という語が持っていた性格は，「自 (みずか) らの分」という文字通りの意を反映したものとみることができる」，「一方，現代の「自分」は，単純に「その人自身」を表すものであり，近世・近代のような，「こちら」と「あちら」を線引きする語ではない．上述の漢字文字通りの空間的な意が薄れ，「自分」という二字ひとまとまりで単純に「その人自身」を指し示すものとなっている」と述べる．「領域」から「その人自身」へと意味変化が起きたことにより「私的自己」の用法が確立していったと考えられるが，その時期については未確定に留まっている．

　8節では，私的自己を基底として視点の用法におけるスイッチングの現象が日本語史のなかでも起きていることを扱った．廣瀬 (1997) で示された「自分」の多義性の分析を修正発展させる提案として意義のあるものと考える．

参考文献

池田菜穂子 (1989)「『浮世風呂』における自称代名詞について」『国文白百合』20, 36-45.

遠藤好英 (1983)「じぶん (自分)」『語誌 II (けいざい〜つぼ) 講座日本語の語彙 10』，佐藤喜代治 (編)，185-192，明治書院，東京.

清瀬良一 (1984)「天草版平家物語の自称代名詞」『国語国文学報』41, 1-20.

久保由美（1984）「近代文学における叙述の装置——明治初期作家たちの"立脚点"をめぐって——」『文学』52(4), 98-111.

小林美恵子（1976）「「浮雲」に現れた自称・対称代名詞——江戸から明治へ，その決定要因の変遷——」『国文』45, 55-73.

永澤斉（2010）「複合語からみる「自分」の意味変化——なぜ「自分用事」「自分家」「自分髪」という言い方ができたか——」『東京大学言語学論集』29, 195-220.

廣瀬幸生（1997）「人を表すことばと照応」『指示と照応と否定』，中右実(編)，1-89,研究社，東京.

廣瀬幸生（2002）「話し手概念の解体から見た日英語比較」『筑波大学「東西言語文化の類型論」特別プロジェクト研究成果報告書』，筑波大学東西言語文化の類型論特別プロジェクト研究組織(編)，723-755, 筑波大学.

Hirose, Yukio (2002) "Viewpoint and the Nature of the Japanese Reflexive Zibun," *Cognitive Linguistics* 13(4), 357-401.

森雄一（2008）「自己表現のダイナミズム——「自分」「われ」「おのれ」を中心に——」『ことばのダイナミズム』，森雄一・西村義樹・山田進・米山三明(編)，295-309,くろしお出版，東京.

森雄一（2010）「「浮雲」の自己表現をめぐって」『近代語研究』第十五集，468-486.

森野宗明（1971）「古代の敬語 II」『講座国語史　第5巻敬語』，辻村敏樹(編)，97-182,大修館書店，東京.

森野宗明（1975）『王朝貴族社会の女性と言語』有精堂，東京.

Whitman, John (1999) "Personal Pronoun Shift in Japanese," *Function and Structure*, ed. by Akio Kamio and Ken-ichi Takami, 357-386, John Benjamin, Amsterdam/Philadelphia.

第11章

言語接触と対照言語研究

——「マイカー」という「自分」表現について——*

長野明子・島田雅晴

東北大学　筑波大学

要旨：日英言語接触における各種現象のうち，和製英語と呼ばれる現象に注目し，従来「間違い」もしくは「謎」とされてきた事例について，対照言語学の知見に基づく説明を提示する．1つ目の事例は「ゴーストップ」類であり，これは Shimada (2013) による等位複合語の日英対照研究で説明可能である．2つ目の事例は「マイカー」類であり，こちらは廣瀬 (2017) による言語主体の語彙化に関する日英対照研究が説明の鍵を握る．これらの事例と，Namiki (2003) による「リンスインシャンプー」類の研究を総合すると，機能範疇が関与する言語間借入は，その範疇を具現する有形の形式の間での形態的交替という形で進行する，という仮説が得られる．

1.　はじめに

　言語接触 (language contact) とは，「複数の言語，方言，変種が人的，社会的，経済的，政治的要因により接触し，拮抗する状態のこと」をいう（中野ほか (2015: 289)）．この状態では，接触する言語や方言の音声，音韻，語彙，文法が変化するとともに，言語使用者の観点からすると拮抗する言語・方言を使い分ける必要がでてくる．そのため，これまでの言語接触の研究は，おもに歴史言語学と社会言語学の中でなされてきた．[1] 言語接触を1つの独立した学と見る Winford (2003) も，その研究には "an eclectic methodology that

---

　* 本章の草稿を丹念にお読み下さり，大変貴重なコメントと暖かい励ましで，執筆を力強くサポートして下さった廣瀬幸生教授に心から感謝申し上げる．なお，本研究は JSPS 科研費 (16H03428) の援助を受けている．

　[1] 日本語で書かれた分野の俯瞰的文献として，雑誌『日本語学』による特集号（2010年11月）がある．その構成を見てみると，歴史言語学と社会言語学の折衷関係がよくわかる．渋谷勝己氏による「総論」に続き，「日本語史における言語接触」（5論文），「現代日本の言語接触」（5論文），「言語接触のなかに生きる人々」（6論文），「言語接触と社会」（3論文）という構成になっている．

draws on various approaches, including the comparative-historical method, and various areas of sociolinguistics" (p. 9) が採用されるとしている.

　そのような背景のもと，本章では，これまであまり結び付けられることのなかった言語接触と対照言語学との関係について考えてみたい．具体的には，和製英語と呼ばれる表現に注目し，三層モデルをはじめとする対照言語学がその謎に関して明快な説明を与えることを示していく．主張は2つある．1つ目は，和製英語現象を理解するには日英対照言語学の視点が不可欠であるということ．関連文献の多くは，対照言語学の知見を参照しないがために，「間違った英語」という規範文法的視点から自由になれないでいるように見える．2つ目の主張は，和製英語現象は対照言語学にとって貴重なデータを提供するということ．本章で扱う事例を前にして，日本人は英語ができないからだよと一蹴する態度は，記述文法主義を標榜する言語研究者の中にも見られるものである．和製英語は権威あるデータではないという前提があるのかもしれない.[2] しかし，外来語基盤の語形成は，よく見ると，従来から提案されている言語間差異の仮説と密接に関わることがわかる．

　本章の構成としては，まず，2節と3節で関連する先行研究を導入する．2節では現代日本語の語彙の構成という観点から和製英語の位置づけを行う．特に重要な研究として，和製英語を「和製外来語」と呼ぶ森岡（1985）の研究を紹介する．3節では和製英語に対するアプローチ法を整理する．筆者らが採用するアプローチの嚆矢は，Namiki (2003) による「リンスインシャンプー」の研究である．続いて，4節と5節では，規範主義的に間違いとされ，記述主義的にも謎とされている和製英語「ゴーストップ」と「マイカー」を取り上げ，それぞれ Shimada (2013) と廣瀬（2017）の対照言語学研究を用いて分析する．最後に，6節で，本章で明らかになったことを Winford (2003) による借入 (borrowing) の分類に照らして位置づけ，structural borrowing に関する仮説を提案する．

　三層モデルとの関連性について明確にしておこう．三層モデルが直接関係するのは5節で見る「マイカー」の現象であるが，この現象のみに本章の内容を特化しないのは，和製英語の事実を三層モデルだけで説明するのが我々の意図ではないからである．三層モデルでなくとも，特定の理論的モデルに現象全て

---

　[2] 筆者らがこれまでの研究活動の中で受けた質問やコメントを総合しての感想である．筆者らの関連研究（Nagano and Shimada (2014), Shimada and Nagano (2014), Nagano and Shimada (2015)）にコメントを下さってきた廣瀬幸生教授や本章3節で研究を引用する並木崇康教授のように，このような前提からもともと自由な言語学者も存在し，筆者らは彼らとの出会いから多くを教わってきたことも付記しておきたい．

第 11 章　言語接触と対照言語研究　　　219

を帰着させようとは考えていない．我々が一般性を求めるのは，むしろ，日英
語の文法的差異をもとに和製英語のパターンが作られていく際の，その作られ
方のほうである．[3]

　また，先に断っておくべきこととして，言語接触の程度性の問題，話者でい
えば二言語併用（bilingualism）の程度性の問題がある（Loveday（1996:
Ch. 1），Winford（2003），渋谷（2010: 8-10））．本章では，接触のどの段階
での言語表現なのか，もっというと「誰の日本語なのか」はとりあえず問わな
い．現代日本語の辞書もしくはインターネットで見つかる和製英語をデータと
し，それを日英対照言語学の視点でどう分析できるか考える．和製英語の「お
かしさ」の質と個人の日英二言語併用の程度との関係について考えることは，
本章の射程の範囲外である．

2.　現代日本語の語彙における和製英語の位置づけ

　現代日本語の語彙は和語，漢語，外来語の 3 層からなる．[4] 外来語層は中国語
以外の外国語から借入された語彙をいい，日本語が借入の recipient language
（定訳はないようだが，受け入れ側言語のこと），外国語が借入の donor lan-
guage（もしくは source language とも．提供側言語のこと）である．ドナー
として現代日本語に最も多くの語彙を提供しているのが英語である（橋本
（2010: 57-61））．[5] 英語の語を日本語に取り入れるに際しては，strike と「ス
トライク」の比較でよく論じられるように，まず発音に変更が加えられる．品
詞が変わることもあり，to drive と「ドライブ（する）」のように動詞は動名詞
として取り入れられる．また，日本語に取り入れられたのちは，英語の
source word ——「ストライク」に対する strike，「ドライブ」に対する drive の
ような，英語での対応語—— にはない特性を示すようになる．これに関し，
Shibatani（1990: 150）は，音韻的変更以外でドナー言語の母語話者を当惑さ

---

　[3] 本章は三層モデルに対する問題提起でもある．これまでの対照言語学の理論は，一言語使
用者・母語話者（native speaker）主義のもとに構築されており，二言語併用（bilingualism）・
多言語併用（multilingualism）という世界の多くの人々の事実をどのように考えているのか，
明らかでないように思われる．特に三層モデルの場合，言語使用と認知の間に相関があると考
えるが，日英語両方を話せる話者は多数いる．そのような人の認知と言語使用の関係はどのよ
うになっているのだろうか．
　[4] オノマトペを 4 層目として独立させる考え方もある（Tsujimura（2016））．
　[5] 橋本（2010）は，1911 年から 2005 年までの 95 年間の朝日新聞社説から外来語を抽出し，
通時的な語彙調査を行っている．その調査で得られた外来語普通名詞は，異なり語数でも，延
べ語数でも，全体の約 9 割が英語出自とのことである．

せる外来語彙の特徴が3つあるとし，1つ目として source word との意味の違い，2つ目として日本語での語形成（"Japanese coinage"），3つ目として形の短縮を挙げている．

まず，借入語（borrowed word）とその source word との意味の違いとは，(1) のような例をいう．source word の意味と比べた場合，借入語の意味が (a) 特化されている場合，(b) 拡張されている場合，(c) 変更されている場合，そして (d) 悪化している場合がある．

(1) a. 特化：ステッキ（< stick），ストーブ（< stove），ライス（< rice）
　　 b. 拡張：ハンドル（< handle），レジ（< cash register）
　　 c. 変更：マンション（< mansion），フェミニスト（< feminist）
　　 d. 悪化：マダム（< madam），ボス（< boss）

これらの例は Shibatani（1990: 150-151）から引用したものであるが，2017年現在の語感からすると，「フェミニスト」と「ボス」は例として適切ではないかもしれない．それぞれ source word と同じ意味で使われているからである．近年の「変更」の例としては「あの選手はメンタルが弱くて」や「エコロジーなアップルパイ」などがあり，ここでの「メンタル」「エコロジー」は意味と品詞の両方に関してそれぞれ source word である mental, ecology と違っている．[6] また，Hasegawa（2015: 64）の挙げる「アバウト」（< about），「サービス」（< service) も「変更」の例である．

次に，形の短縮とは，「スト」（< strike）や (1b) の「レジ」（< cash register）に見られるような，日本語として発音すると長くなる source word を短縮する傾向のことである．

本章で注目したいのは，Shibatani のいう Japanese coinage，つまり借入要素を使って日本語内部で語形成を行うプロセスである．文献では，次のようなものが外来語層基盤の語形成の例として挙げられている．

(2) 2つの語彙素の結合
　　 a. バックミラー "a rear-view mirror"
　　 b. テーブルスピーチ "a dinner speech"
　　 c. オーダーストップ "final order at a restaurant or bar"
　　 d. サービスランチ

---

[6] 「エコロジーなアップルパイ」は筆者らの1人が2014年11月に青森県弘前市に出張した際，宿泊したホテルで購入したものである．

第 11 章　言語接触と対照言語研究　　　　221

　　　e.　サービス残業，家庭サービス
　　　((a, b) Shibatani (1990: 151)，(c) Hasegawa (2015: 64)，(d, e)
　　　『新英和大辞典』の service の項)
　(3)　準接辞と呼べる要素（下線部）と語彙素の結合
　　　a.　ノーゲーム，ノーカット
　　　b.　インターハイ
　　　c.　アウトコース，インコース
　　　d.　マイペース，マイカー，マイホーム
　　　e.　アンチ巨人
　　　f.　フリーター，ナイター
　　　g.　漫画チック
　　　h.　イメージアップ，ベースアップ，リストアップ，コストアップ
　　　i.　イメージダウン，コストダウン，スピードダウン，レベルダウン
　　　j.　シーズンイン，ゴールイン，ホームイン，ホールイン
　　　　　　（森岡 (1985)；(f)「フリーター」のみ Hasegawa (ibid.)）

　(2) と (3) の分類は，語形成を複合と派生に分ける Item and Arrangement 型
の考え方（長野 (2013)）に立っている．まず，(2) の例を複合とすることは
問題ないであろう．(2a-d) のように複合される語彙素 (lexeme) の両方が外
来語である場合と，(2e) のように片方のみが外来語である場合がある．強調
しておくべきこととして，例えば (2a) であれば，「バック」と「ミラー」を結
合する複合操作は，日本語の中で行われたものである．よって，ドナー言語に
は back mirror という複合語はない．英語訳が示すように，「バックミラー」
に対応する英語は rear-view mirror である．
　複合操作が日本語の中で行われていることをよく示す例は (2d)「サービス
ランチ」や (2e)「サービス残業」であろう．「サービス」という語は，(1c)「変
更」の例であることを上で見た．「サービス」のもつ「商店で値引きしたり，客
の便宜を図ったりすること」や「無料にする」の意味は，service という英語の
source word にはない日本語独自の意味である．「サービスランチ」や「サービ
ス残業」にはこれらの意味要素が入っているので，複合の操作は確かに日本語
の中で行われたと言えるのである．
　一方，(3) は森岡 (1985) で外来語層基盤の派生語とされる例である．森岡
は，(3a-e) の下線部を接頭辞に準ずるものとし，(3f-j) の下線部を接尾辞に
準ずるものとする．森岡の提案する「準接辞」という概念は外来語層基盤の語
形成を考えるうえで重要である．森岡の考えでは，ドナー言語の英語において

は接辞でない要素でも，日本語では接辞のように使われることがある．特に，「松下大三郎博士が形式的不熟辞と呼ぶ漢字形態素に対応」(p. 114) するような要素にそれが顕著であるという．想定される形態素分析のプロセスは次のようなものである．まず，借入を通して日本語に入ってくる表現の中には，(1) で見たようなドナー言語の単純語だけでなく，次のような複雑語 (complex word) もしくは句のレベルの合成的表現もある．

(4) a. 英語での複合　　　　　ハイライト，ハイスピード
　　 b. 英語での接頭辞付加　　アンバランス，アンチトラスト，サブウェイ
　　 c. 英語での接尾辞付加　　ドライバー，ロマンチック，エゴイズム
　　 d. 英語での句形成　　　　マイウェイ，ロックアウト，ノーコメント
　　　　　　　　　　　　　　　　　　　　(森岡 (1985)：分類は筆者らによる)

カタカナで書くとわかりにくくなるが，(4) の事例は，(2)，(3) と違い，英語での語形成・句形成の結果が借入されたものである．こういうものが (3) 類の基盤となる．なぜならドナー言語の機能的要素は繰り返し一定の規則性をもって現れるものなので，借入先においても何らかの分析が行われてしかるべきだからである．

　その過程を観察すると次の 2 つのことが言えそうである．第 1 に，漢語層の形式的不熟辞に意味的に対応するものほど，日本語の中で分析され，独立した形態素として取り出されやすい．第 2 に，ドナー言語での範疇所属，つまり un-，-ist のような接辞であるか，もしくは my，out，no のような句レベルの機能要素であるかという区別は捨象される．漢語の形式的不熟辞に対応するものは，日本語では，仮に準接辞と名付けることのできるような広義の接辞要素となる．

　以下に森岡自身による準接辞の説明の一部を引用しておこう．

　　　ロックアウト (out)　　アウトサイダー　　（アウトになる）
　　　レベルアップ (up)　　　クリーンアップ　　（アップする）
　　　ダウンタウン (down)　　ノックダウン　　　（ダウンする）
　　　オンザロック (on)　　　オンライン　　　　（オンする）
　　　オーバーワーク (over)　オーバーヒート　　（オーバーする）

　　　これらの下線の部分は，英語の副詞もしくは前置詞であって，外来語としても括弧内に示したように明らかに語基としての用法をもっている．しかし，上掲のような組み合わせになると，日本語としてはやはり形態・意味の上から下線の部分が接辞に見え，語全体は合成語と言うより

第 11 章 言語接触と対照言語研究   223

派生語と言うのが適当かと思う．これは，下線の副詞・前置詞類が漢字
の形式的不熟辞と次のように対応するためであろう．
外＝アウト，上＝アップ，下＝ダウン，上＝オン，超＝オーバー
いわゆる母国語の干渉による意識であろうが，これらは漢語の形式的不
熟辞に対応する外来語の形式的不熟語基として，やはり準接辞と見なし
たいと思う．
　　　（森岡（1985: 114）;「傍線」を「下線」に，「右」を「上掲」に変更）

　この説明は，未知の表現に出会った時，我々は既に知っていることを使って解
析しようとするという，言語接触で広く観察される点を捉えている．漢語層は
現代日本語母語話者の心的辞書の中で和語層とともに安定した語彙層といって
よい．森岡の観察が正しければ，日本語母語話者は，未知の外国語表現に出
会った時，既存の漢語層――これが和語層でないのはなぜかという面白い問題
はさておき――と照合しながら取り込んでいる，もしくは，取り込んできたと
いうことになろう．[7]
　以上まとめると，本節では現代日本語の外来語層には 3 つの特徴があるこ
とを概観した．借り入れられた語の意味の問題，形の問題，そして語形成の問
題である．特に語形成については，ドナー言語ではなく日本語内部での現象と
して捉えるべきことを見た．このように見てくると，(2) や (3) の例，場合に
よっては (1) の例についても使われる「和製英語」というラベルは正確ではな
いとわかる．英語ではないからである．このラベルは，(2) や (3) のような表
現が和製であること，つまり，日本語の中で作られていることは正しく捉えて
いるが，英語の一種とみなしている点，もしくはそのように思わせる点で適切
ではない．森岡は注意深く「和製外来語」というラベルを使っている．以下で
は，我々も，(2-3) 類を和製外来語と呼ぶことにする．派生か複合かの区別を
する時には，(2)「和製外来複合語」，(3)「和製外来派生語」と呼ぶ．

3. 和製外来語へのアプローチ法

3.1. 規範主義と記述主義

　日本語の外来語層についての記述は，現代日本語に関する書物の多くに見つ
かる．外来語層に特化した文献もかなりあり，借入語――その多くは (1) のよ

---

　[7] 英語から日本語への借入において漢語層がフィルターのような役割をしているという森岡
の仮説と似た考えは，のちに，Loveday（1996: 138-156）でも提案されている．

うな単純形態の語である——の歴史，音韻，社会言語学的側面を論じたものが多い。[8] しかし，本章が問題にするのは (2) や (3) のような和製外来語を生み出す外来語基盤の語形成である．この領域に限って文献を見ていくと，規範主義と記述主義という区分から始めねばならないレベルと言わざるをえない．

　和製外来語について書かれたものは，規範主義に立つものと記述主義に立つものの 2 つに大別される．規範主義的文献とは，和製外来語を当該ドナー言語の表現として作られたものとみなし，ドナー言語の観点から正誤を論じるものをいう．英語出自語を使った和製外来語であれば，英語の文法や英語話者の規範からのみ議論する点が特徴である．例えば，いわゆる和製英語を集めたものとして最も新しく，データ量において充実していると思われる亀田・青柳・クリスチャンセン (2014)『和製英語事典』のまえがき (p. iv) には，次のようにある．特に関連する部分に下線を施して引用する．

　　「和製英語」とは，その名のとおり，日本製（和製）の英語です．中には，和製でありながら，そのままでネイティブにも伝わるものもありますし，他のモノと誤解されてしまうもの，あるいはまったく伝わらないものまで様々です．そのような英語を対象として，これまで著者たちが収集してきた数千にもおよぶ数多くの「和製英語」を整理して，単語編では，「カタカナ英語」を 500 語，そして表現編では巷でみかけた「オカシナ英語」を 140 編にしぼり込み，その背景と，当該語や表現に相応する正しい英語の紹介を中心に，詳細な解説を加えました．

つまり，同書は，いわゆる和製英語は英語であるという前提に立ち，英語の規範からの逸脱を間違いと見なすのである．本章 4 節と 5 節で検討する「ゴーストップ」と「マイカー」については，以下 (5)，(6) に引用するような説明をしている．(5) の右上のバツ印は「通じない」の意味であるという（同書 p. 4）.

(5)　ゴーストップ go stop　[公共・環境]　　　　　　　　　　　✕
　　●背景説明と正しい表現
　　　ゴーストップという今では耳慣れない言葉ですが，これは道路用の交通信号機を意味する和製英語です．世界発の交通信号機はロンドンで 1868 年に設置されましたが，青と赤 2 色の点滅方式でした.

---

　[8] このことは，日本語外来語層に関する研究のレビューを行っている Schmidt (2009) の論文を読むとわかる．書物としては，石綿 (2001)，田中章夫 (2002)，田中建彦 (2002)，Stanlaw (2004)，山田 (2005)，陣内 (2007)，橋本 (2010)，Irwin (2011)，陣内ほか (2012) などがある．2000 年代以前についてはこれらの本の情報や Loveday (1996) を参照.

第 11 章　言語接触と対照言語研究　　　　225

　　日本で最初に信号機が設置されたのは 1919 年で，場所は上野広小
　　路でした．その信号機は「進め」と「止まれ」という文字による手
　　動式でした．この進めと止まれを英語の go と stop にしたのが go
　　stop の語源であり，長い間にわたり庶民に親しまれていました．英
　　語では traffic lights (signal) といいます．
　●そのまま使ったらネイティブにどう伝わる？
　　ネイティブもその他の英語を話す外国人も理解できないでしょう．
　　伝わらない和製英語の典型的な例といえます．現代の信号機は赤・
　　青・黄の 3 色からなっていますし，そのイメージを進めと止まれだ
　　けの指示と結びつけるのは困難だからです．
　　　　　　　　　　　　　（亀田・青柳・クリスチャンセン (2014: 60)）
(6)　MY CAR
　　日本人の日常生活の中で非常によく使われる言葉です．日本語でコ
　　ミュニケーションを行う時は，私，あなた，私たちなどを使わない
　　ことがよくあります．そのような日本語の特性からは car だけでも
　　十分のはずなのですが，どういうわけか my home とか my car と
　　かいいます．しかし，ネイティブ英語の中ではこれは大変不自然で
　　す．I went by MY CAR. という人は絶対にいません．私たちは I
　　drove. といいます．日本語の場合と同じように，自分のクルマで
　　あることを強調する必要はありません．これ［原文「しれ」を筆者
　　ら修正］に関しては暗黙の了解があるのです．友人のクルマであれ
　　ば，単に I drove my friend's car. といいます．
　●ネイティブによるワンポイント解説
　　マイカー (My car) はネイティブ英語でも使われますが，和製英語
　　とは異なる使い方がなされます．たとえば，My car is red（私のク
　　ルマは赤です）といいます．
　　　　　　　　　　　　　（亀田・青柳・クリスチャンセン (2014: 294)）

　一方，記述主義的文献は上のようなドナー言語中心主義をとらないし，和製
外来語を言語学習の失敗の結果とも見ない．話者の中で 2 つの言語が接触する
なかで生まれた表現とみなし，何らかの説明を試みようとする．その説明にも
いくつかの異なるアプローチがあるのだが，1 つ目として Miller (1998) や
Stanlaw (2004) に見るような，文化論的説明がある．Miller らは (2) や (3) の
ような表現は英語として作られたものではないとする点で規範主義的でない．
そして，表現の背後にあるものとして日本文化を重視する点が特徴である．他

方，2節で見た森岡（1985）の「準接辞」分析は，（3）のような表現の生成を日本語の漢語層との照合という観点で説明しているので，言語学的である．森岡の分析は，母語の特性の transfer（別名 "interference"（Winford（2003: 16）））を重視する考え方であるといえるだろう．

森岡以降の言語学的アプローチの研究としては，窪薗（1995）と Namiki（2003）が本章で採用する対照言語学的アプローチへの嚆矢として重要である．窪薗（1995）は和製外来語に特化した研究ではないが，その音韻的特徴について日英対照の分析を行っている．ほかにも外来語音韻論に関する日英対照研究はかなりあり，充実している．それに比べ，外来語層の語彙意味論と語形成については研究が進んでいない．例えば，注8に引用した研究書の1つである Irwin（2011）には，（5）で見た「ゴーストップ」について次のように書かれている．

(7)　　Semantics and morphology converge in a particularly interesting group of assembled compounds usually subsumed under *waseieigo* in the Japanese tradition.　Like other assembled compounds, these are composed of two independent *gairaigo* elements, almost always borrowed from English.　Taken together, however, the meaning of the compound deviates from what the semantic outcome of an identical compound would be in the donor language.　I shall call these 'semantically remodelled' or 'SR' compounds.　As an early illustration of an SR compound, whose first attestation is 1930, the two independent English loanwords *goo* 'go' and *sutoppu* 'stop' were compounded to form the word *goosutoppu*.　Were an English compound *go-stop* to exist, a native speaker would probably interpret it as a state meaning something like 'stopping and starting' or 'juddering'.　In Japanese, however, the SR compound *goosutoppu* means 'traffic light'.　Daulton (2008: 19) points out that it is 'in this realm that linguistic confusion between native speakers of English and that [sic] of Japanese often peaks' and it goes without saying that SR compounds cause severe problems for foreign language learning.　They are perhaps the Napoleons of all *faux amis* for Japanese learners of English, while provoking bemusement and amusement among English-speaking learners of Japanese.

（Irwin（2011: 155）；記号情報は省略，促音表記法変更）

第 11 章　言語接触と対照言語研究　　　　227

ここでも，「ゴーストップ」は英語の観点からのみ記述され，なぜこの複合語が日本語で信号機を表すことができるのかは全く説明がなされていない．謎のままである．

　また，(6) のように，亀田・青柳・クリスチャンセン (2014) は現代の日本語で「マイ」の表現が頻繁に使われることを観察している．同事典は「マイカー」だけでなく「マイブーム」「マイペース」「マイホーム」も取り上げ，それぞれ英語としては正しくない旨論じている．しかし，そもそもなぜ，マイの表現は「日本人の日常生活の中で非常によく使われる」((6) より) のだろうか．また，より基本的な問いとして，なぜ，日本語のマイの表現は英語の my と違った使い方がなされるのだろうか．記述主義の文献でもこれらについては説明されることのないままである．例えば，Shibatani (1990) と Irwin (2011) は，マイの表現について，それぞれ (8a) と (8b) のような短い記述しかしていない．

(8)　a.　*Maikaa* (< my + car) and *maihoomu* (< my + home) are privately owned cars and houses.

　　　b.　[…] All affixes illustrated below are borrowed from English and a few of them have undergone semantic change: *mai* means 'one's own' and can be used of a second or third person; […]

　　　　　mai　　**my** + Eng. *boom*　>　**mai**buumu　'personal fad'

　　　　　　　　((8a) Shibatani (1990: 151)，(8b) Irwin (2011: 140))

2 節で見た森岡の分類でいくと，マイは準接頭辞にあたる．森岡 (1985: 114) は，「自 (マイ) 意識」と書き，マイは形式的不熟辞の「自」に相当すると示唆しているが，それ以上の追求はない．

　このように，和製外来語複合の「ゴーストップ」と和製外来語派生の「マイカー」は，規範主義では間違いとされ，記述主義では謎のままになっている．なぜそのような表現が日本語で次々と作られていくのかを考える上で重要なヒントを与えるのが，Namiki (2003) および並木 (2005, 2016) による「リンスインシャンプー」に関する研究である．「リンスインシャンプー」も和製外来複合であり，次のように沢山の類例を生み出している．

(9)　エアインチョコ，ハーブ in デンター，バブルインチョコレート，ウォーター in リップ，ゼリー in グミ，LIQUID IN GUM，

液体 in カプセル，たこ焼き in 餃子，生チョコ in カフェラテ

(竝木 (2016: 6))[9]

竝木 (2005) の概要を以下に紹介する．

3.2. 「リンスインシャンプー」の対照言語学的分析

　竝木 (2005: 2 節) も，まず，「リンスインシャンプー」という表現が，対応する英語の表現 rinse in shampoo とは異なる解釈をもつことに注目する．「リンスインシャンプー」はリンス入りのシャンプーの名称であるのに対し，rinse in shampoo という英語表現は，あえて解釈すれば，シャンプーの上に数滴垂らしたリンス (p. 3) や大量のシャンプーの中にボトル状で入ったリンス (p. 15, 注 4) を指す．(5)，(6)，(7)，(8) でも，「ゴーストップ」や「マイカー」と対応する英語表現の意味の違いは観察されていた．が，竝木 (2005) のほうが数段優れているといえるのは，その観察に説明を与えている点である．なぜ「ゴーストップ」や「マイカー」が観察されているような意味で使われるのか，(5)–(8) で引用した文献は何も説明していなかったことを思い出してほしい．これに対し，竝木は，なぜ「リンスインシャンプー」が今使われているような意味で使われるのかを説明している．その理路は次の通りである．

　まず，英語の rinse in shampoo は名詞句であるので主要部は左側に来るのに対し，日本語の「リンスインシャンプー」は複合名詞であるので主要部は右側に来る．「リンスインシャンプー」が複合語であることは，この表現が複合語アクセント (窪園 (1995)) に従うことから確かめられる．「リンスインシャンプー」がシャンプーの一種を指すのは，これが複合語であり，右側主要部の規則に従って「シャンプー」が主要部になるからである．

　次に，日本語の語彙には，「いり（入り）」という動詞連用形がある．これは①「土俵入り」「大阪入り」「政界入り」のように，特定の場所や社会に入る行為を表す複合名詞や，②「2 リットル入りの瓶」「牛乳入りのコーヒー」のように，入っている状態を表す複合名詞を作り出す．②の「○○入り」型の述語的複合名詞をさらに観察すると，○○が「牛乳」のような材料・成分である場合にはとりわけ連結詞の「ノ」を伴わない，3 項複合語を形成することが多い．

---

　[9] 「ウィダー in ゼリー」について，竝木 (ibid.) は詳細不明としている．竝木 (2005: 16, 注 11) によれば，ウィダーとは米スポーツ栄養補助食品メーカーの社名であり，とすると，「ウィダー自体がゼリーの中に入っているわけではない」からであろう．しかし，当該複合語内の「ウィダー」はメトニミー表現と考えればいいのではないだろうか．ここでの「ウィダー」はウィダー社の製品を指しており，それがゼリーの中に入っていると考えれば，「ウィダー in ゼリー」を (9) の事例と別扱いする必要はないように思われる．

第 11 章　言語接触と対照言語研究　　　　　229

例えば，「鰹だし入りしょうゆ」「IC チップ入りタグ」「魔法使いカード入り
チョコ」「青ジソ入り卵焼き」のように．このパターンの一例として「リンス
入りシャンプー」を作ることは自由であり，実際，日本語として自然である．
「鰹だし入りしょうゆ」が鰹だしの入ったしょうゆを指すように，「リンス入り
シャンプー」はリンスの入ったシャンプーを指す．
　とすると，「リンスインシャンプー」という複合語は「リンス入りシャン
プー」という複合語を土台とし，その異形として作られた可能性がある．ここ
での「イン」は「入り」の代替として使われているため，両者は「リンスの入っ
たシャンプー」という同じ意味を表す．「リンス入りシャンプー」が [[リンス
入り] シャンプー] という構成素構造をもつように，「リンスインシャンプー」
も [[リンスイン] シャンプー] という構成素構造をもつ．これは，英語の名詞
句のもつ [[rinse [in shampoo]] という構成素構造とは全く異なる．
　以上が竝木 (2005) による「リンスインシャンプー」の謎――なぜこれがリ
ンスの一種ではなくシャンプーの一種を指すのか――についての説明の概要で
ある．「リンスインシャンプー」の生成と解釈を説明するのに必要なのは，ほ
ぼ日本語の特徴だけでよいことに気付く．つまり，

① 複合名詞を作れること，
② 複合語が右側主要部の規則 (Williams (1981)) に従うこと，
③ 複合の一種として [[○○入り] ○○] という 3 項複合のパターンがもと
　もと存在すること，そして，
④ 語彙の中に「リンス」と「シャンプー」が既存の語 (established word)
　として存在すること．

これら①～④は日本語にもともと備わった特徴であり，これらによって [[リ
ンス入り] シャンプー] という基盤構造を作ることができる．英語との言語接
触によって日本語に新たに生まれた特徴といえるのは，

⑤「入り」の代わりに使える要素として「イン」を採用したこと

のみである．
　⑤について，竝木 (2005) は「入り」と「イン」の音韻的類似を指摘するに
とどまっているが，より踏み込んで考えてみると，これは，日本語話者にとっ
て同義と知覚される要素同士を系列的 (paradigmatic) な関係に入れるような
プロセスなのであろう．[10] 日本語の話者から見て，英語の不変化詞 in は日本

---

[10] これは，根本的には，借入における同義性回避 (Synonymy Avoidance) (Carstairs-

語の動詞「入る」に対応するように思われる環境があり（Talmy (2007)），その日英での対応の認知をもとに，in を「入る」の形態的代替（morphological substitute）・形態的異形（morphological alternant）として取り込んでいるのである。[11]「日本語の話者から見て」という点に注意してほしい．言語の借入は，貸す側ではなく借りる側の視点で行うのが基本である．借りる側の日本語話者の文法にもともとあるのは動詞「入る」のほうなので，それに従属させる形で in を動詞の（もしくは「入り」の範疇である動詞連用名詞の）形態的代替として取り込むのである．よって，2節で見た準接辞借入の場合と同様，ここでも，ドナー言語における in の「不変化詞」という範疇所属は捨象されるのである。[12]

　3節の内容をまとめると次のようになる．和製外来語へのアプローチはいまだに規範主義の影響が強く，ドナー言語の視点から見て間違いであることを強調するばかりで，なぜ日本語でそのような表現が作られるのか，なぜ日本語で当該の解釈をなされるのかについては考えられていない．これらの疑問を無視することについては，日本人英語学習者向けの書物だけでなく，記述主義に立つ言語学の文献も同様である．筆者らの知る唯一の例外が Namiki (2003)，並木 (2005, 2016) の研究である．同研究は「リンスインシャンプー」を日本語で作られた複合と捉え，日本語に備わる特性をもとに「なぜ」に答える分析を行っている．「リンスインシャンプー」類において，日本語が英語から受けた影響は，動詞（もしくは動詞連用名詞）の形態的代替形として「イン」という音形を取り込んだこと（のみ）である．

McCarthy (2010: Chs. 3 & 4)) であろう．筆者らは，Nagano and Shimada (2014) において，この原理が日本語漢字の音訓二重読みの発達の背景にあると論じた．

[11] なぜ in が「入り」の代替として採用されたかという点については，Namiki (2003: 549, fn. 6) にも Leonard Talmy の対照言語学への言及がある．

[12] 森岡 (1985: 115-116) も，「イメージアップ」「ベースアップ」「コストダウン」「スピードダウン」「シーズンイン」「ゴールイン」「ホームイン」「ホールイン」のような例を挙げ，下線部はそれぞれ日本語の「上がる，下がる，入る」という用言に対応する形態素であろうと述べている．これらは彼の分類でいくと準接尾辞である．一方，森岡 (ibid.: 115) は準接頭辞の例として「アウトコース」「インコース」を挙げ，この場合のアウトとインはそれぞれ漢字の不形式不熟字「外」と「内」に対応するとする．つまり，準接尾辞としてのインは動詞「入る」に属する形態素であり，他方，準接頭辞としてのインは不熟字「内」に属する形態素である．これは，心的辞書と紙の辞書の大きな違いであろう．『日本国語大辞典』のような紙の辞書では，「イン」は1つの見出し語として立てられ，そこに日本語で観察される用法全てが記載されるので，「シーズンイン」の用法と「インコース」の用法が同一見出しに並列して書き込まれることになる．他方，我々の形態的代替という考え方が正しければ，心的辞書においては2つのインは異なる語彙項目の見出しに書き込まれることになる．

第 11 章　言語接触と対照言語研究　　　231

以下 4 節と 5 節では，Namiki（2003）のような対照言語学的アプローチを採用して「ゴーストップ」という和製外来語複合と「マイカー」という和製外来語派生について考えていく．

4.　和製外来語における複合「ゴーストップ」

4.1.　事例

この節で見るのは，和製外来語複合語の中に見つかる次のような例である（(a), (b), (c) の区別については 4.3 節で説明する）．

(10) a.　ゴーストップ，アップダウン，マッチポンプ[13]
　　 b.　ハムエッグ，[14] ティーピーオー (TPO)，ディーピーイー (DPE)
　　 c.　インカムゲイン　　　　　　　　　（『広辞苑』（第六版，2008 年））

これらが和製であることは『広辞苑』（第六版，2008 年）や『新明解国語辞典』（第四版，1992 年）の各項目に記載されている．また，「マッチポンプ」以外の語は亀田・青柳・クリスチャンセン（2014）にも掲載されている．意味も確認するため，以下に辞書の定義を (10a, b, c) の順で引用する．[15]

(11) a.　ゴーストップ
　　　　（「進め (go)」「止まれ (stop)」という交通整理標語からの和製語）
　　　　交通信号．交通信号機．
　　 b.　アップダウン
　　　　（和製語 up down）①ゴルフやマラソンなどで，地面の起伏．「アップダウンの激しいコース」②人生の浮き沈み
　　 c.　マッチポンプ[16]
　　　　（和製語．マッチで火を付ける一方，ポンプで消火する意）

---

[13] ここで使った辞書・事典には掲載されていないが，名詞として使われる「ビフォーアフター」や「スクラップビルド」も (10a) の類例であろう．「スクラップアンドビルド」「スクラップ & ビルド」という形ではなく，「スクラップビルド」という連結詞なしの形でもインターネット上には例がある．

[14] 『新明解国語辞典』には「ハム」の項に「ハムエッグズ」とある．また，「グ」が無声化し「ハムエック」と発音されることもある．

[15] (12b, c) のみ『新明解』より引用．その他は『広辞苑』より引用．

[16] この語の背景情報については『日本国語大辞典』より国立国会図書館がネット上に公開している「レファレンス協同データベース」のほうが詳しい．全国の図書館の質問回答サービスの記録を集めた「レファレンス事例」で，「マッチポンプ」の初出情報について知ることができる．

意図的に自分で問題を起しておいて自分でもみ消すこと. また, そうして不当な利益を得る人. 1966年の政界の不正事件で広まる.

(12) a. ハムエッグ
(ham and eggs) 薄切りのハムを卵と共にフライパンで焼いた料理.

b. ティーピーオー (TPO)
[日本における略語← **t**ime, **p**lace, **o**ccasion] (服装などについて) 適切なものを選んで用いる際の判断基準という観点から見た, 時・場所・場合 (=式・行事・会合などの種類). また, それらを考慮に入れて, 使い分けること. 「ティーピーオーによってネクタイを選ぶ, ティーピーオーに合った服装をする」

c. ディーピーイー (DPE)
[和製英語← **d**eveloping, **p**rinting, **e**nlargement] 写真の現像・焼き付け・引伸ばし (をする店)

(13) インカムゲイン
(和製語 income gain) 利子や配当など投資の果実による収益.
→キャピタルゲイン

品詞はいずれも名詞と見てよい. つまり, いずれも複合名詞である. 特に問題となりそうな「ゴーストップ」「ティーピーオー」「ディーピーイー」については, 『明鏡国語辞典』(2002-2004年) に名詞である旨明記されていることを付記しておこう.

複合語の内部構造について考えると, (2) で見た例が右側主要部の規則に従う複合名詞であったのに対し, (10) の複合名詞はそうではない. 例えば, (10a) の「アップダウン」の主要部は「ダウン」ではないし, (10b) の「ハムエッグ」の主要部は「エッグ」ではない. (10c) の「インカムゲイン」の場合も「ゲイン」が主要部ではない. かといって, 「アップ」「ハム」「インカム」といった左側要素が主要部というわけでもない. そうではなく, (10) の複合語 [AB] の構成要素は A and B という等位関係にある. 「ハムエッグ」= ham and eggs とする (12a) の記述はこれを明示しているし, 他の例についても, (11) (12) (13) の意味記述を読むと構成要素は等位関係にあるとわかる. このように構成要素が等位関係にあり, 主要部が同定できない複合語を等位複合語 (coordinate compound) という.

4.2. 等位複合語の対照言語学

等位複合語については, Wälchli (2005, 2015), Bauer (2008, 2009),

第 11 章　言語接触と対照言語研究　　　　233

Arcodia et al. (2010), Shimada (2013), 島田 (2016) などで通言語的もし
くは対照言語学的な研究がなされてきた．それらの知見のうち，本章にとって
のポイントを簡潔にまとめると，「等位複合語のうち dvandva と呼ばれるもの
は，英語を含む西欧諸語の多くではマイナーな複合語タイプであるのに対し，
日本語を含むアジア言語の多くでは主要な複合語タイプである」ということが
できる．複合という語形成操作は多くの言語で活発であるが，個々のタイプで
見ると言語間で生産性の差があることがよくある (Lieber and Štekauer (eds.)
(2009) の Part II や Štekauer et al. (2012) の Part II や Ralli (2013) を参
照)．例えば複合動詞は日本語には多数例があるのに対し，英語では動詞を複
合で作るのが難しいことはよく知られている (島村 (1990: 第 2 部)，影山
(1993)，Nagano (2008)，Kageyama (2009))．上掲の研究で明らかにされ
てきたのは，dvandva についても同じことがいえそうだということ，つまり，
日本語には多数の dvandva が見つかるのに対し英語では稀であるという明確
な差異である．

　Dvandva とはサンスクリット語の複合語の分類名の 1 つから取られた用語
で，構成素間の関係が対等で，並列的に結びついた複合語をいう．複合語
[AB] = A and B と言い換えられ，かつ，A と B が同一の指示対象に使えない
場合，AB は dvandva であるといえる．Shimada (2013) が指摘するように，
日本語の漢語と和語には dvandva が多数ある．以下の日本語の複合語には
dvandva の定義があてはまることを確認してほしい．[17]

　(14) a.　父母，男女，夫婦，親子，兄弟，姉妹，内外，表裏，前後，左右，
　　　　　　昼夜，犬猫，自他，公私，文理，心身，今昔，損益，愛憎
　　　　b.　善悪，高低，大小，長短，遠近，強弱，新旧，清濁，緩急，濃淡，
　　　　　　寒暖，明暗，難易，真偽
　　　　c.　生死，優劣，勝敗，進退，攻防，往来，勝負 (する)，貸借 (する)，
　　　　　　売買 (する)，開閉 (する)
　　　　d.　貸し借り (する)，売り買い (する)，開け閉め (する)，行き来 (す
　　　　　　る)，生き死に，勝ち負け，良し悪し

　　　　　　　　　　　　　　　(島田 (2016: 312) の例に数例追加して引用)

---

[17] Dvandva には，ここで定義した [AB] =「A と B」という主要タイプに加え，[AB] =「A
すなわち B」というタイプもある．英語でいえば前者は and での等位接続関係であるのに対
し，後者は換言の or での等位である．Shimada (2013) は前者を pairing タイプの dvandva,
後者を co-synonymic タイプの dvandva と呼ぶ (後者は "paraphrasing タイプ" と呼んでもい
いだろう)．Co-synonymic タイプについては 4.3 節で導入するが，このタイプは，Pairing タ

例えば，(14a) の「父母」は「父と母」と言い換えられ，A:「父」と B:「母」という語は同一の指示対象に使うことはできない．(14b) の「善悪」も「善と悪」と言い換えられ，A:「善」と B:「悪」は同一の指示対象には使えない．よって，dvandva タイプの等位複合であるといえる．(14) の例はいずれも 2 項の等位 [AB] であるが，2 項以上の等位による [ABC] や [ABCD] のような dvandva も可能である．例えば，「松竹梅」や「東西南北」など．英文学者としての夏目漱石には次のようなタイトルの論考がある．

(15) 夏目金之助「英国詩人の天地山川に対する観念」(1893)
(『漱石全集第十三巻』岩波書店，1995 年，41 ページ)

(15) の下線部は 4 項の dvandva であり，「天と地と山と川」という相互排他的な 4 つのメンバーで特徴づけられる集合，すなわち，「自然」を表す．

　等位複合語は A and B と書き換えられる複合語といってよいが，dvandva タイプには，さらに，「A と B が同一指示対象に使えない」という条件が付く．なぜこういう条件が付くのかについて考えてみると，dvandva とは，根本的に，ボトムアップのカテゴリー名付け法，つまり，メンバーを取り立てることによって集合全体を命名するような複合であるからであろう．(15) の例ではこのことがよくわかる．夏目漱石が (15) の論考で論じているのは，天と地と山と川という 4 つのものについてというより，自然についてである．「父母」とは父と母をメンバーとする集合の名前であるし，「善悪」とは善と悪で構成される集合の名前である．従って，それぞれ，しばしば「親」や「倫理・道徳」の同義語として使われる．一方，部分重複するような A と B が等位される場合には，[AB] を A と B をメンバーとする集合の名前とは解釈できなくなる．例えば，「父母」を「公務員ランナー」と比較してみよう．「公務員」と「ランナー」は部分重複しており，同一指示対象について使うことができる．つまり，有名な川内優輝氏のように，一人の人が公務員でありランナーであるということはある．こういう場合は，「公務員ランナー」といっても，公務員とランナーから成る集合の名前としては使えない．そういう解釈で使えるとすれば，「公務員・ランナー協会」のように，直接修飾構造 (Nagano (2013)，Nishimaki (2014, 2016)) で修飾語として使う場合であろう．[18]

イブ以上に現代英語では難しいように思える．下の (19a-c) で見る直接修飾位置での例にも co-synonymic タイプに該当する例はないからである．

[18] 中黒のある「公務員・ランナー協会」「公務員・ランナー連合」と中黒のない「公務員ランナー協会」「公務員ランナー連合」を比較してみよう．後者は，川内優輝氏のような，公務員でありかつランナーであるような人々の協会・連合であるという読みになる．ここでいう直

第 11 章　言語接触と対照言語研究　　　235

　お気付きになった読者もおられるかもしれないが，ある等位複合語 [AB] "A and B" が dvandva であるかどうかを決める，「A と B が同一指示対象に使えるか使えないか」という基準は，日本語では等位接続詞の形態に反映されている．英語の A and B は，日本語では「A と B」である場合と「A で B」である場合とあるが，「A と B」というト等位では，自動的に，「A と B は同一の指示対象には使えない」という dvandva の条件も満たされるように思われる．一方，「A で B」というデ等位では A と B が同一指示対象の異なる 2 側面を指す解釈になり，dvandva の条件は成立しない．以下のように，「父母」はト等位として言い換えられるのに対し，「公務員ランナー」はデ等位もしくは「兼」等位として言い換えられる．

(16) a.　父母　　　　　　＝　父と母
　　　b.　公務員ランナー　＝　公務員でランナー／公務員兼ランナー

　ここまで見てくると，現代英語の等位複合語の代表事例とされる singer-songwriter が dvandva でないことは明らかである．Singer-songwriter とは "a person who sings and writes popular songs, especially professionally" (*Oxford Dictionary of English*) を指し，「singer と songwriter」というト等位ではなく「singer で songwriter」というデ等位もしくは「singer 兼 songwriter」に相当するからである．また，英文法書 *The Cambridge Grammar of the English Language* からの次の引用を下線部に注目して読んでほしい．

(17)　Genitive NPs characteristically function as subject-determiner in a larger NP. That is, they combine the function of determiner, making the NP as definite, with that of complement (more specifically subject).　　　　　　　　　　　(Huddleston and Pullum (2002: 56))

下線部も dvandva ではない．Subject と determiner を構成員とするカテゴリーを表しているのではなく，属格名詞句という 1 つのものが subject 兼 determiner として働くことを表しているからである．これら 2 例に限らず，Lieber (2009: 359) が英語の等位複合語として挙げる [N + N] spiderman,

---

接修飾形とは中黒のある方である．中黒のないほうは複合である．
　ちなみに，「フレンチ・インディアン戦争」（平石 (2010: 37)）という例があり，フランスとインディアンの連合軍がイギリスと戦った戦争をいう (1754–63 年)．英語名は the French and Indian War (ibid.)．日本語では中黒であるのに対し，英語では等位接続詞が入る．英語で the French-Indian War のようにハイフン連結すると，「フランス対インディアン（の）戦争」の読みになる．そしてこの場合は日本語のほうに「対」という連結詞が必要になるのである．

comedy-drama, king-emperor, secretary-treasurer, [A + A] blue-green, deaf-mute も，いずれもデ等位に相当するので dvandva ではない．英語の語形成研究で Marchand (1969) 以来問題になってきた girlfriend と oak tree も，日本語にすればそれぞれ「girl で friend」，「oak で tree」であるので，dvandva ではない．[19] 日本語の「公務員ランナー」と同様，これら英語の例は，1つのものが2つ（以上）の異なる側面や属性を同時にもつことに注目した表現であり，「父母」「天地山川」のようなメンバー取り立てによる集合命名とは本質的に異なっている．[20]

　現代英語では，ト等位の等位複合語である dvandva を作るのは大変難しい．日本語の (14) (15) のような例を英語にすると，以下のように A と B の間に等位接続詞 and が入るからである．[21]

(18) a. 父母　　＝　father and mother
　　 b. 夫婦　　＝　husband and wife
　　 c. 善悪　　＝　right and wrong
　　 d. 昼夜　　＝　day and night

---

[19] 以下に引用するように，Kastovsky (2009: 332, fn. 16) の考えでは，girlfriend, oaktree は dvandva でないだけでなく「一方の要素が複合語全体の主要部にならない」という意味での等位複合語でさえない（島田 (2016: 309)，島田 (2017) も参照）．これらは右側主要部の複合語であり，サンスクリット分類では karmadhāraya という複合語タイプに分類される．

The term 'copulative' is misleading, since genuine *dvandvas* are additive and denote a combination of two entities where none is dominant, e.g. OE *apum-swerian* 'son-in-law and father-in-law', which might be regarded as exocentric rather than endocentric (cf. Kastovsky 2006b: 229). The copulative type *girlfriend, oaktree*, on the other hand, sometimes wrongly subsumed under the *dvandva* class, is determinative, i.e. endocentric, and therefore belongs to the *karmadhāraya* type.

なお，この引用は，現代英語で作られない dvandva が，古英語では作られていたことを示唆している．これに関して島田 (2016) は共時的言語間差異と通時的言語変化の相同性を探る検証を行っている．

[20] 例えば，Arcodia et al. (2010) は，「父母」タイプを "hyperonymic coordinating compounds" と呼び，「公務員ランナー」タイプを "hyponymic coordinating compounds" と呼んでいる．前者は構成員の取り立てによるカテゴリー全体の名付けであるので，複合語の指示対象は構成要素の指示対象の上位概念に相当する．一方，後者は（普通の複合と同じく）あるカテゴリーの下位類・サブカテゴリーを命名する複合であり，複合語の指示対象は構成要素の指示対象の下位概念に相当する．

[21] ここでは，複合語の中には and のような機能的要素は生起しない，という基本原理を前提としている．よって，(18) の英語表現が意味的には日本語表現と同じくらいまとまった一概念を表しているとしても，複合語と見なすことはできない．当該原理に関しては森田 (2006) が参考になる．

第 11 章　言語接触と対照言語研究　　　237

e.　左右　　　＝　right and left
g.　松竹梅　　＝　a pine, a bamboo, and an apricot tree
　　　　　　　＝　the upper, medium, and lower grades
f.　東西南北　＝　north, south, east and west

（18）の英語表現を等位接続詞なしでト等位の意味で使えるとすれば，「公務員
ランナー」の場合と同じように，直接修飾位置という環境が必要になる．Bau-
er et al. (2013: 481) は，以下の下線部を exocentric coordinative compounds
とするが，カッコに入れられた修飾対象が必要である．

（19）a.　*conjunctive*:　brother-sister (duet), love-hate (collection)
　　　b.　*translative*:　mother-daughter (conversation)
　　　c.　*disjunctive*:　pass-fail (test), true-false (question)
　　　　　　　　　　　　　(Bauer et al. (2013: 481)；例は一部のみ，下線追加)

つまり，love-hate であれ mother-daughter であれ，日本語の「愛憎」「母娘」
のように単独で使うことは難しいのである．[22, 23] Bauer et al. (2013: 53) は
（19）類がハイフンではなくエヌダッシュで連結されることもあることを指摘
し，エヌダッシュでつながれることのない singer-songwriter 類とは異なる構
造をもつ可能性があるとしている．
　Dvandva タイプの等位複合の可能性が日英で異なることは，共著作品を指
すための命名法を見てもわかる．例えば，廣瀬幸生氏と長谷川葉子氏による共
著の研究書『日本語から見た日本人 —— 主体性の言語学 ——』(2010 年，開拓

---

[22] 英語における 3 項等位の例としては，例えば Yamane (2017) の論文より（下線追加）:
　(i)　Introduced by Derrida as synonymous with the "natural" and antonymous to the
　　　　"grammatological," the concept of the pneumatological suggests that Faulknerian
　　　　"life" might be expressed by the speaking-breathing-being combination, whereas
　　　　… (p. 25)
　(ii)　Faulkner causes her speech-breath-being expression to become contagious via
　　　　Quentin, the novel's first listener, who … (p. 27)
下線部の 3 概念はそれぞれト等位の関係にあるが，やはり直接修飾の位置での使用である．
同じく pneumatology 関連の概念であっても，直接修飾位置でなければ，以下のように等位接
続詞を用いて連結されている．
　(iii)　With some implications from pneumatological terms ("sound," "breath," and "living
　　　　spirit"), Rosa describes memories of when she, as a child, overheard a
　　　　conversation between … (p. 26)
[23] 英語の dvandva の例ではないかと思われるものは，島田 (2016: 320, 注 9) の挙げる
"[…] the core parts of language involving syntax-semantics." や Bauer et al. (2013: 482) の
挙げる "the push-pull of marriage" くらいである．

社）の表紙には，「廣瀬幸生・長谷川葉子」とある．中黒だけであって等位接続詞はない．そして，この研究書を指す時には，「廣瀬・長谷川 (2010)」と呼び，「廣瀬と長谷川 (2010)」とか，「廣瀬兼長谷川 (2010)」などと呼ぶことはできない．話し言葉であれば，連結される 2 つの名前の間に短いポーズが入るだけである．一方，英語では "Hirose and Hasegawa (2010)" のように等位接続詞を入れて共著作品を命名する．略称にする時でさえ，英語では "H and H (2010)" のように等位接続詞を維持するほうが普通ではないだろうか．また，類例として，廣瀬・長谷川 (2010: 91-96) における Takubo and Kinsui (1997) の紹介部分が面白い．これは英語で書かれた論文であるが，日本語の地の文の中では，次のように，等位接続詞なしの形で指示されているのである．

(20) 田窪・金水は，話すためには，直接・間接アクセス領域に集められた指標を登録，検索，コピーするといった操作や制御行為が不可欠だと考える．[...]
(廣瀬・長谷川 (2010: 92))

ここは，確かに「田窪と金水は…」とすると，Takubo and Kinsui (1997) という論文自体を指す読みにはならなくなってしまうであろう．

以上，日本語と英語では dvandva タイプの等位複合の可能性に関して明確な違いがあることを見た．この言語間差異をうむパラメターについて，Shimada (2013)，島田 (2016) は，Kastovsky (2006: Sec. 7.2) による個別言語の形態論のタイプのパラメターの 1 つ，"the morphological status of the input to the morphological processes (word, stem, or root)" (p. 156) に注目する．語彙素は自由形態素（Kastovsky のいう word）の単位もしくは拘束形態素（Kastovsky のいう stem or root）の単位で屈折や語形成の基体（base）となりうるが，その選択は恣意的ではなく，無標の選択が言語ごとに（もしくは一言語内の領域ごとに）決まっている．Kastovsky (2006) や Haselow (2012) が英語について論じるように，一言語の中で無標の選択肢が通時的に変化することもある．島田の提案は，dvandva 型の等位複合が容易な言語とは拘束形態素単位の形態論が優位な言語である，というものである．本章でもこの説を採用する．Dvandva 複合の可能性は，人の認知やカテゴリー化の仕方と相関するとは思われない．純粋に形態論の問題であろう．Dvandva の本質的性格は，構成員を取り立ててそれが所属する集合全体に名前を付けることであるが，そういうボトムアップ的カテゴリー化は日本語母語話者だけでなく英語母語話者でも行うであろう．日本語と英語の違いは，そこにあるのではなく，そうしたカテゴリー化の結果を語という単位で具現できるかどうかにある（Nishimaki

（2016）も参照）.[24]

　より生成文法的な見地から述べると，同じ形態統語構造であっても，その音韻具現化，つまり，外在化として dvandva の形式が許される言語と許されない言語がある，ということである．日本語は dvandva の音韻具現形式が可能であるが，英語は不可能なのである．Chomsky（2016: 13）は，概念インターフェイスに写像される階層構造を無限に生成するしくみを言語の「基本原理（Basic Property）」と考え，それを「思考の言語」としている．そして，運動感覚インターフェイスの性質に基づいて行われる外在化は，二次的なプロセスと考えている．このことは，"language is not a sound with meaning but meaning with sound—more generally, with some form of externalization, typically sound though other modalities are readily available"（Chomsky（2016: 14））に端的に表れている．[25] チョムスキー（2015: 41-43）は，この外在化にこそ個別言語間の違いが出てくるのであり，「思考の言語」の側，つまり，階層構造の意味計算においては違いが生じないとしている．[26] dvandva の形式が許されるかどうかはあくまで外在化の問題となる．

4.3. 言語接触と等位複合語

　前節では，等位複合語には「父母」のような dvandva と「公務員ランナー」のような non-dvandva とがあることを見た．また，英語の等位複合語は non-dvandva であることも見た．これを踏まえて「ゴーストップ」に戻ると，第 1 に，この複合語の生成と意味解釈は dvandva 等位複合として説明できることがわかる．日本語にはもともと類例があるからである．第 2 に，「ゴーストップ」は日本語における語形成でしかありえないといえる．英語では類例は作れないからである．

　まず，第 1 の点について．(5) や (11a) の説明部分にあるように，「ゴー」と「ストップ」は，それぞれ，「ゴー（進め）という信号標識」と「ストップ（止ま

---

[24] 形態論の文献では，dvandva の可能性はヨーロッパ対アジアという言語の地理的所在と対応づけられることが多い（例えば Arcodia et al.（2010））が，形態論のタイプとの対応づけのほうが優れているといえるのは，現代ギリシャ語があるからである．現代ギリシャ語はいうまでもなくヨーロッパの言語であるが，「例外的に」dvandva 型の等位複合を許すとされる．しかし，これは島田（2016）の説からすると例外と見る必要はなく，Ralli and Karasimos（2009），Ralli（2013: Ch. 2）で論じられているように，現代ギリシャ語は複合を拘束形態素単位で行う言語だからである．

[25] "other modalities" とは手話における「視覚的様式」があてはまる．

[26] これは，意味計算のための構造とその音韻具現形が 1 対 1 の関係ではなく，1 対多あるいは多対多であることを意味しており，分離仮説（Beard（1995））に整合的であるといえる．

れ）という信号標識」を表す．その2つの構成メンバーで特徴づけられる集合は「信号」であり，日本語の場合，それを複合語という形で名づけることができる．それが「ゴーストップ」である．(5) や (7) の記述では，「ゴーストップ」がなぜ「信号」という意味になるのか不明であるとされていたが，それは，4.2 節で見たような日英語の言語間差異を無視しているからである．日本語のdvandva 型等位複合の可能性を考えれば，「ゴーストップ」が信号を指す語として使われることは，「父母」が両親を指す語として使われるのと同じくらい自然であるといえるだろう．「ゴー」と「ストップ」という言葉で標示する信号を知らない我々にとっては「ゴーストップ」も馴染みのない語であるが，例えば，「30 分後に春日学園前の赤青黄のところに来てよ．」といわれれば，春日学園前の信号のところだとわかる．『日本国語大辞典』を見ると，昔ながらの信号の時代，「ゴーストップ」はこれと同じように，「銀座のゴーストップのところとか …」のように使われていたようである．

　次に，第2の点について．英語で dvandva 複合語としての go-stop が作れないことは (5) や (7) が教えてくれる．Shimada (2013) の日英対照研究からの予測通りである．とすると，「ゴーストップ」は，英語からの wholesale borrowing（例えば (4a) のように英語の複合語が丸ごと借入されたもの）ではなく，日本語での語形成であると確実性をもっていえるのである．これが生産性のある操作であることの証拠として，「ゴーストップ」以外にも (11), (12), (13) のように類例が見つかる．まず，(11) と (12) の例について確認すると，これらには4.2 節で見た dvandva の定義がそのままあてはまる．次のように，いずれも構成要素をト等位で接続することができる．

(21) a.　ゴーストップ　＝　ゴーという標識とストップという標識
　　　b.　アップダウン　＝　アップという変化とダウンという変化
　　　c.　マッチポンプ　＝　マッチ（点火）とポンプ（消火）
(22) a.　ハムエッグ　＝　ハムとエッグ
　　　b.　ティーピーオー　＝　T(ime) と P(lace) と O(ccasion)
　　　c.　ディーピーイー　＝　D(evelopment) と P(rinting) と E(nlargement)

(21) の例は，(14) で見た例に似ている．「父母」「善悪」「貸し借り」同様，おおよそ反対の意味を表す構成要素をト等位している．島田はこれを alternative pair 型の dvandva と呼ぶ．一方，(22) の例は，(15) の「天地山川」や「目鼻」や「松竹梅」や「東西南北」に似ている．反対概念とは言えないが，しばしば同時に共起するものや出来事をト等位している．島田はこちらを similative pair 型の dvandva と呼ぶ．

第 11 章　言語接触と対照言語研究　　　　　　　　　　　　　　　241

　(21) と (22) の例には，さらに，ボトムアップの集合命名法という特徴も当てはまる．「ゴーストップ」については既に見た通りである．「アップダウン」は「上がり下がり」「浮き沈み」という複合語にほぼ対応する．「マッチポンプ」は火を点けて消す行為全体の名付けであり，比喩的に「自作自演」の意味になる．「行き帰り」と同様，時間的に連続した出来事を連結していると見てよいだろう．「ハムエッグ」はハムと卵があればよいわけではなく，ハムと卵を使った特定の料理の名前である．「ティーピーオー」は，時 (Time)・場所 (Place)・場合 (Occasion) という，人の置かれる状況の構成要素を連結したものなので，ざっくりいって「状況」「環境」に対応するカテゴリーの名前となる．「ディーピーイー」について，『和製英語事典』は，「撮影されたフィルムを印画紙に焼き付ける一連の科学的処理 (processing) のことで，英語では，processing あるいは photo processing といいます」(亀田・青柳・クリスチャンセン (2014: 123)) という．つまり，「一連の科学的処理」を構成する 3 つの具体的処理の名前 —— 現像 (Development)，焼き付け (Printing)，引き伸ばし (Enlargement) —— を接続することで，一連の処理全体を名づけているのである．英語ではこのような複合語は作れないので，processing や photo processing などというしかない．

　最後に，(13) の「インカムゲイン」は 4.2 節では触れなかった特殊な dvandva の例である．日本語の和語・漢語には，島田が co-synonymic 型と呼ぶ次のような dvandva もある．

　(23) a.　土地，河川，場所，火炎，自己，身体，道路，利益
　　　 b.　永久だ，同等だ，柔軟だ，温暖だ，寒冷だ，安易だ
　　　 c.　学習する，分離する，応答する，計測する，回転する
　　　 d.　耐え忍ぶ，恋い慕う，忌み嫌う，探し求める　(島田 (2016: 313))

このタイプの特徴は，複合語 [AB] が "A and B (A と B)" という等位ではなく，"A or B (A すなわち B)" という換言・詳述の or による等位に相当する点である．A and B 型には「A と B が同一の指示対象に使えない」という条件が付くことを見たが，A or B 型は，「A と B は異なる指示対象には使えない」という条件に基づいている．つまり，A と B が同義語であればこの型の dvandva になる．[27] 以下に引用する『和製英語事典』の解説は，「インカムゲイ

---

　[27] A or B 型は A and B 型に比べ名付けの動機があまり明確ではない．Bauer (2008: 10) は二言語併用状況での同義語の共存 (英語の goods and chattels のように) や同音語の曖昧性回避という要因を挙げている．(23) の例には 2 つ目の動機のほうが関連しそうである．一方，

ン」が co-synonymic 型の dvandva であることを明示している.

(24) インカムゲイン income gain ［ビジネス］ ❌
　●そのまま使ったらネイティブにどう伝わる？
　　まず伝わりません.「収入」を意味する会計用語には revenue（歳
　　入, 収益, 所得, 特に定期的な収入, など）, gain（利益, 利得,
　　収益金, など）, そして income（所得, 定期的に入る一定の収入）
　　などがありますが, income gain では「馬から落ちて落馬して」と
　　いう冗長な表現になってしまいます.

(亀田・青柳・クリスチャンセン (2014: 15))

既に明らかなように, 英語では dvandva 複合ができないから income gain と
いう複合語も容認しがたいのであろう. しかし, 日本語では co-synonymic 型
も含め dvandva 複合が可能なので,「インカム」と「ゲイン」から「インカム
ゲイン」が作られてもおかしくはないのである.

4.4. まとめ

　本節では, dvandva 型等位複合の日英語間での差異に注目し, それが和製
外来語の語形成に反映されていることを見た.「ゴーストップ」類の生成に必
要なのは, ① dvandva 型等位複合語を作れること, ②語彙の中に「ゴー」や
「ストップ」や「ハム」といった外来語があること, この 2 つだけである. 3.2
節の「リンスインシャンプー」の場合と比較すると, イン／入りのような形態
的代替関係は発生しない. 形態交替しようにも, dvandva は語彙素同士の単
純な複合なので特定の形態的マーカーをもたないからである（6 節でこの点に
戻る）.[28]

---

1 つ目の要因が日本語で働いた事例として検討できるものとして, (i) (ii) (iii) のような翻訳
的表記法がある.
　(i)　構文／construction
　(ii)　構文 (construction)
　(iii)　構　文 コンストラクション
書き言葉に限られるが, 現代日本語では頻用される同義語並列であり, 一種の co-synonymic
型 dvandva と見ることができるのではないだろうか. 書面では「5 頁」と書き口頭では「5
ページ」と読むような技もあり, 面白い.
　[28] Dvandva の可能性は日英語間のみならず, より広く, アジアの言語とヨーロッパの言語
の間にみられる言語間差異である (Arcodia et al. (2010)). そもそも dvandva というカテゴ
リーはアジア言語であるサンスクリット語の文法用語である. 東アジアでいえば日本語のみな
らず中国語や韓国語にも dvandva はある. 複合の中でもこのように言語間差異が明確なタイ
プは, 言語接触と語形成の関係を探る上で非常に有用である. 例えば, Wälchli (2015: 707-

5. 和製外来語における派生「マイカー」

　現代の日本語には,「マイカー」,「マイホーム」,「マイブーム」,「マイペース」のように,マイで始まる表現が多数あり,3.1 節で見たように,「ゴーストップ」と同じく英語母語話者には間違いのように映る.記述主義言語学でもこれらの表現については全く研究がなされていない.本節では,言語使用に関する日英対照理論である三層モデルを用いて,文献上おそらく初めてこの現象に取り組む.具体的には,「マイ X」表現(「マイカー」類を以下このように表記する. X は「カー」のようなマイの結合相手を表す)は,「自分」の特性をもとに生成され,解釈される和製外来派生語であると主張する.(8b) で示唆されているように,「マイカー」は,英語の my car と異なり,客観的には話し手のものではない車にも使えるが,筆者らの考えでは,これは「マイカー」が「ぼくの車,私の車」ではなく,「自分の車」に対応するからである.

5.1. 対照言語理論としての三層モデル

　言語使用の三層モデル(廣瀬 (2017))の根幹をなすのは,話し手の二面性という考え方であろう.言語主体としての話し手には「聞き手と対峙する伝達の主体としての側面」と「聞き手を必要としない思考の主体としての側面」があり,前者を公的自己,後者を私的自己と呼ぶ(廣瀬 (1997: 2)).そして,日英対照という点で最も重要なのは,話し手の自己中心性(無標の直示的中心)が英語では公的自己にあるのに対し,日本語では私的自己にある,という見方である.廣瀬 (2017: 4) が「固有のことば」と呼ぶものを Talmy (2007) の語彙化 (lexicalization) の概念で捉えるならば,英語は話し手概念の二側面のうち公的自己のほうを一人称代名詞 I, my, me で語彙化しているのに対し,日本語は私的自己のほうを「自分」という語で語彙化している,といえるだろう.残る一方,つまり英語においての私的自己,日本語においての公的自己を表す表現は,語彙化の結果というより,「転用」もしくは「代用」と見る(廣瀬 (2017: 4)).[29]

---

708) は英語の dvandva の例として Indian English の wife-children や father-mother を挙げているが,これは言語接触の影響を受けた語形成であろう.

[29] 概念と形式の対応については,Talmy の「語彙化」でなくとも,morphological realization(Aronoff (1994), Beard (1995))などの用語を使ってもよい(ただし,Aronoff 自身は対象を拘束形式に絞っているが).概念の語彙化に関しては,"I, my, me" と「自分」が語彙化するのは同じ話者概念であり,公的自己中心性と私的自己中心性は概念構成要素というより,例えば形容詞における叙述用法と修飾用法のような,語が使われる環境の相補的二特性

日本語において話し手概念を語彙化する「自分」には，その語彙化そのもののあらわれといえる，私的自己を指す用法に加え，そこからの概念拡張によって発達したとされる視点的用法と再帰的用法がある．以下の3例において，(25a) の「自分」が私的自己を表す用法，(25b) の「自分」が視点的用法，(25c) の「自分」が再帰的用法である．

(25) a. 太郎は，自分は気が弱いと言っている／思っている．
　　 b. 太郎は自分の生まれた町を訪れた．
　　 c. 太郎は自分を責めた． (廣瀬 (1997: 3))

「自分」の私的自己用法については本書収録の廣瀬 (2017) で詳しく説明されている．廣瀬 (1997)，Hirose (2002, 2014) によると，私的自己用法が基本で，他2つの用法は私的自己の客体化 (objectification) の結果生じるものである．そして，「誰が私的自己を客体化させているか」によって視点的用法と再帰的用法の区別がでてくる．例えば，(25b) の場合，状況の観察者としての話し手が自己を客体化し，それを文の主語である太郎に投影している．よって，(25b) の「自分」は話者の分身である．これを「自分」の視点的用法という．他方，(25c) の場合は，文の主語である太郎自身が自己を客体化し，その客体化された自分に対して，責めるという行為を行っている．よって，(25c) の「自分」は太郎の分身である．これを「自分」の再帰的用法という．文法的違いとしては，視点的用法の「自分」は，(26a) のように代名詞と置換可能な位置に生起するのに対し，再帰的用法の「自分」は，(27a) のように置き換え不可能な位置に生起する．

(26) a. 太郎$_i$ は {自分／彼$_i$} の後ろに本を置いた．
　　 b. Taro$_i$ put the book behind {himself／him$_i$}.
(27) a. 太郎$_i$ は {自分／*彼$_i$} を責めた．
　　 b. Taro$_i$ blamed {himself／*him$_i$}. (廣瀬 (1997: 74))

(26b) と (27b) は，典型的には再帰的用法で使われる英語の -self 形も，視点的用法で使われることがあることを示している．

　「マイカー」の分析にとって最も重要なのは視点的用法の「自分」であるので，これについてもう少し詳しく見ておこう．視点用法を生み出すのは，話し手 (状況を観察する側) による状況主体 (観察される側) への自己投影である．

───────────────

と見ることもできるかもしれない．この場合，「自分」は私的表現を主な使用環境とするのに対し，"I, my, me" は公的表現を主たる使用環境とするということになるだろう．

第 11 章　言語接触と対照言語研究　　　　　　245

話し手の客体化された自己（"objective self"（Hirose 2002））が，状況の主体
へと投影されるのである．例えば，以下（28）で「自分の車」という場合，「ぼ
くの車」という場合と異なり，話し手は，状況の主体である学生時代の話し手
に客体的自己を投影し，その観点から車の所有を表現している．

　（28）　ぼくは，学生時代，{自分／ぼく} の車に乗っていた．

　　　　　　　　　　　　　　　　　　　　　　　　（廣瀬（1997: 56））

「自分の車」の「自分」は話し手の客体的自己を指示するが，実質的には，投影
先の＜学生時代の話し手＞として解釈される．よって，（28）の「自分の車」は
学生時代の話し手に所属する車として解釈される．その結果，文を発話する時
点の話し手に所属するものでなくともよい．それを表すのが次の対比である．

　（29）　ぼくは，学生時代，{自分／*ぼく} の車に乗っていたが，それはいま
　　　　　はもう，ぼくの車じゃない．　　　　　（廣瀬（1997: 57））

　（28）の「自分の車」は，話し手が昔の自分を今の自分から切り離して語る，
「自己の他者化」（"self as other"）の例である．一方，以下の「自分の車」は
「他者の自己化」（"other as self"）の例である．

　（30）　山田は，学生時代，{自分／彼} の車に乗っていた．
　（31）　山田は，学生時代，{自分／*彼} の車に乗っていたが，それはいまは
　　　　　もう，彼の車じゃない．　　　　　　　（廣瀬（1997: 57））

（30）でも，観察者である話し手は，状況の主体である学生時代の山田に客体
的自己を投影し，その観点から「自分の車」と言っている．ここでも，「自分」
が指示するのは話し手の客体的自己であるが，実質的には，それは，投影先の
〈学生時代の山田〉として解釈される．したがって，（30）の「自分の車」は学
生時代の山田に所属する車として解釈され，文の発話時点における山田の車で
なくてもよい．（31）はそのことを示している．

　以上，「自分」は日本語の言語使用における言語主体の概念を語彙化した語
であること，そして，主体による自己の客体化と投影という心的操作の結果，
「自分」には言語主体の客体的自己を指す用法もでてくることを見た．以下で
は，「マイ X」の「マイ」も，言語主体の客体的自己を指す語として使われて
いることを論じる．

5.2.　「自分の X」と「マイ X」

When he was a student, John drove my car. といった文における my car を

考えればわかるように，英語の my car には視点的用法はない．いくら話者が
客体的自己をジョンに投影しようと，この文を my car =〈学生時代のジョン
の車〉の解釈で使うことはできない．一方，日本語の「マイカー」は視点的指
示解釈を許す．本節では，「マイ X」の「マイ」は，「自分の X」の「自分」同
様，話し手の客体的自己を指すことを見ていく．

　まず，「マイカー」の指示特性が my car のそれとは明らかに異なることが
次の 2 文からわかる．

(32)　ぼくは，学生時代，マイカーに乗っていた．　　　　　　vs. (28)
(33)　山田は，学生時代，マイカーに乗っていた．　　　　　　vs. (30)

(32) の「マイカー」は話し手の車であるといえるが，(33) の「マイカー」は
山田の車と解釈される．後者を話し手の車ととることはできない．

　(32) の「マイカー」は学生時代の話し手の車であり，(33) の「マイカー」
は学生時代の山田の車である．同一の形式であるにもかかわらずこのような解
釈が可能になることから，「マイカー」の「マイ」が代名詞性をもつこと，か
つ，その代名詞は「ぼく」（一人称）・「山田」（三人称）にかかわらず文の主語
を指示することが示唆される．(32) を (28) と，(33) を (30) と，それぞれ
比較するとわかるように，この特徴は視点的用法の「自分の車」と共通する特
性である．予測通り，(29) と (31) において，「自分の車」の代わりに「マイ
カー」を使うことができる．

(34)　ぼくは，学生時代，マイカーに乗っていたが，それはいまはもう，ぼ
　　　くの車じゃない．　　　　　　　　　　　　　　　　　cf. (29)
(35)　山田は，学生時代，マイカーに乗っていたが，それはいまはもう，彼
　　　の車じゃない．　　　　　　　　　　　　　　　　　　cf. (31)

　もう少し複雑な文で「マイ X」の主語指向性を確認しよう．例えば，(36)
の「マイホーム」は話し手の家であり，(37) のそれは山田の家を指す．いず
れも，太郎の家を指す解釈はない．これは「自分の家」の場合と共通する解釈
である．

(36)　ぼくは，太郎に {マイホーム／自分の家} で説教した．
(37)　山田は，太郎に {マイホーム／自分の家} で説教した．

「マイカー」「マイホーム」は具体的なモノの所有物であるが，「マイブーム」
「マイペース」などは抽象的所有である．その場合も，マイの解釈については
同じことが当てはまる．例えば，

第 11 章　言語接触と対照言語研究　　　　　　　　　　　　247

(38)　ぼくは，太郎を {マイペース／自分のペース} で指導した.

(39)　山田は，太郎を {マイペース／自分のペース} で指導した.

(38) の「マイペース」は話し手のペースであり，(39) の「マイペース」は山田のペースである．いずれも「太郎のペース」ととることはできない．これは「自分のペース」という表現が示すのと同じ解釈特性である.[30]

　さらに，「マイ」はいわゆる長距離束縛（long-distance binding）を許す点でも「自分」に似ている．次の 4 文でこの点を確認しよう.

(40)　ぼくは，太郎が {マイカー／自分の車} で寝ていたことに驚いた.

(41)　山田は，太郎が {マイカー／自分の車} で寝ていたことに驚いた.

(42)　ぼくは，太郎が {マイブーム／自分のブーム} を無視したことに驚いた.

(43)　山田は，太郎が {マイブーム／自分のブーム} を無視したことに驚いた.

(40) と (41) では，「自分の車」が〈ぼく／山田の車〉とも〈太郎の車〉とも解釈でき，それと同じ曖昧性が「マイカー」の場合にも観察される．同じことが，(42) と (43) にもあてはまる.[31]

　以上，「マイ X」の「マイ」は「自分の X」の「自分」と同様，文の主語を指

---

[30] 次の 4 つの文で「マイブーム」が誰のブームを指すかを考えてみよう.
　(i)　ぼくは，太郎をマイブームに巻き込んだ.
　(ii)　山田は，太郎をマイブームに巻き込んだ.
　(iii)　ぼくは，太郎をマイブームに引き入れた.
　(iv)　山田は，太郎をマイブームに引き入れた.
まず，述語が「巻き込む」なら，「マイブーム」は (i) では＜ぼくのブーム＞として，(ii) では＜山田のブーム＞としてそれぞれ解釈される．しかし，述語を「引き入れる」にすると，同じ主語指向の解釈に加え，〈太郎のブーム〉という目的語志向の解釈もしやすくなるように思える．しかし，4 文に共通して主語指向の「マイブーム」は，熱中の対象，例えば，ボブディランだったり裁判傍聴だったりを指すのに対し，(iii) (iv) を〈太郎のブーム〉と取る時の「マイブーム」はそのような熱中の対象ではなく，熱中した状態を指すように思う．つまり，後者の場合は「太郎がマイブームにいる状態」と読んでおり，それは「引き入れる」という述語が「ある状態に引き入れる」のように状態変化述語として使えるからではないだろうか.
[31] 「マイペース」については，「マイペースな人」といえるように，形容詞化しているため検証に注意が必要である．例えば，次の例文で，「自分のペース」なら長距離束縛の読みが可能だが，「マイペース」ではそれが難しいように思える.
　(i)　ぼくは，太郎が {マイペース／自分のペース} で研究したことに驚いた.
　(ii)　山田は，太郎が {マイペース／自分のペース} で研究したことに驚いた.
しかし，これは「マイペースで」が「自分のペースで」と同義ではなくなっており，特定の様態を表す副詞として取られるためではないだろうか．次のように，長距離束縛の解釈をしやすい環境を作っても「マイペースで」はやはり「自分のペース」とは異なる解釈をされる.
　(iii)　山田選手は，ライバルが {マイペース／自分のペース} で練習していることに焦りを感じた.

示する代名詞として使われていることを見た。5.1 節に即していえば、「マイ」は視点的用法の「自分」と同じ特性をもち、話し手の客体的自己を指示する要素であると考えられる。例えば、(32)、(33) の場合、観察者としての話し手は状況の主体である学生時代の話し手自身と学生時代の山田それぞれに客体的自己を投影し、その視点から、それぞれの所有する車を「マイカー」と呼んでいるのである。「マイペース」でも同様で、話し手は、自分が観察している状況の主体の立場にたち、その視点から「マイペース」と言っているのである。廣瀬の一連の研究が明らかにしてきたように、このようなことができるのは、「自分」という語の特徴であり、「ぼく・わたし・彼」のような語ではできない。つまり、「マイ」は「自分の」の形態的代替 (morphological substitute) として使われているのである。

5.3. 「マイ X」の認可条件

「マイ X」表現に話し手の自己客体化が関わることを示す格好の例として、青柳いづみこ著『ショパン・コンクール　最高峰の舞台を読み解く』(中公新書、2016 年) という本がある。ショパン・コンクールとは 5 年に 1 回ポーランドのワルシャワで開催されるピアノコンクールであるが、この本は、著名なピアニストであり文筆家でもある青柳氏が、2015 年大会の模様を予選から本選まで現地で取材し、同コンクールの歴史と動向に照らしながら報告したものである。青柳氏は審査員ではない。しかし、個々の審査員の判断を客観的に分析し、素人の読者に説明できるほどの人である。『ショパン・コンクール』では、独自の視点でコンテスタントたちを観察し評価するとともに、審査員たちの観察や評価も行っている。

第 1 章 4 節では、予備予選に登場した個性派コンテスタントたちが紹介されている。演奏方法や曲の解釈についてはもちろん、服装やオーラなどにも渡って、その人がどう個性的なのかを説明している。個性派ベスト 1 として、中国のジー・チャオ・ユリアン・ジア、ベスト 2 としてフランスのオロフ・ハンセン、ベスト 3 としてハンガリーのイヴェット・ジョンジョーシを挙げたのち、ラトヴィアのゲオルギス・オソキンスを紹介する。この人が面白いのは、会場に自分の椅子を持ってきた点だ。

(44)　「マイ椅子」を持ってきたのはラトヴィアのゲオルギス・オソキンス。演奏は往来のピーター・ゼルキンのようで、瞑想系のノクターン、気だるいマズルカと弾きすすみ、三つの練習曲は名人芸をひねった形で披露していた。とりわけ「木枯らし」は、他のコンテスタント

が間違えずに弾くだけで必死なところを，左手の親指をメロディ化したり，右手の内声（ないせい）を強調してみたり，印象派のように響きに溶かしてみたり，いろいろ遊んだあげく最後だけガーッと突進して終わった．

オソキンスの前に登場した小野田有紗も，他のコンテスタントとは違う赤い椅子が，光沢のある白いドレスに映え，シャープなピアニズムとあいまって印象的だった．この椅子はホールにそなえつけられているもので，通常の椅子よりは低いという．とくに申し出がないかぎり，ヤマハには油圧式の椅子，スタンウェイにはチェスト式の椅子がつくようだが，ピアニストは椅子の高さや座り心地にとても敏感だ．パフォーマンスをよりよいものにするために，<u>マイ椅子</u>を持参するコンテスタントが増えるかもしれない．

（青柳 (2016: 20-21)；縦書きを横書きに変更，下線追加）

つまり，ショパン・コンクールでコンテスタントが座る椅子は，普通はピアノとセットで提供される椅子なのだが，今回の大会では，小野田はホールに備わっている椅子を使い，オソキンスはそのどちらでもなく，自分で持ってきた椅子を使ったということである．おわかりのように，青柳氏は，3種の椅子のうち，「自分の椅子」についてのみ「マイ椅子」という表現を使っている．(44) の下線部を，「自分の椅子」と言い換えても —— 文章のインパクトは薄れるとしても —— 伝達内容に変更は生じないことを確認しよう．

オソキンスが自分の椅子を持ち込んだことは青柳氏にとってよほど印象的だったものと見える．彼が第2次予選でもその椅子を使ったことについて，第4章で「オソキンスの椅子」と題する節を立て，椅子の写真を挙げつつ，次のように報告している．ここでも下線部は「自分の椅子」に置き換えられることを確認しよう．

(45)　　　コンテスタントたちが油圧式の椅子に苦労するなか，ラトヴィアのオソキンスは低い<u>「マイ椅子」</u>を持参する．この椅子でオソキンスがヤマハから引き出す音は …… この世のものとも思えない不思議な光を放っている．『舟歌』のイントロからして独特の揺らし方，怪しい響きで耳を惹きつける．イ音調部分はとろけるように甘く，重音は蜃（しん）気楼（きろう）のような響き．ゴンドラ部分で審査員席を見たら，アルゲリッチが左手で拍子をとっていた．

次は『マズルカ風ロンド』．すばらしい切れ味．リズムは変幻自在で右手がくるりんと回転して左手が受け止めるところ，上から三度の嵐が降りてくるところ等々，魅力満載．オソキンスが弾きだしたと

き，審査委員長のポポヴァ＝ズィドロンが，隣の音楽学の審査員と何か話しているのが見えた．こんなのショパンじゃない，ということにならないとよいのだが．[...]

(青柳 (2016: 118)；縦書きを横書きに変更，下線追加)

　筆者らは，『ショパン・コンクール』における「マイ椅子」は，「マイ X」表現の認可条件について考える上でベストの事例ではないかと思っている．

　第 1 に，「マイ X」の「マイ」の指示特性について．ショパン・コンクールという状況の観察者である青柳氏は，状況の主体であるオソキンスの観点に立ち，その観点からオソキンスの椅子を「マイ椅子」と呼んでいる．よって，「マイ」は青柳氏（話し手）ではなく，コンクールに参加したオソキンスを指すことができる．これは，「自分の椅子」について廣瀬の分析がとるはずの，「話し手の客体的自己の指示」にほかならない．

　第 2 に，それではなぜシンプルに「自分の椅子」といわないのか，という点について．これは 5.2 節では考えていない．「マイ X」の指示特性は「自分の X」のそれと同一であるが，形式的には後者は句であるのに対し，前者は語である．下のように，「自分の X」にさらに所有格表現を付けることは難しいのに対し，「マイ X」には自然に付けることができる．

(46) a.??オソキンスの (,) 自分の椅子
　　 b. 　オソキンスのマイ椅子

具体的分析には踏み込まないが，「マイ椅子」は「自分の椅子」の語形成版であり，「自分」と「人」の区別 (Hirose (2014: Sec. 4.2)，廣瀬 (2017: 3 節)) を強調する特性を追加的にもっていると考えられる．「自分の椅子」ではなくわざわざ「マイ椅子」という時，話し手は，それが一般に ―― (47) の区分でいえば「人₂」の間に ―― 流通しているのとは区別されるべき自分流の椅子だといいたいのである．

(47)　　　　　　人₁（＝人一般）

　　　　自分　　　人₂（＝他人）　　　　　　　　(廣瀬 (2017: 9))

(44) で見たように，オソキンスの椅子は，その状況で common もしくは public とされるものと明確に対立するものとして，青柳氏の前に立ち現れている．仮に，ショパン・コンクールのならわしとして椅子を共有する習慣がもともとないとしたら，コンテスタント一人一人の椅子を客体的に「自分の椅子」ということはあっても，「マイ椅子」とはいわないのではないだろうか．「マイ

椅子」という表現は，「人₂の椅子」との対比表現であり，「人₂のではなく自分の椅子」の意味であろう．

　これについてわかりやすいのは，インターネットで多数の例が見つかる「マイ傘」である．「マイ傘」も「自分の傘」であるが，特に「他人が使っているのとは異なる傘」「ビニール傘ではない傘」として解釈される．昭和の頃，日本で個々人が異なる形態の傘を所有しているのは当然のことであった．自分の傘と人の傘は，形態が異なって当然であった．しかし，平成になってビニール傘の使用が広く普及し，傘の形態的共通性が高まってきている．「マイ傘」という表現は，ビニール傘という同一形態の傘の共有という状況を背景として，それと対立するものとしての「自分独自の傘」なのである．[32]

　「マイ X」の認可条件の3つ目に進もう．「マイ椅子」の例からさらにわかるのは，この表現の生成にとって重要なのは，状況の主体自身がどう思っているかではなく，観察者がどう見ているかである，ということだ．端的にいうと，オソキンス自身は自分の椅子を「マイ椅子」と見ているかどうかはわからないし，それは問題ではないのである．重要なのは，語り手である青柳氏の捉え方である．

　青柳氏がオソキンスをどう観察しているか．（45）を再度見てみよう．第2段落まで引用したのは，オソキンスの演奏は「正統ショパン」ではないと思われるのではないか，いう青柳氏の心配を見たかったからである．氏は，ショパン・コンクールの歴史を俯瞰し，オソキンスは椅子だけでなくショパンの演奏自体においても個性的であると判断している．そのことは，（44）や（45）の引用部分だけではなく，『ショパン・コンクール』を通読すれば明らかである．青柳氏には，極めて個性的なピアニストとしてのオソキンス像があり，そこに客体的自己を投影させて「マイ椅子」と言っているのである．「マイ X」の2つ目の認可条件と合わせていえば，独自かどうかを判断するのは観察者である．

---

[32] 例えば，「ゼゼヒヒ・インターネット国民投票」というインターネットサイトでは，「あなたの傘はビニール傘？それともマイ傘？」という Q が，次のような背景説明とともに投げかけられている（2013 年頃の質問であるもよう）．

　　外出先で突然雨に降られてもコンビニなどで簡単に入手できるビニール傘．ここ 10 年ほど国内でのビニール傘の需要が増加し，2004 年に年間 4000 万本前後だった販売数が現在は 1 億本近くまで増加しているそうです（http://mottainai-3r.jp/kasa/）．あなたは日常的に使い捨て可能なビニール傘を利用していますか？ それとも「マイ傘」を利用していますか？（http://zzhh.jp/questions/136）

ちなみに，2017 年 3 月時点でのこの Q に対する 491 の回答中，35％がビニール傘派，65％がマイ傘派とのこと．「マイ X」表現の第 2 の認可条件に関わることとして，そもそも傘にこだわりのあるマイ傘派の人ほど，上記の Q に回答したくなるという可能性もある．

状況の主体ではない．

　最後に，青柳氏の事例の重要性をもう1つ挙げておく．それは，「マイ X」表現が決して「英語の出来ない人」による語形成であるわけではないことを端的に証明していることである．氏のような多言語併用の知識人兼文筆家にも違和感なく採用されているのは，これが日本語母語話者なら自然に理解できる表現，つまり，日本語の文法に根差した表現だからである．[33]

5.4. まとめ

　本節では，三層モデルを使えば，「マイ X」という和製外来語をうまく分析することができることを見た．「マイ X」表現の生成を説明するのに必要なのは，①日本語の「自分」が視点的用法をもつこと，そして，②言語主体／話し手の概念は英語では I/my/me が語彙化されているのに対し，日本語では「自分」で語彙化されているという日英語の違いである．3.2 節の「リンスインシャンプー」の場合と比較すると，ここでも，同一の機能的カテゴリーを媒介としてそれを語彙化（もしくは形態具現）する形態の交替が行われていることがわかる．下の図はこのことを見るための概略図である．

　まず，「リンスインシャンプー」類の生成を説明するのは，図1のようなカテ

---

[33] 「マイ椅子」と並んで興味深い例が，下宮忠雄（著）『マイ言語学辞典』（2016 年，近代文藝社）のタイトルである．マイが漢字語に付けられていること，「マイ X」表現の作り手が日本を代表する知識人（ゲルマン語学・比較言語学の碩学）であることは「マイ椅子」の場合と同じである．注目したいのは，廣瀬（2017）のタイトルで使われている「自分の言語学」と同じものが，「マイ言語学」という形をとって表現されている点だ．本の内容と，筆者らの1人が下宮教授の言語学講義を実際に受けた経験からして，書名の解釈は，(i) ではなく (ii) だと考えられる．
　　(i)　［マイ［言語学辞典］］（＝この本は，言語学辞典の私家版である）
　　(ii)　［［マイ言語学］辞典］（＝この本は，「マイ言語学」についての辞典である）
つまり，「マイ言語学」という表現がより大きな表現の中に埋め込まれているのである．Wiese (1996) のような見方をすれば，(ii) の「マイ言語学」は引用によってこのような左枝分かれ構造を作っているという可能性がある (cf. Nagano (2013: 141-142))．そのことと，私的自己用法の「自分」の出現環境が引用節内であることを合わせて考えるとき，下宮教授のご著書のタイトルはまことに興味深いのである．

ゴリーと形態の関係である．PATH というカテゴリーは，Talmy（2007）が論じるように，日本語では動詞によって語彙化されるのに対し，英語では不変化詞によって語彙化される．これを基盤に，日本語母語話者は英語の「イン」を「入り」の形態的代替として使うのである．

同様に，「マイカー」類の生成を説明するのは，図 2 のカテゴリーと形態の対応である．「マイ X」において「マイ」が「自分の」の形態的代替として使われるのは，図 2 のように，「自分」と "I, my, me" は SPEAKER という同一のカテゴリーを具現する形態だからである．

6. 結論

以上，3 節では「リンスインシャンプー」類について，4 節では「ゴーストップ」類について，5 節では「マイカー」類について，対照言語学的視点の有効性を示してきた．これらの和製外来語表現は，間違った英語なのではなく，英語の文法とは独立した現象であり，日本語の文法に属する現象であることは，読者の多くにご理解いただけたのではないかと思う．

最後に，これら 3 つの事例を，Winford（2003: Chs. 1–3）による世界の様々な言語で観察されてきた借入現象の分類に照らして位置づけておきたい．Winford は，まず lexical borrowing と structural borrowing（Ch. 3 では "structural diffusion" と呼んでいる）を区別する．Lexical borrowing とは "borrowing of content morphemes like nouns, verbs, etc."（p. 12）であり，ドナー言語の名詞，動詞，形容詞という語彙範疇要素の借入である．Structural borrowing とは "borrowing of features in phonology, morphology, syntax, and semantics"（p. 12）であり，ドナー言語の音韻論的特徴もしくはその機能的カテゴリーの形態・統語・意味的特徴が受け入れ側の言語に移管されることをいう．

2 種類の借入現象のうち，lexical borrowing は容易であり，言語接触があれば起こると見てよい．一方，structural borrowing はそれほど容易ではなく，言語外的条件と言語内的条件の一方もしくは両方が整った場合に起こるものである．言語外的条件とは，おおよそ，接触する 2 言語が密な関係になければならないという条件であり，具体例を見ると，（i）話者同士の関係が歴史的理由で密である場合，（ii）二言語併用・多言語併用の状況が存在する場合，（iii）言語コミュニティーが地理的に接近している場合などに structural borrowing が起こっている（Winford（2003: 64–65））．（i）–（iii）は相互排他的ではない．他方，言語内的条件として，Winford（2003: 54, 91–97）は次のような制約群を提案している（音韻論に関連するものは割愛する）．

(48) *Implicational constraint 1:*
No structural borrowing without lexical borrowing.

(49) *Morphological constraints (borrowing):*

1. The greater the congruence between morphological structures across languages in contact, the greater the ease of borrowing.

2. The greater the degree of transparency of a morpheme, the greater the likelihood of its diffusion. By contrast, the more opaque (complex, bound, phonologically reduced) a morpheme is, the less likely it is to be borrowed.

3. The existence of gaps in the morphemic inventory of a recipient language facilitates the importation of new morphemes and functional categories from a source language.

4. The lack of a functional category in a source language may lead to loss of a similar category in a recipient language.

　我々の 3 事例を上の分類に照らしてみると，いずれもドナー言語の機能的要素（不変化詞，等位接続詞，代名詞）が関わるので structural borrowing の候補である．うち，「リンスインシャンプー」類と「マイカー」類は，英語の in と my が取り入れられているので，structural borrowing の実例と見てよい．これらの言語外的条件の成立についてははっきりしないが，上記 (i)-(iii) の中で最も可能性があるのは (ii) 二言語併用状況の存在であろう．言語内的条件についていうと，(48) は確実に満たしている．英語から日本語への借入において，総体としては lexical borrowing の事例がほとんどであり，従来の借入語研究の対象となってきたのも lexical borrowing であった．その上で，「イン」や「マイ」のような structural borrowing が可能になっているのである．

　(49) の 4 つの制約は，機能範疇の形態的具現に関わる制約である．「リンスインシャンプー」類と「マイカー」類は，このうち，制約 1 と制約 2 を満足しているといえる．まず，制約 1 のいう "the congruence between morphological structures" には機能的カテゴリーの共有性も含まれるが（Winford (2003: 93))，我々は，5.4 節において，PATH と SPEAKER という機能的カテゴリーの同一性のもとに日英語間でそれぞれを具現する形態の借入が起こっていることを見たのであった．また，制約 2 については，英語の不変化詞と所有格代名詞の連辞的・形態的透明性が挙げられる．いずれも，結合対象に対して右側（[動詞＋in]）もしくは左側（[my＋名詞]）という決まった位置に，自由形態素として生起する．森岡 (1985) に従えば，英語におけるこのような透明な形式

第 11 章　言語接触と対照言語研究　　255

的パターンが日本語漢語層に内在する形のパターンと同定しやすいために，準
接尾辞（インの場合）・準接頭辞（マイの場合）としての借入が可能になったの
であろう．

　それでは，「ゴーストップ」類はどうであろうか．制約 1 と 2 からすると，
原理的には structural borrowing が起こってもよいケースであるが，実際には
起こっていないと見るべきである．メンバー取り立てによる集合命名には，英
語では等位接続詞が必要であるが，その特徴は今のところ日本語に移管されて
いないからである．4 節で見た通り，「ゴーストップ」のように，たとえ外来
語層基盤であったとしても，日本語本来の dvandva 具現が使われるのであ
る．[34]「ゴーストップ」と「リンスインシャンプー」・「マイカー」の違いは，4.4
節で触れたように，関与する機能的カテゴリーに対する有形形態素の存在であ
る．日本語の dvandva は "A and B" の and を A と B の拘束性で担保してお
り（4.2 節），独立した有形の形態素を使わない．一方，「リンス入りシャン
プー」と「自分の車」には，「入り」と「自分の」という有形形態素がある．と
すると，有形形態が structural borrowing には有利に働く，といえるのではな
いか．ひとまずいえることは，5.4 節で見たように，機能的カテゴリーの関与
する structural borrowing は，両言語でそれを具現する有形の形態素の交替と
いう形で進行するようだ，ということである．

参考文献

青柳いづみこ（2016）『ショパン・コンクール　最高峰の舞台を読み解く』中公公論新
　　社，東京．
Arcodia, Giorgio F., Nicola Grandi and Bernhard Wälchli (2010) "Coordination in
　　Compounding," *Cross-Disciplinary Issues in Compounding*, ed. by Sergio Scalise
　　and Irene Vogel, 177-198, John Benjamins, Amsterdam.
Aronoff, Mark (1994) *Morphology by Itself: Stems and Inflectional Classes*, MIT
　　Press, Cambridge, MA.
Bauer, Laurie (2008) "Dvandva," *Word Structure* 1, 1-20.
Bauer, Laurie (2009) "Typology of Compounds," *The Oxford Handbook of Com-
　　pounding*, ed. by Rochelle Lieber and Pavol Štekauer, 343-356, Oxford University
　　Press, Oxford.

---

　[34] もしくは，dvandva を 1 つの形態カテゴリーと考えるならば，「ゴーストップ」類は，制
約 4 に照らして structural borrowing が起こっていない，ともいえるかもしれない．Dvandva
がないという英語の特徴は，日本語において dvandva の消滅を引き起こしてはいないからで
ある．

Bauer, Laurie, Rochelle Lieber and Ingo Plag (2013) *The Oxford Reference Guide to English Morphology*, Oxford University Press, Oxford.

Beard, Robert (1995) *Lexeme-Morpheme Base Morphology: A General Theory of Inflection and Word Formation*, State University of New York Press, Albany.

Carstairs-McCarthy, Andrew (2010) *The Evolution of Morphology*, Oxford University Press, Oxford.

チョムスキー・ノーム，福井直樹・辻子美保子(編訳) (2015)『我々はどのような生き物なのか：ソフィア・レクチャーズ』岩波書店，東京.

Chomsky, Noam (2016) *What Kind of Creatures Are We?*, Columbia University Press, New York.

Hasegawa, Yoko (2015) *Japanese: A Linguistic Introduction*, Cambridge University Press, Cambridge.

Haselow, Alexander (2012) "Lexical Typology and Typological Changes in the English Lexicon," *The Oxford Handbook of the History of English*, ed. by Terttu Nevalainen and Elizabeth Closs Traugott, 643-653, Oxford University Press, Oxford.

橋本和佳 (2010)『現代日本語における外来語の量的推移に関する研究』ひつじ書房，東京.

平石貴樹 (2010)『アメリカ文学史』松柏社，東京.

廣瀬幸生 (1997)「人を表すことばと照応」『指示と照応と否定』，中右実(編)，1-89，研究社，東京.

Hirose, Yukio (2002) "Viewpoint and the Nature of the Japanese Reflexive *Zibun*," *Cognitive Linguistics* 13(4), 357-401.

Hirose, Yukio (2014) "The Conceptual Basis for Reflexive Constructions in Japanese," *Journal of Pragmatics* 68, 99-116.

廣瀬幸生 (2017)「自分の言語学——言語使用の三層モデルに向けて——」，本書1章，1-22.

廣瀬幸生・長谷川葉子 (2010)『日本語から見た日本人——主体性の言語学——』開拓社，東京.

Huddleston, Rodney and Geoffrey K. Pullum (2002) *The Cambridge Grammar of the English Language*, Cambridge University Press, Cambridge.

Irwin, Mark (2011) *Loanwords in Japanese*, John Benjamins, Amsterdam.

石綿敏雄 (2001)『外来語の総合的研究』東京堂出版，東京.

陣内正敬 (2007)『外来語の社会言語学：日本語のグローカルな考え方』世界思想社，京都.

陣内正敬・相澤正夫・田中牧郎(編) (2012)『外来語研究の新展開』おうふう，東京.

影山太郎 (1993)『文法と語形成』ひつじ書房，東京.

Kageyama, Taro (2009) "Isolate: Japanese," *The Oxford Handbook of Compounding*, ed. by Rochelle Lieber and Pavol Štekauer, 512-526, Oxford University Press, Oxford.

第 11 章　言語接触と対照言語研究　　　257

亀田尚己・青柳由紀江・J. M. クリスチャンセン（2014）『和製英語事典』丸善出版，東京.

Kastovsky, Dieter（2006）"Typological Changes in Derivational Morphology," *The Handbook of the History of English*, ed. by Ans van Kemenade and Bettelou Los, 151-176, Blackwell Publishing, Oxford.

Kastovsky, Dieter（2009）"Diachronic Perspectives," *The Oxford Handbook of Compounding*, ed. by Rochelle Lieber and Pavol Štekauer, 323-340, Oxford University Press, Oxford.

窪薗晴夫（1995）『語形成と音韻構造』くろしお出版，東京.

Lieber, Rochelle（2009）"IE, Germanic: English," *The Oxford Handbook of Compounding*, ed. by Rochelle Lieber and Pavol Štekauer, 357-369, Oxford University Press, Oxford.

Lieber, Rochelle and Pavol Štekauer, eds.（2009）*The Oxford Handbook of Compounding*, Oxford University Press, Oxford.

Loveday, Leo J.（1996）*Language Contact in Japan: A Socio-Linguistic History*, Clarendon Press, Oxford.

Marchand, Hans（1969）*The Categories and Types of Present-day English Word Formation: A Synchronic-Diachronic Approach,* 2nd ed., C. H. Beck, Munich.

Miller, Laura（1998）"Wasei Eigo: English 'Loanwords' Coined in Japan," *The Life of Language: Papers in Linguistics in Honor of William Bright*, ed. by Jane H. Hill, P. J. Mistry and Lyle Campbell, 123-139, Mouton de Gruyter, Berlin.

森岡健二（1985）「外来語の派生語彙」『日本語学　特集テーマ別ファイル普及版：語彙 4』，宮地裕・甲斐睦朗（編）（2008）に収録，112-122，明治書院，東京.

森田順也（2006）「名詞形成における「変則」――語の内部に出現する機能範疇」『英語の語形成――通時的・共時的研究の現状と課題』，米倉綽（編），408-425，英潮社，東京.

中野弘三・服部義弘・小野隆啓・西原哲雄（監修）（2015）『最新英語学・言語学用語辞典』開拓社，東京.

Nagano, Akiko（2008）*Conversion and Back-Formation in English: Toward a Theory of Morpheme-Based Morphology*, Kaitakusha, Tokyo.

Nagano, Akiko（2013）"Morphology of Direct Modification," *English Linguistics* 30 (1), 111-150.

長野明子（2013）「複合と派生の境界と英語の接頭辞」『生成言語研究の現在』，池内正幸・郷路拓也（編），145-161，ひつじ書房，東京.

Nagano, Akiko and Masaharu Shimada（2014）"Morphological Theory and Orthography: Kanji as a Representation of Lexemes," *Journal of Linguistics* 50(2), 323-364.

Nagano, Akiko and Masaharu Shimada（2015）"When a Preposition-less Language Borrows Prepositions: Language Contact through L2 Education and Its Reflection on Recipe Naming," ms., Tohoku University & University of Tsukuba.

Namiki, Takayasu (2003) "On the Expression *Rinse In Shampoo*: A New Type of Japanese Compound Coined from English Words," *Empirical and Theoretical Investigations into Language: A Festschrift for Masaru Kajita*, ed. by Shuji Chiba et al., 538–550, Kaitakusha, Tokyo.

竝木崇康 (2005)「日本語の新しいタイプの複合語——「リンスインシャンプー」と「リンス入りシャンプー」——」『現代形態論の潮流』，大石強・西原哲雄・豊島庸二 (編)，1-19，くろしお出版，東京．

竝木崇泰 (2016)「語形成における例外的現象と言語変化——英語と日本語の複合語を中心に——」東北大学言語変化・変異研究ユニット主催第 3 回ワークショップ招待講演 (2016 年 9 月 7 日) ハンドアウト．

Nishimaki, Kazuya (2014) "Competition Theory and a New Perspective on Cross-Linguistic Variations," *English Linguistics* 31(2), 477–508.

Nishimaki, Kazuya (2016) *A Study on Cross-Linguistic Variations in Realization Patterns: New Proposals Based on Competition Theory*, Doctoral dissertation, University of Tsukuba.

Ralli, Angela (2013) *Compounding in Modern Greek*, Springer, Dordrecht.

Ralli, Angela and Athanasios Karasimos (2009) "The Bare-Stem Constraint in Greek Compound Formation," *Gengo Kenkyu* 135, 29–48.

Schmidt, Christopher K. (2009) "Loanwords in Japanese," *Loanwords in the World's Languages: A Comprehensive Handbook*, ed. by Martin Haspelmath and Uri Tadmor, 545–574, De Gruyter Mouton, Berlin.

Shibatani, Masayoshi (1990) *The Languages of Japan*, Cambridge University Press, Cambridge.

渋谷勝己 (2010)「総論：言語接触研究の動向」『日本語学』臨時増刊号 vol. 29-14, November, 特集：言語接触の世界，6-15．

Shimada, Masaharu (2013) "Coordinated Compounds: Comparison between English and Japanese," *SKASE Journal of Theoretical Linguistics* 10, 77–96.

島田雅晴 (2016)「英語における等位複合語の生起について」『コーパスからわかる言語変化・変異と言語理論』，小川芳樹・長野明子・菊地朗 (編)，307-323，開拓社，東京．

島田雅晴 (2017)「日本語に左側主要部の複合語は存在するのか」『言語についての X 章：言語を考える，言語を教える，言語で考える』，河正一・島田雅晴・金井勇人・仁科弘之 (編)，埼玉大学教養学部リベラル・アーツ叢書別冊 2, 40-52.

Shimada, Masaharu and Akiko Nagano (2014) "Borrowing of English Adpositions in Japanese," Paper read at the Annual Meeting of the Linguistics Association of Great Britain (LAGB 2014), The Queen's College, University of Oxford, September 3, 2014.

島村礼子 (1990)『英語の語形成とその生産性』リーベル出版，東京．

第 11 章　言語接触と対照言語研究　　259

下宮忠雄（2016）『マイ言語学辞典』近代文藝社，東京.

Stanlaw, James（2004）*Japanese English: Language and Culture Contact*, Hong Kong University Press, Hong Kong.

Štekauer, Pavol, Salvador Valera, and Lívia Körtvélyessy（2012）*Word-Formation in the World's Languages: A Typological Survey*, Cambridge University Press, Cambridge.

Takubo, Yukinori and Satoshi Kinsui（1997）"Discourse Management in Terms of Mental Spaces," *Journal of Pragmatics* 28, 741-758.

Talmy, Leonard（2007）"Lexical Typologies," *Language Typology and Syntactic Description, Second edition, Volume III: Grammatical Categories and the Lexicon*, ed. by Timothy Shopen, 66-168, Cambridge University Press, Cambridge.

田中章夫（2002）『近代日本語の語彙と語法』東京堂出版，東京.

田中建彦（2002）『外来語とは何か：新語の由来・外来語の役割』鳥影社，東京.

Tsujimura, Natsuko（2016）"Morphological Construction for Negotiating Differences in Cross-Stratum Word-Formation," *Word-Formation across Languages*, ed. by Lívia Körtvélyessy, Pavol Štekauer and Salvador Valera, 357-374, Cambridge Scholars Publishing, New castle upon Tyne.

Wälchli, Bernhard（2005）*Co-compounds and Natural Coordination*, Oxford University Press, Oxford.

Wälchli, Bernhard（2015）"Co-compounds," *Word-Formation: An International Handbook of the Languages of Europe Volume 1*, ed. by Peter O. Müller, Ingeborg Ohnheiser, Susan Olsen, and Franz Rainer, 707-727, De Gruyer Mouton, Berlin.

Wiese, Richard（1996）"Phrasal Compounds and the Theory of Word Syntax," *Linguistic Inquiry* 27, 183-193.

Williams, Edwin（1981）"On the Notions 'Lexically Related' and 'Head of a Word'," *Linguistic Inquiry* 12, 245-274.

Winford, Donald（2003）*An Introduction to Contact Linguistics*, Blackwell Publishing, Malden, MA.

山田雄一郎（2005）『外来語の社会学：隠語化するコミュニケーション』春風社，横浜.

Yamane, Ryoichi（2017）"'Why Do They Live at All'": On the Southern Pneumatology in *Absalom, Absalom!*," *Studies in English Literature*, English Number 58, 21-37.

廣瀬幸生業績一覧

—三層モデルへ至る道のり—

1979 年

「形容詞 -ificatory の強勢の型」『英語学』20 号，pp. 96-113.

1980 年

「韻律理論の眺望」（原口庄輔他との共著）『英語学』23 号，pp. 2-39.

1981 年

"A Generative Phonological Investigation of Spelling Pronunciation," *Proceedings of the Fifth Annual Meeting of the Kansai Linguistic Society,* pp. 6-7.

"A Metrical Analysis of English Sentence Stress,"『英語学』24 号，pp. 2-24.

1982 年

"Toward a Theory of Markedness in English Stress Patterns and Syntactic Constructions," *Studies in English Literature: English Number 1982*, pp. 97-115.

"A Semantic Constraint on Extraction out of Noun Phrases," *Tsukuba English Studies* 1, pp. 1-18.

"On Semantic Classification of English Verbs" (with Shinobu Mizuguchi et al.), *Tsukuba English Studies* 1, pp. 87-104.

1983 年

"The Rhythm Rule and Latinate Prefix-Stem Adjectives," *Tsukuba English Studies* 2, pp. 1-9.

"The Generalized Thematic Constraint on X-Shift" (with Naoshi Koizumi and Katsunori Fukuyasu), *Tsukuba English Studies* 2, pp. 129-147.

「文の主題となる所有格代名詞について」『英語学』26 号，pp. 26-43.

1984 年

「書評：村田勇三郎『機能英文法』（大修館書店，1982）」『英語学』27 号，pp. 126-136.

1985 年

"Real-Mary or Image-Mary?" *English Linguistics Today: Papers Dedicated to Dr. Minoru Yasui by His Students*, ed. by Kozo Iwabe and Nobuhiro Kaga, pp. 1-11, Kaitakusha.

「John had a walk around the town.」『言語』14 巻 2 号，pp. 98-99.

「I bought a car before he had bought one.」『言語』14 巻 7 号，pp. 90-91.

「書評：Ray Jackendoff: *Semantics and Cognition* (MIT Press, 1983)」『英文学研究』62 巻 2 号, pp. 419-424.

1986 年

「Ann says that the man who robbed Sue is longhaired.」『言語』15 巻 4 号, pp. 98-99.

「発話動詞補文と話し手の主観的真偽判断」『英語青年』132 巻 7 号, pp. 314-318.

Referential Opacity and the Speaker's Propositional Attitudes, Liber Press.

1987 年

「John's wife is a good cook.」『言語』16 巻 1 号, pp. 66-67.

〈事典項目執筆〉『例解現代英文法事典』安井稔(編), 大修館書店.

「if only」『英語青年』133 巻 5 号, p. 217.

1988 年

「言語表現のレベルと話法」『日本語学』7 巻 9 号, pp. 4-13.

「私的表現と公的表現」『文藝言語研究・言語篇』14 巻, pp. 37-56, 筑波大学.

1989 年

「書評：M. J. Cresswell: *Semantical Essays: Possible Worlds and Their Rivals* (Springer, 1988)」『学鐙』86 巻 1 号, pp. 68-69.

「書評：斎藤興雄・佐藤寧・B. M. ウィルカーソン『新英文法入門——理論と演習——』(研究社出版, 1989)」『言語』18 巻 5 号, p. 138.

"Children's Semantics: Child as a Prototype Concept," *English Linguistics* 6, pp. 183-202.

1991 年

「書評：児玉徳美『言語のしくみ——意味と形の統合——』(大修館書店, 1991)」『言語』20 巻 8 号, p. 138.

"On a Certain Nominal Use of *Because*-Clauses: Just Because *Because*-Clauses Can Substitute for *That*-Clauses Does Not Mean That This Is Always Possible," *English Linguistics* 8, pp. 16-33.

「動詞 climb の用法と意味照応」安井稔博士古稀記念論文集『現代英語学の歩み』, pp. 343-352, 開拓社.

1992 年

〈辞典項目執筆〉『現代英文法辞典』荒木一雄・安井稔(編), 三省堂.

"'Determiner Phrases' and Comparatives: Syntax vs. Semantics," 『文藝言語研究・言語篇』22 巻, pp. 121-140, 筑波大学.

「Because のメタ言語的機能について」島岡丘教授還暦記念論文集『英語音声学と英語教育』, pp. 81-85, 開隆堂.

1993 年

〈辞典項目執筆〉『小学館ランダムハウス英和大辞典　第 2 版』小西友七他（編集主幹），小学館.

1994 年

「程度・比較修飾の意味構造」平成 5 年度文部省科学研究費補助金一般研究（A）研究成果報告書『個別言語学における文法カテゴリーの一般化に関する理論的研究』，pp. 7-20.

「海外新潮：there 構文に生ずる定名詞句」『英語青年』140 巻 1 号，p. 35.

「海外新潮：認知意味論の哲学的意味合い」『英語青年』140 巻 4 号，p. 191.

「海外新潮：認知の領域と文法関係」『英語青年』140 巻 7 号，p. 355.

1995 年

「海外新潮：語彙意味論の展開」『英語青年』140 巻 10 号，p. 531.

「こんな大学院生をとりたい、とりたくない──文芸・言語研究科（博士課程）の場合」『筑波フォーラム』40 号，pp. 38-39，筑波大学.

"Direct and Indirect Speech as Quotations of Public and Private Expression," *Lingua* 95, pp. 223-238.

「関係詞節」『英文法への誘い』斎藤武生他（編），pp. 231-246，開拓社.

1996 年

「程度からモダリティへ──英語におけるメタ比較構文の意味論──」『つくば言語文化フォーラム研究報告書──述語機能の研究──』，pp. 19-31，筑波大学.

「日英語再帰代名詞の再帰的用法について」『言語』25 巻 7 号，pp. 81-92.

「書評：Adele E. Goldberg: *Constructions: A Construction Grammar Approach to Argument Structure*(University of Chicago Press, 1995)」『英文学研究』73 巻 1 号，pp. 169-174.

〈辞典項目執筆〉『コンサイス英文法辞典』安井稔（編），三省堂.

1997 年

"Bound Pronouns as N-Bar Proforms," *Lingua* 102, pp. 169-186.

『指示と照応と否定』（加賀信広との共著），研究社出版.

1998 年

"Direct and Indirect Speech as Seen from Levels of Linguistic Expression: A Contrastive Analysis of Japanese and English,"『筑波大学「東西言語文化の類型論」特別プロジェクト研究報告書 平成 9 年度 I 』，pp. 491-503.

「構文間の継承関係──because 節主語構文の構文文法的分析──」『英語青年』144 巻 9 号，pp. 511-514.

1999 年

「視点と知覚空間の相対化」平成 7-10 年度文部省科学研究費補助金基盤研究（A）(2) 研究成果報告書『空間表現の文法化に関する総合的研究』，pp. 123-133.

「文法の基本単位としての構文──構文文法の考え方──」『筑波大学「東西言語文化の類型論」特別プロジェクト研究報告書　平成 10 年度 II』, pp. 591-610.

「書評：八木克正『英語の文法と語法──意味からのアプローチ──』（研究社出版, 1999)」『英語青年』145 巻 7 号, pp. 478-479.

2000 年

「日本語から見た日本人──日本人は『集団主義的』か──」（長谷川葉子との共著）『筑波大学「東西言語文化の類型論」特別プロジェクト研究報告書　平成 11 年度 III』, pp. 153-173.

"A Semantic Functional Analysis of Degree Modification," 筑波大学学内プロジェクト（A）研究報告書『東アジア言語文化の総合的研究』, pp. 113-132.

"Public and Private Self as Two Aspects of the Speaker: A Contrastive Study of Japanese and English," *Journal of Pragmatics* 32, pp. 1623-1656.

「視点と知覚空間の相対化」『空間表現と文法』青木三郎・竹沢幸一（編）, pp. 143-161, くろしお出版.

2001 年

「日本語から見た日本人──日本人は『集団主義的』か──［上］」（長谷川葉子との共著）『言語』30 巻 1 号, pp. 86-97.

「日本語から見た日本人──日本人は『集団主義的』か──［下］」（長谷川葉子との共著）『言語』30 巻 2 号, pp. 102-112.

「H_2O をどう呼ぶか──対照研究における相対主義と認知主義──」『筑波大学東西言語文化の類型論特別プロジェクト研究報告書　平成 12 年度 IV』, pp. 673-692.

『意味と形のインターフェイス──中右実教授還暦記念論文集──』上下 2 巻（武田修一他との共編著）, くろしお出版.

「メタ比較構文の意味論──程度のモダリティ化──」『意味と形のインターフェイス──中右実教授還暦記念論文集──』武田修一他（編）, pp. 499-509, くろしお出版.

「授受動詞と人称」『言語』30 巻 5 号, pp. 64-70.

「私的自己中心の日本語・公的自己中心の英語」国際コミュニケーション英語研究所（IRICE）『Newsletter』57 号, p. 3.

2002 年

「話し手概念の解体から見た日英語比較」『筑波大学「東西言語文化の類型論」特別プロジェクト研究報告書　平成 13 年度 V』, pp. 723-755.

"Comparatives and Definite Noun Phrases: How to Account for Their Similarities (and Differences)," *English Linguistics* 19, pp. 161-185.

"Viewpoint and the Nature of the Japanese Reflexive *Zibun*," *Cognitive Linguistics* 13, pp. 357-401.

2003 年

「H_2O をどう呼ぶか——対照研究における相対主義と認知主義——[上]」『言語』
32 巻 6 号, pp. 80-88.

「H_2O をどう呼ぶか——対照研究における相対主義と認知主義——[下]」『言語』
32 巻 7 号, pp. 78-87.

2005 年

「話者指示の領域と視点階層」『文藝言語研究・言語篇』47 巻, pp. 45-67, 筑波
大学.

「書評：三輪正『一人称二人称と対話』(人文書院, 2005)」『言語』34 巻 8 号, p.
118.

"What the Japanese Language Tells Us about the Alleged Japanese Relational
Self" (with Yoko Hasegawa), *Australian Journal of Linguistics* 25, pp. 219-
251.

2006 年

「比較の二つの類型：叙述型と領域型」*JELS* 23（日本英語学会第 23 回大会研究
発表論文集）, pp. 41-50.

"The Subject-Self Metaphor and Reflexive Markers in Japanese," *Proceedings
of the Sixth Annual Meeting of the Japanese Cognitive Linguistics Associa-
tion*, pp. 557-560.

「日記英語における空主語と主体化」藤原保明博士還暦記念論文集『言葉の絆』,
pp. 270-283, 開拓社.

2007 年

「再帰代名詞の視点的用法と人称の非対称性」『英語青年』152 巻 11 号, pp.
650-652.

「ダイクシスの中心をなす日本的自己」(長谷川葉子との共著)『言語』36 巻 2 号,
pp. 74-81.

「日英語の比較構文——共通点と相違点をどう捉えるか——」科学研究費補助金基
盤研究（B）研究成果報告書『諸外国語と日本語の対照的記述に関する方法論
的研究』, pp. 61-85.

「言語が語る意味の世界」リレーエッセイ『ことばと言語学を考える』http://
www.gengosf.com/dir_x/modules/wordpress/index.php?p=86, 言語学出版社
フォーラム.

2008 年

「再帰代名詞の意味拡張について——日英語対照研究——」科学研究費補助金基盤
研究（B）研究成果報告書『言語記述と言語教育の相互活性化のための日本語・
中国語・韓国語対照研究』, pp. 187-209.

「話者指示性と視点階層」『ことばのダイナミズム』森雄一他(編), pp. 261-276,

くろしお出版.

「話し手の解体と主体化・客体化 ── 日英語対照研究の観点から ── 」『日本語文法学会第9回大会発表予稿集』, pp. 29-38.

2009 年

「話者指示性と視点と対比 ── 日英語再帰代名詞の意味拡張の仕組み ── 」『「内」と「外」の言語学』坪本篤朗他(編), pp. 147-173, 開拓社.

「書評：中島平三(編)『言語学の領域 (I)』(朝倉書店, 2009)」『言語』38 巻 11 号, p. 94.

2010 年

『日本語から見た日本人 ── 主体性の言語学 ── 』(長谷川葉子との共著), 開拓社.

2011 年

"Constructions of Degree Modification in English and Japanese: A Semantic Functional Analysis," *Tsukuba English Studies* 29: *A Festschrift in Honor of Norio Yamada*, pp. 1-19.

『談話のタイプと文法の関係に関する日英語対照言語学的研究〈研究の要約とサンプルデータ〉』(編著), 筑波大学大学院人文社会科学研究科文芸・言語専攻英語学領域.

「公的自己・私的自己の観点と主体性の度合い ── 言語使用の三層モデル ── 」『日本英文学会第 83 回大会 Proceedings／2010 年度支部大会 Proceedings』, pp. 243-245.

2012 年

「公的表現・私的表現と日英語の話法」『英語語法文法研究』19 号, pp. 20-34.

2013 年

"Deconstruction of the Speaker and the Three-Tier Model of Language Use," *Tsukuba English Studies* 32, pp. 1-28.

2014 年

「公的自己・私的自己中心性と日英語の文法現象：『言語使用の三層モデル』からの視点」(今野弘章他との共著) *JELS* 31 (日本英語学会第 31 回大会研究発表論文集), pp. 267-268.

"The Conceptual Basis for Reflexive Constructions in Japanese," *Journal of Pragmatics* 68, pp. 99-116.

2015 年

「叙述型比較と領域型比較 ── 比較構文の日英語対照研究 ── 」『言語研究の視座』深田智他(編), pp. 110-125, 開拓社.

"Introduction: Public/Private-Self-Centeredness and Grammatical Phenomena in Japanese and English—The Perspective of the Three-Tier Model of Language Use" (with Takashi Shizawa), *English Linguistics* 32, pp. 114-119.

"An Overview of the Three-Tier Model of Language Use," *English Linguistics* 32, pp. 120–138.

『日本語から見た日本人 — 主体性の言語学 —』（長谷川葉子との共著，開拓社，2010）の韓国語版：Chae Seong-Sik 訳，*Ilboneolobuteo bon ilbonin: Jucheseongui eoneohag*，Youkrack.

2016 年

「日英語における時間のメタファーと主観性 — 言語使用の三層モデルからの視点 — 」『言語の主観性 — 認知とポライトネスの接点 —』小野正樹・李奇楠（編），pp. 19-34，くろしお出版.

「英語との比較から見た日本語らしさ — 時間のメタファーを中心に — 」『日本語の研究』12 巻 4 号，pp. 206-208.

「主観性と言語使用の三層モデル」『ラネカーの（間）主観性とその展開』中村芳久・上原聡（編），pp. 333-355，開拓社.

2017 年

"Logophoricity, Viewpoint, and Reflexivity," *The Cambridge Handbook of Japanese Linguistics*, ed. by Yoko Hasegawa, to be published, Cambridge University Press.

執筆者紹介
（掲載順）

廣瀬　幸生（ひろせ　ゆきお）　1956 年生まれ.
筑波大学人文社会系教授. 専門は, 英語学, 日英語対照研究, 意味論・語用論.
主要業績：『日本語から見た日本人 ── 主体性の言語学』（共著, 開拓社, 2010）, "The Conceptual Basis for Reflexive Constructions in Japanese" (*Journal of Pragmatics* 68, 2014), "An Overview of the Three-Tier Model of Language Use" (*English Linguistics* 32, 2015), など.

長谷川　葉子（はせがわ　ようこ）
カリフォルニア大学バークレー校東アジア言語文化学部教授. 専門は, 日本語学.
主要業績：*Japanese: A Linguistic Introduction* (Cambridge University Press, 2014), *The Routledge Course in Japanese Translation* (Routledge, 2011), *Soliloquy in Japanese and English* (John Benjamins, 2010), など.

和田　尚明（わだ　なおあき）　1968 年生まれ.
筑波大学人文社会系准教授. 専門は, 英語学, 時制・アスペクト・モダリティ.
主要業績：*Interpreting English Tenses: A Compositional Approach* (単著, 開拓社, 2001), "The Present Progressive with Future Time Reference vs. *Be Going To*: Is Doc Brown Going Back to the Future Because He Is Going to Reconstruct It?" (*English Linguistics* 26, 2009), "On the So-Called Future-Progressive Construction" (*English Language and Linguistics* 17, 2013), など.

今野　弘章（こんの　ひろあき）　1976 年生まれ.
奈良女子大学研究院人文科学系准教授. 専門は, 語用論／統語論.
主要業績："The *If You Be* Construction as a Speech Act Construction" (*English Linguistics* 21, 2004),「イ落ち：形と意味のインターフェイスの観点から」(『言語研究』141, 2012), "The Grammatical Significance of Private Expression and Its Implications for the Three-Tier Model of Language Use" (*English Linguistics* 32, 2015), など.

金谷　優（かねたに　まさる）　1979 年生まれ.
筑波大学人文社会系助教. 専門は, 英語学, 構文文法論.
主要業績："Focalizations of *Because* and *Since*: *Since*-Clauses Can Be Focalized by Certain Focusing Adverbs, Especially Since There Is No Reason to Ban It,"

(*English Linguistics* 24, 2007),「副詞節による名詞句の修飾」(『英語語法文法研究』19, 2012), など.

五十嵐　啓太 (いからし　けいた)　1986 年生まれ.
会津大学短期大学部講師. 専門は, 意味論・語用論.
主要業績: "The *It Is That*-Construction and Abductive Inference" (*English Linguistics* 31, 2014), "Semi-Lexical Categories in Word-Formation: A Case Study in Japanese Mimetic Compounds" (共著, *English Linguistics* 33, 2017), など.

岩田　彩志 (いわた　せいじ)　1963 年生まれ.
関西大学文学部教授. 専門は, 英語学, 語彙意味論・語用論.
主要業績:『英語の仕組みと文法のからくり ── 語彙・構文アプローチ ──』(開拓社, 2012), *Locative Alternation: A Lexical-Constructional Approach* (John Benjamins, 2008), "A door that swings noiselessly open may creak shut: Internal motion and concurrent changes of state" (*Linguistics* 46, 2008), など.

西田　光一 (にしだ　こういち)　1970 年生まれ.
山口県立大学国際文化学部教授. 専門は, 英語学, 語用論, 日英語対照研究.
主要業績: "On Bound Pronoun-like Indefinites in English: An Extension of the Theory of Inter-N-bar Anaphora" (*English Linguistics* 28, 2011), "Logophoric First-person Terms in Japanese and Generalized Conversational Implicatures" (*Proceedings of the Thirty-Seventh Annual Meeting of the Berkeley Linguistics Society*, 2013),「日本語の自称語を使った広告から見た支出と発話の共通点」(『語用論研究』16, 2015), など.

井出　里咲子 (いで　りさこ)　1966 年生まれ.
筑波大学人文社会系准教授. 専門は, 言語人類学, 社会言語学, 語用論.
主要業績:『出産・子育てのナラティブ分析 ── 日本人女性の声にみる生き方と社会の形』(共著, 大阪大学出版会, 2017),『雑談の美学 ── 言語研究からの再考』(共編著, ひつじ書房, 2016) など.

森　雄一 (もり　ゆういち)
成蹊大学文学部教授. 専門は, 日本語学, 認知言語学, レトリック論.
主要業績:『認知言語学　基礎から最前線へ』(共編著, くろしお出版, 2013 年),『ことばのダイナミズム』(共編著, くろしお出版, 2008 年),「認知言語学と日本語」(共著,『日本語学』第 28 巻 4 号, 2009 年), など.

長野　明子 (ながの　あきこ)
東北大学大学院情報科学研究科准教授. 専門は, 形態論.

主要業績：*Conversion and Back-Formation in English* (Kaitakusha, 2008), "The Right-Headedness of Morphology and the Status and Development of Category-Determining Prefixes in English" (*English Language and Linguistics* 15:1, 2012), "Are Relational Adjectives Possible Cross-Linguistically?: The Case of Japanese" (*Word Structure* 9:1, 2016), など.

島田　雅晴 （しまだ　まさはる）　1966 年生まれ.
筑波大学人文社会系准教授. 専門は, 理論言語学.
主要業績："Wh-Movement and Linguistic Theory" (*English Linguistics* 25, 2008), "Morphological Theory and Orthography: Kanji as a Representation of Lexemes" (with Akiko Nagano, *Journal of Linguistics* 50, 2014), "How Poor Japanese Is in Adjectivizing Derivational Affixes and Why" (with Akiko Nagano, *Word-Formation across Languages*, ed. by Lívia Körtvélyessy, Pavol Štekauer and Salvador Valera, Cambridge Scholars Publishing, 2016), など.

開拓社叢書28

三層モデルでみえてくる言語の機能としくみ

編　者	廣瀬幸生・島田雅晴・和田尚明・金谷　優・長野明子
発行者	武村哲司
印刷所	日之出印刷株式会社

2017 年 11 月 25 日　第 1 版第 1 刷発行Ⓒ

発行所	株式会社　開 拓 社	〒113-0023 東京都文京区向丘 1-5-2 電話　（03）5842-8900（代表） 振替　00160-8-39587 http://www.kaitakusha.co.jp

JCOPY ＜（社）出版者著作権管理機構 委託出版物＞　　　ISBN978-4-7589-1823-7　C3380

本書の無断複写は，著作権法上での例外を除き禁じられています．複写される場合は，そのつど
事前に，（社）出版者著作権管理機構（電話 03-3513-6969，FAX 03-3513-6979，e-mail: info@
jcopy.or.jp）の許諾を得てください．